CW00385213

Alain

Éléments
de
philosophie

Gallimard

Emile Chartier, dit Alain (1868-1951) appartient à tous égards à la famille des Penseurs à vocation universelle. La raison chez lui parle à tous, c'est-à-dire en chacun à tous les niveaux de son humanité. Tel est le démocratisme profond de cet homme et de cette œuvre, qui par l'égalité (ce qui ne signifie pas l'identité) des besoins s'ouvre à l'égalité des conditions et n'admet de hiérarchisation que dans et par l'individu. Tel est aussi ce qui d'un rejeton de l'université républicaine fondée par Lachelier et autres vigilants esprits, devait faire surgir un grand écrivain de tradition française. De Lorient à Rouen, de Rouen à Paris, Alain fait pendant quarante ans (1892-1933) le métier de professeur de philosophie dans un lycée, exerçant sur la jeunesse qui l'approche un incontestable ascendant, précisément parce qu'elle ne trouve en lui ni les manières ni le style d'un professeur. Les passions politiques et la misère des opinions partisanes (affaire Dreyfus, séparation de l'Eglise et de l'Etat, etc.) conduisent Alain au journalisme; c'est là qu'il fait son apprentissage d'écrivain par l'invention originale des Propos qui paraissent quotidiennement dans *La Dépêche de Rouen* de 1906 à 1914, puis dans les *Libres Propos* de 1921 à 1936. En 1914, la guerre qu'il n'a cessé de combattre fait de lui, par son engagement volontaire à quarante-quatre ans, un artilleur dans la tranchée et sous le feu, témoin du plus meurtrier effet des passions. et cherchant là encore dans l'homme les causes de sa servitude. Ainsi sont composés au front les premiers de cette suite d'ouvrages qui, de *Mars ou La Guerre jugée* et du *Système des Beaux-Arts* jusqu'aux *Dieux*, développent en une ample peinture de l'homme *(Les Idées et les âges)* et une sévère méditation de l'existence *(Entretiens au bord de la mer)* un projet philosophique original et constant. On s'en souviendra utilement en ouvrant ces *Éléments de philosophie*.

ΑΕΙ Ο ΘΕΟΣ ΓΕΩΜΕΤΡΕΙ

AVERTISSEMENT AU LECTEUR

J'ai laissé longtemps cet ouvrage dans son premier état; c'est que j'apercevais de si grands changements à y faire que j'hésitais devant le travail. J'avais d'ailleurs bien des occasions d'écrire ce que je pensais sur tous sujets.

Ce livre a été fort lu. Sollicité par d'excellents lecteurs, j'ai pris le parti d'y faire les changements nécessaires et de le faire paraître sous un titre différent. J'ai pensé beaucoup aux jeunes étudiants; j'ai recherché ce qui pouvait immédiatement les toucher. L'esprit humain est partout entier et le même; quand il est neuf, il est encore plus difficile à éclairer. On trouvera donc ici des traces de mon enseignement; on se rendra compte de ce que furent mes leçons à Henri-IV, et encore mieux au Collège Sévigné. Dans ce dernier cas, surtout, je m'adressais à des esprits tout à fait ignorants de la philosophie classique, au lieu que les vétérans de Henri-IV étaient nourris de la doctrine scolaire. Toujours est-il qu'on peut aborder ce livre sans rien savoir des questions qui y sont traitées.

Un étudiant attentif sera donc assez instruit?

Non, mais il sera en mesure de prendre les problèmes d'un peu plus haut. En vue de quoi je lui recommande Idées *qui convient pour inviter à la philosophie du second degré et non plus élémentaire. Ces deux ouvrages une fois bien possédés, je ne vois pas ce qui manque à la réflexion personnelle, qui peut, à partir de là, se prolonger sans fin. J'ajoute que, sur les problèmes de la morale et de la politique, le disciple saura bien trouver dans les* Propos, *qui seront bientôt tous mis en recueil, les analyses plus libres qui rapprocheront de la vie réelle les devoirs et la connaissance de soi. Les recueils les plus importants à ce point de vue ont pour titres* Minerve *et* Suite à Minerve, Esquisses de l'Homme, Sentiments, Passions et Signes, Les Saisons de l'Esprit; *ces titres sont assez clairs et je prends occasion de cet avertissement pour rappeler que tous ces* Propos *enferment la véritable philosophie, c'est-à-dire celle des grands auteurs.*

On demandera peut-être si, par des études ainsi conduites, on se rapprochera un peu de ce qui s'enseigne et de ce qui se dit sous le nom de Philosophie. *Là-dessus je ne réponds de rien. Toutefois, dans les* Souvenirs *concernant Jules Lagneau, on trouvera le fidèle tableau d'une classe de philosophie justement illustre. Il est vrai que beaucoup reprochaient à Lagneau de s'éloigner un peu trop de l'usage scolaire en matière de philosophie.*

Cet écart est expliqué à mes yeux dans la République de Platon, où l'on voit le forgeron se laver les mains, et aller épouser la philosophie. Je comprends par cette fable que la philosophie est un peu trop facile aux rhéteurs, ce qui explique une scolastique assez compliquée. Au reste j'ai souvent pensé que Lagneau concédait beaucoup à cette tradition, quand il reprenait pendant des mois la recherche d'une méthode de la Psychologie. *Ce genre d'entreprise menace à la fois et sauve les philosophes d'occasion. On peut parler, on peut diviser, et faire une sorte d'analyse de l'âme. J'entends que c'est une fausse analyse et que j'ai l'ambition d'écrire, si l'âge me le permet, des* Exercices d'Analyse *qui ressembleront beau-*

coup à ce livre-ci; à ce point que je pensais à lui donner ce titre-là. Toutefois je conçois sous ce titre quelque chose de bien plus libre et naturel que mes Chapitres *et qui se rapprochera encore plus de la leçon simple et familière par quoi l'on rêve de commencer l'initiation. Je ne dois point cacher que tous ces travaux, d'abord faciles, ont pour fin de changer profondément l'enseignement de la philosophie en France. On a souvent dit, au temps de Lagneau, que ses meilleurs élèves risquaient d'échouer au baccalauréat. Il n'en était rien; mais enfin il y a quelque apparence que mes vrais disciples puissent passer à côté des questions sorbonniques. Je ne puis qu'éveiller ici leur prudence et répéter qu'une analyse directe des mots usuels permet toujours de traiter honorablement n'importe quelle question. Ce problème du vocabulaire, qui est tout dans l'enseignement, sera beaucoup éclairci dans les futurs* Exercices d'Analyse, *où je compte expliquer l'usage du tableau noir et des* Séries, *sujet très obscur, mais qui forme aussitôt l'esprit; tout problème consiste alors à écrire la série pleine qui y correspond. Qui consulter là-dessus? Je ne vois que Comte, qui, selon moi, doit être mis au rang des initiateurs de philosophie et qui rendra bien des services par ses dix précieux volumes; si l'on n'y mord point, c'est que l'on refuse d'être instruit. Tous mes vœux à vous, lecteurs, et surtout ne manquez pas de courage.*

ALAIN.
Le 10 mars 1940.

AVANT-PROPOS
*à la première édition
des Quatre-vingt-un Chapitres
sur l'Esprit et les Passions.*

*Quelques-uns de mes lecteurs ont souvent regretté de
ne trouver ni ordre ni classement dans les courts chapitres que j'ai publiés jusqu'ici. Ayant eu des loisirs forcés
par le malheur et les hasards de ces temps-ci, j'ai voulu
essayer si l'ordre ne gâterait pas la matière. Et, comme je
ne voyais pas de raison qui me détournât d'aborder
même les problèmes les plus arides, à condition de n'en
dire que ce que j'en savais, il s'est trouvé que j'ai composé
une espèce de Traité de Philosophie. Mais comme un tel
titre enferme trop de promesses, et que je crains par-
dessus tout d'aller au-delà de ce qui m'est familier, par
cette funeste idée d'être complet, qui gâte tant de livres,
j'ai donc choisi un titre moins ambitieux. Je ne crois
point pourtant qu'aucune partie importante de la Philosophie théorique et pratique soit omise dans ce qui
suivra, hors les polémiques, qui n'instruisent personne.
Mais si ce livre tombait sous le jugement de quelque
philosophe de métier, cette seule pensée gâterait le plaisir
que j'ai trouvé à l'écrire, qui fut vif. En ce temps où les
plaisirs sont rares, il m'a paru que c'était une raison
suffisante pour faire un livre.*

ALAIN.
Le 19 juillet 1916.

INTRODUCTION

Le mot Philosophie, pris dans son sens le plus vulgaire, enferme l'essentiel de la notion. C'est, aux yeux de chacun, une évaluation exacte des biens et des maux ayant pour effet de régler les désirs, les ambitions, les craintes et les regrets. Cette évaluation enferme une connaissance des choses, par exemple s'il s'agit de vaincre une superstition ridicule ou un vain présage; elle enferme aussi une connaissance des passions elles-mêmes et un art de les modérer. Il ne manque rien à cette esquisse de la connaissance philosophique. L'on voit qu'elle vise toujours à la doctrine éthique, ou morale, et aussi qu'elle se fonde sur le jugement de chacun, sans autre secours que les conseils des sages. Cela n'enferme pas que le philosophe sache beaucoup, car un juste sentiment des difficultés et le recensement exact de ce que nous ignorons peut être un moyen de sagesse; mais cela enferme que le philosophe sache bien ce qu'il sait, et par son propre effort. Toute sa force est dans un ferme jugement, contre la mort, contre la maladie, contre un rêve, contre une déception. Cette notion de la philosophie est familière à tous et elle suffit.

Si on la développe, on aperçoit un champ immense et plein de broussailles, c'est la connaissance des passions et de leurs causes. Et ces causes sont de deux espèces; il y a des causes mécaniques contre lesquelles nous ne pouvons pas beaucoup, quoique leur connaissance exacte soit de nature à nous délivrer déjà, comme nous verrons; il y a des causes d'ordre moral, qui sont des erreurs d'interprétation, comme si, par exemple, entendant un bruit réel, j'éprouve une peur sans mesure et je crois que les voleurs sont dans la maison. Et ces fausses idées ne peuvent être redressées que par une connaissance plus exacte des choses et du corps humain lui-même, qui réagit continuellement contre les choses, et presque toujours sans notre permission, par exemple quand mon cœur bat et quand mes mains tremblent.

On voit par là que, si la philosophie est strictement une éthique, elle est, par cela même, une sorte de connaissance universelle, qui toutefois se distingue par sa fin des connaissances qui ont pour objet de satisfaire nos passions ou seulement notre curiosité. Toute connaissance est bonne au philosophe, autant qu'elle conduit à la sagesse; mais l'objet véritable est toujours une bonne police de l'esprit. Par cette vue, on passe naturellement à l'idée d'une critique de la connaissance. Car la première attention à nos propres erreurs nous fait voir qu'il y a des connaissances obscurcies par les passions, et aussi une immense étendue de connaissances invérifiables et pour nous sans objet, et qui ont deux sources, le langage, qui se prête sans résistance à toutes les combinaisons de mots, et les passions encore, qui inventent un autre univers, plein de dieux et de forces fatales, et qui y cherchent des aides magiques et des présages. Et chacun comprend qu'il y a ici à critiquer et à fonder, c'est-à-dire à tirer de la critique des religions une science de la nature humaine, mère de tous les dieux. On appelle réflexion ce mouvement critique qui, de toutes les connaissances, revient toujours à celui qui les forme, en vue de le rendre plus sage.

*La vraie méthode pour former la notion de philoso-
phie, c'est de penser qu'il y eut des philosophes. Le
disciple devra se tracer à lui-même le portrait de ces
hommes étranges qui jugeaient les rois, le bonheur, la
vertu et le crime, les dieux et enfin tout. Ce qui est plus
remarquable, c'est que ces hommes furent toujours admirés, et souvent honorés par les rois eux-mêmes. Joseph en
Egypte expliquait les songes; c'est ainsi qu'il devint
premier ministre. Admirez ici l'art de débrouiller les
passions, de deviner la peur, le soupçon, le remords,
enfin tout ce qui est caché dans un roi. D'après l'exemple
de Joseph on comprendra qu'en tous les temps, et en
toutes les civilisations, il y eut des philosophes, hommes
modérateurs, hommes de bon conseil, médecins de l'âme
en quelque sorte. Les astrologues, si puissants auprès des
tyrans, furent sans doute des philosophes très rusés, qui
feignaient de voir l'avenir dans les conjonctions des
astres, et qui en réalité devinaient l'avenir d'après les
passions du tyran, d'après une vue supérieure de la
politique. Ce fut toujours le sort des philosophes d'être
crus d'après une vue plus perçante qu'on leur supposait,
alors qu'ils jugeaient d'après le bon sens. Faites donc
maintenant le portrait de l'astrologue de Tibère, et de
Tibère qui n'était pas moins fin.*

*Décrivez les passions de l'un et de l'autre dans ce jeu
serré. Aidez-vous de la première scène du* Wallenstein *de
Schiller; et aussi de ce que Schiller et Goethe en disent
dans leurs lettres. Vous êtes ici en pleine réalité humaine,
dans ce terrible camp, où la force, la colère et la cupidité
font tout; c'est une forme de civilisation. Si vous y
reconnaissez l'homme qui est autour de vous, et vos
propres sentiments, vous aurez fait déjà un grand progrès. Mais il ne s'agit point de rêver; il faut écrire et que
ce soit beau. Ce sera beau si c'est humain. Poussez
hardiment dans cette direction, c'est celle du vrai philo-*

sophe. Si vous doutez là-dessus, ouvrez seulement Platon n'importe où, et écartez tout de suite l'idée que Platon est difficile. Ce que je propose ici de Platon n'est ni caché, ni difficile, ni discutable. Faites ce pas, qui est décisif pour la culture.

Le lecteur ne s'étonnera pas qu'un bref traité commence, en quelque façon, par la fin, et procède de la police des opinions à la police des mœurs, au lieu de remonter péniblement des passions et de leurs crises à l'examen plus froid qui les corrige un peu en même temps que l'âge les refroidit.

LIVRE PREMIER

De la connaissance par les sens

Chapitre premier

DE L'ANTICIPATION
DANS LA CONNAISSANCE
PAR LES SENS

L'idée naïve de chacun, c'est qu'un paysage se présente à nous comme un objet auquel nous ne pouvons rien changer, et que nous n'avons qu'à en recevoir l'empreinte. Ce sont les fous seulement, selon l'opinion commune, qui verront dans cet univers étalé des objets qui n'y sont point; et ceux qui, par jeu, voudraient mêler leurs imaginations aux choses sont des artistes en paroles surtout, et qui ne trompent personne. Quant aux prévisions que chacun fait, comme d'attendre un cavalier si l'on entend seulement le pas du cheval, elles n'ont jamais forme d'objet; je ne vois pas ce cheval tant qu'il n'est pas visible par les jeux de lumière; et quand je dis que j'imagine le cheval, je forme tout au plus une esquisse sans solidité, une esquisse que je ne puis fixer. Telle est l'idée naïve de la perception.

Mais, sur cet exemple même, la critique peut déjà s'exercer. Si la vue est gênée par le brouillard, ou s'il fait nuit, et s'il se présente quelque forme mal dessinée qui ressemble un peu à un cheval, ne jurerait-on pas quelquefois qu'on l'a réellement vu, alors qu'il n'en est rien? Ici, une anticipation, vraie ou fausse, peut bien prendre l'apparence d'un objet. Mais ne discutons pas si la chose perçue est alors changée ou non, ou si c'est seulement notre langage qui nous jette dans l'erreur; car il y a mieux à dire, sommairement ceci, que tout est anticipation dans la perception des choses.

Examinons bien. Cet horizon lointain, je ne le vois pas lointain; je juge qu'il est loin d'après sa couleur, d'après la grandeur relative des choses que j'y vois, d'après la confusion des détails, et l'interposition d'autres objets qui me le cachent en partie. Ce qui prouve qu'ici je juge, c'est que les peintres savent bien me donner cette perception d'une montagne lointaine, en imitant les apparences sur une toile. Mais pourtant je vois cet horizon là-bas, aussi clairement là-bas que je vois cet arbre clairement près de moi; et toutes ces distances, je les perçois. Que serait le paysage sans cette armature de distances, je n'en puis rien dire; une espèce de lueur confuse sur mes yeux, peut-être. Poursuivons. Je ne vois point le relief de ce médaillon, si sensible d'après les ombres; et chacun peut deviner aisément que l'enfant apprend à voir ces choses, en interprétant les contours et les couleurs. Il est encore bien plus évident que je n'entends pas cette cloche au loin, là-bas, et ainsi du reste.

On soutient communément que c'est le toucher qui nous instruit, et par constatation pure et simple, sans aucune interprétation. Mais il n'en est rien. Je ne touche pas ce dé cubique. Non. Je touche successivement des arêtes, des pointes, des plans durs et lisses, et réunissant toutes ces apparences en un seul objet, je juge que cet objet est cubique. Exercez-vous sur d'autres exemples, car cette analyse conduit fort loin, et il importe de bien assurer ses premiers pas. Au surplus, il est assez clair que je ne puis pas constater comme un fait donné à mes sens que ce dé cubique et dur est en même temps blanc de partout, et marqué de points noirs. Je ne le vois jamais en même temps de partout, et jamais les faces visibles ne sont colorées de même en même temps, pas plus du reste que je ne les vois égales en même temps. Mais pourtant c'est un cube que je vois, à faces égales, et toutes également blanches. Et je vois cette chose même que je touche. Platon, dans son *Théétète*, demandait par quel sens je connais l'union des perceptions des différents sens en un seul objet.

Revenons à ce dé. Je reconnais six taches noires sur une des faces. On ne fera pas difficulté d'admettre que c'est là une opération d'entendement, dont les sens fournissent seulement la matière. Il est clair que, parcourant ces taches noires, et retenant l'ordre et la place de chacune, je forme enfin, et non sans peine au commencement, l'idée qu'elles sont six, c'est-à-dire deux fois trois, qui font cinq et un. Apercevez-vous la ressemblance entre cette action de compter et cette autre opération par laquelle je reconnais que des apparences successives, pour la main et pour l'œil, me font connaître un cube? Par où il apparaîtrait que la perception est déjà une fonction d'entendement, et, pour en revenir à mon paysage, que l'esprit le plus raisonnable y met de lui-même bien plus qu'il ne croit. Car cette distance de l'horizon est jugée et conclue aussi, quoique sans paroles. Et nous voilà déjà mis en garde contre l'idée naïve dont je parlais.

Regardons de plus près. Cette distance de l'horizon n'est pas une chose parmi les choses, mais un rapport des choses à moi, un rapport pensé, conclu, jugé, ou comme on voudra dire. Ce qui fait apparaître l'importante distinction qu'il faut faire entre la forme et la matière de notre connaissance. Cet ordre et ces relations qui soutiennent le paysage et tout objet, qui le déterminent, qui en font quelque chose de réel, de solide, de vrai, ces relations et cet ordre sont de forme, et définiront la fonction pensée. Et qui ne voit qu'un fou ou un passionné sont des hommes qui voient leurs propres erreurs de jugement dans les choses, et les prennent pour des choses présentes et solides? On peut voir ici l'exemple de la connaissance philosophique, définie plus haut en termes abstraits. Ainsi dès les premiers pas, nous apercevons très bien à quelle fin nous allons. Et cette remarque, en toute question, est propre à distinguer la recherche philosophique de toutes les vaines disputes qui voudraient prendre ce beau nom.

Note

Si vous pensez à ce chapitre qui, selon mon goût, est un peu trop abstrait et rapide, vous vous direz que la discussion est ouverte. Car chacun résiste à cette idée que les choses sont pleines d'imaginations. Votre bon sens vous soufflera au contraire que les vraies choses sont celles qui n'ont rien d'imaginaire. Et soit. C'est encore une juste idée de la philosophie que celle d'une continuelle discussion avec soi-même et avec les autres, et cette notion, elle aussi, conduit fort loin. D'un trait elle conduit à l'idée du *semblable*, qui est une des plus fécondes pour la réflexion à ses débuts. Le semblable, c'est celui qui peut comprendre et juger; c'est donc par amitié et confiance que l'on trouve son semblable; mais le plus beau c'est quand on arrive à ce merveilleux semblable, à soi-même. Car moi je suis pour moi comme un autre qu'il me semble que je connais bien. A bien regarder, toutes mes pensées sont comme un entretien avec ce semblable, avec moi. Oui, même les pensées faibles par lesquelles vous essayez d'ajourner le travail de réflexion et surtout le travail d'écrire. Tout de suite vous éprouvez que ce semblable qui est vous, n'est pas facile à tromper, qu'il flaire d'une lieue la paresse et le mensonge à soi. Vous voilà plongé dans la morale qui est toute dans cette rencontre de moi et de moi; ce qui est agréable, c'est de retourner de ce semblable gênant à l'autre semblable qui est plus humain, plus juste avec vous, en ce sens qu'il ne suppose pas toujours le mal (la paresse, la lâcheté, etc). En somme vous commencez à l'aimer, cet autre, mieux déjà que vous-même. Si vous avez occasion de pratiquer quelque vieux confesseur vous saurez ce que c'est qu'un ami. Ainsi entre vous et vous et quelques amis, vivent pour vous vos pensées; vous les dites vôtres, vous vous distinguez de l'autre, vous prenez conscience de vous-même. Conscience, voilà une notion fort difficile et que vous abordez aisément par ce chemin-ci. Toutefois vous devez vous exercer au petit jeu de moi et toi. Ce n'est nullement difficile et c'est assez amusant. C'est une préparation qui importe beaucoup dans votre présent travail. Je vous suppose en face d'un sujet fort difficile et je parie qu'à exposer seulement ce que, vous, vous en pensez, sentez et pressentez, vous ferez un excellent travail; j'ai vu cette méthode essayée par un paresseux qui avait du talent. Les résultats furent très brillants. Car ce que vous pensez d'un sujet mal connu peut être faux ou douteux; toujours n'est-il pas douteux que vous en pensiez ceci et cela. Pour vous fortifier ici, c'est Descartes qu'il faut lire; d'abord le *Discours de la Méthode* jusqu'à Dieu, ensuite les *Méditations*, et vous verrez comment on va fort loin en pensant seulement ce que l'on pense. Je veux qu'à ce propos des discussions, vous formiez aussi la notion préliminaire du *scepticisme*. Descartes vous y jettera, et vous ne risquerez point de mépriser le sceptique, *celui qui examine*; la philosophie, c'est l'examen même. Mais un singulier examen. Premièrement je me dis que mes opinions sont douteuses. Mais je me dis bien plus. Je me dis qu'elles seront toujours douteuses; j'aperçois que jamais je n'en serai satisfait. Cela, c'est l'esprit même, c'est le départ même de l'esprit. Péguy disait de Descartes : « Ce cavalier qui partit d'un si bon pas. » Lisez cette note de Péguy sur Descartes. Vous serez surpris des bonds que vous ferez dans le monde des esprits. L'aventure est sans risques. Vous êtes toujours assuré de revenir à la modestie par un examen plus attentif de votre savoir et de votre courage. Et alors, comme dit un personnage de Claudel (lisez *L'Otage*), étant assis par terre au plus bas, vous ne craindrez pas d'être déposé. Il y a aussi de l'orgueil par là, attention! Faites paraître le confesseur imaginaire ou réel, il ne vous épargnera pas. Bonne occasion d'adhérer plus que jamais à la conscience de vous-même. Tous ces mouvements intimes sont des moments de la philosophie. Et le doute en est une des régions les plus pures. Après cela lisez l'histoire de *Pyrrhon* qui a mérité de donner son nom aux pyrrhoniens.

Pyrrhonisme est mieux dit que scepticisme. Ainsi vous formez votre vocabulaire.

Exercice proposé : distinguez le sens de ces deux mots, pyrrhonisme et scepticisme. Evidemment il y a à dire que l'un des deux est plus profond et plus humain. Cherchez lequel? Il y a à dire des deux côtés. Pour moi, je pense que Pyrrhon avait plus de portée, parce qu'il décrétait d'abord que nul ne peut rien savoir de rien, ce qui est nier mais affirmer l'esprit et respecter l'esprit. Le sceptique doute au petit bonheur et en détail, pour s'amuser, etc. Exercez-vous à distinguer parmi vos amis, les sceptiques et les pyrrhoniens.

Chapitre II

DES ILLUSIONS DES SENS

La connaissance par les sens est l'occasion d'erreurs sur la distance, sur la grandeur, sur la forme des objets. Souvent notre jugement est explicite et nous le redressons d'après l'expérience; notre entendement est alors bien éveillé. Les illusions diffèrent des erreurs en ce que le jugement y est implicite, au point que c'est l'apparence même des choses qui nous semble changée. Par exemple, si nous voyons quelque panorama habilement peint, nous croyons saisir comme des objets la distance et la profondeur; la toile se creuse devant nos regards. Aussi voulons-nous toujours expliquer les illusions par quelque infirmité de nos sens, notre œil étant fait ainsi ou notre oreille. C'est faire un grand pas dans la connaissance philosophique que d'apercevoir dans presque toutes, et de deviner dans les autres, une opération d'entendement et enfin un jugement qui prend pour nous forme d'objet. J'expliquerai ici quelques exemples simples, renvoyant pour les autres à l'*Optique physiologique* d'Helmholtz, où l'on trouvera ample matière à réflexion.

Certes quand je sens un corps lourd sur ma main, c'est bien son poids qui agit, et il me semble que mes opinions n'y changent rien. Mais voici une illusion étonnante. Si vous faites soupeser par quelqu'un divers objets de même poids, mais de volumes très différents, une balle de plomb, un cube de bois, une grande boîte de carton, il trouvera toujours que les plus gros sont les plus légers. L'effet est plus sensible encore s'il s'agit de corps de même nature, par exemple de tubes de bronze plus ou moins gros, toujours de même poids. L'illusion persiste si les corps sont tenus par un anneau et un crochet; mais, dans ce cas-là, si les yeux sont bandés, l'illusion disparaît. Et je dis bien illusion, car ces différences de poids imaginaires sont senties sur les doigts aussi clairement que le chaud ou le froid. Il est pourtant évident, d'après les circonstances que j'ai rappelées, que cette erreur d'évaluation résulte d'un piège tendu à l'entendement; car, d'ordinaire, les objets les plus gros sont les plus lourds; et ainsi, d'après la vue, nous attendons que les plus gros pèsent en effet le plus; et comme l'impression ne donne rien de tel, nous revenons sur notre premier jugement, et, les sentant moins lourds que nous n'attendions, nous les jugeons et finalement sentons plus légers que les autres. On voit bien dans cet exemple que nous percevons ici encore par relation et comparaison, et que l'anticipation, cette fois trompée, prend encore forme d'objet.

On analyse aisément de même les plus célèbres illusions de la vue. Je signale notamment ces images dessinées exprès où un réverbère et un homme selon la perspective ont exactement la même grandeur, ce que pourtant nous ne pouvons croire, dès que nous ne mesurons plus. Ici encore c'est un jugement qui agrandit l'objet. Mais examinons plus attentivement. L'objet n'est point changé, parce qu'un objet en lui-même n'a aucune grandeur; la grandeur est toujours comparée, et ainsi la grandeur de ces deux objets, et de tous les objets, forme un tout indivisible et réellement sans parties; les grandeurs sont jugées ensemble. Par où l'on voit qu'il ne faut pas confondre les choses matérielles, toujours séparées et formées de parties extérieures les unes aux autres, et la pensée de ces choses, dans laquelle aucune division ne peut être reçue. Si obscure que soit maintenant cette distinction, si difficile qu'elle doive rester toujours à penser, retenez-la au passage. En un sens, et considérées comme matérielles, les choses sont divisées en parties, et l'une n'est pas l'autre; mais en un sens, et considérées comme des pensées, les perceptions des choses sont indivisibles, et sans parties. Cette unité est de forme, cela va de soi. Je n'anticipe point; nous avons dès maintenant à exposer, en première esquisse, cette forme qu'on appelle l'espace, et dont les géomètres savent tant de choses par entendement, mais non hors de la connaissance sensible, comme nous verrons.

Pour préparer encore mieux cette difficile exposition, j'invite le lecteur à réfléchir sur l'exemple du stéréoscope, après que la théorie et le maniement de cet appareil lui seront redevenus familiers. Ici encore le relief semble sauter aux yeux; il est pourtant conclu d'une apparence qui ne ressemble nullement à un relief, c'est à savoir, d'une différence entre les apparences des mêmes choses pour chacun de nos yeux. C'est assez dire que ces distances à nous, qui font le relief, ne sont pas comme distances dans les données, mais sont plutôt pensées comme distances, ce qui rejette chaque chose à sa place selon le mot fameux d'Anaxagore : « Tout était ensemble; mais vint l'entendement qui mit tout en ordre. »

Le lecteur aperçoit peut-être déjà que la connaissance par les sens a quelque chose d'une science; il aura à comprendre plus tard que toute science consiste en une perception plus exacte des choses. L'exemple le plus étonnant sera fourni par l'astronomie, qui n'est presque que perception des choses du ciel en leur juste place. Cette science est celle qui convient le mieux pour donner au savoir humain ses véritables règles, comme l'exemple de l'éclipse le montrera abondamment; car il s'agit alors de percevoir exactement le soleil et la lune dans leur alignement naturel, ce qui suppose la connaissance de leurs mouvements relatifs. Telle est la part de l'entendement dans une connaissance qui fut si longtemps confuse, et d'ailleurs effrayante. Le seul effort qui conduit à attendre la lune sur le passage du soleil est déjà beaucoup pour l'apprenti. Et quel progrès pour l'humanité! Thalès annonçait tranquillement l'éclipse qui devait donner la panique à des armées. Tout le miraculeux est enlevé si l'on pense comme il faut à la lune nouvelle, qui flotte naturellement sur la route du soleil. Sans quoi l'apparition de la lune a de quoi terrifier. Souvenons-nous de ne traiter jamais des sciences que sur des exemples de ce genre-là. Et, puisque nous en sommes à Thalès, n'oublions pas son fameux axiome : « A l'heure où l'ombre de l'homme est égale à l'homme, l'ombre de la pyramide est égale à la pyramide. » Lagneau disait : « La pensée est la mesureuse. » C'est un mot à retenir. Allons toujours tout droit dans ce développement, nous verrons naître la géométrie des Grecs. Tout notre effort est maintenant à retrouver l'entendement dans les sens, comme il sera plus loin à retrouver les sens dans l'entendement, toujours distinguant matière et forme, mais refusant de les séparer. Tâche assez ardue pour que nous négligions là-dessus les discours polémiques, toujours un peu à côté, et dangereux, comme tous les combats, pour ceux qui n'ont pas fait assez l'exercice.

Chapitre III

DE LA PERCEPTION
DU MOUVEMENT

Les illusions concernant le mouvement des choses s'analysent aisément et sont fort connues. Par exemple, il suffit que l'observateur soit en mouvement pour que les choses semblent courir en sens contraire. Même, par l'effet des mouvements inégaux des choses, certaines choses paraissent courir plus vite que d'autres; et la lune à son lever semblera courir dans le même sens que le voyageur. Par un effet du même genre, si le voyageur tourne le dos à l'objet dont il s'approche, le fond de l'horizon lui semblera s'approcher et venir vers lui. Là-dessus, observez et expliquez; vous n'y trouverez pas grande difficulté. En revanche, l'interprétation de ces exemples, une fois qu'on les connaît bien, est très ardue, et peut servir d'épreuve pour cette force hardie de l'esprit, nécessaire au philosophe. Voici de quel côté un apprenti philosophe pourra conduire ses réflexions. Il considérera d'abord qu'il n'y a aucune différence entre le mouvement réel perçu et le mouvement imaginaire que l'on prête aux arbres ou à la lune, aucune différence, entendez dans la perception que l'on a. Secondement l'on fera attention que ces mouvements imaginaires sont perçus seulement par relation, ce qui fera voir ici encore l'entendement à l'œuvre, et pensant un mouvement afin d'expliquer des apparences, ce qui est déjà méthode de science à parler strictement, quoique sans langage. Et surtout l'on comprendra peut-être que les points de comparaison, les positions successives du mobile, les distances variables, tout cela est retenu et ramassé en un tout qui est le mouvement perçu. Ainsi il s'en faut bien que notre perception du mouvement consiste à le suivre seulement, en changeant toujours de lieu comme fait le mobile lui-même. Le subtil Zénon disait bien que le mobile n'est jamais en mouvement puisque à chaque instant il est exactement où il est. Je reviendrai sur les autres difficultés du même genre; mais nous pouvons comprendre déjà que le mouvement est un tout indivisible, et que nous le percevons et pensons tout entier, toutes les positions du mobile étant saisies en même temps, quoique le mobile ne les occupe que successivement. Ainsi ce n'est point le fait du mouvement que nous saisissons dans la perception, mais réellement son idée immobile, et le mouvement par cette idée. On pardonnera cette excursion trop rapide dans le domaine entier de la connaissance; ces analyses ne se divisent point. Remarquez encore que, de même que nous comptons des unités en les parcourant et laissant aller, mais en les retenant aussi toutes, ainsi nous percevons le mouvement en le laissant aller, oui, mais le long d'un chemin anticipé et conservé, tracé entre des points fixes, et pour tout dire immobile. Quand on a déjà un peu médité là-dessus, rien n'est plus utile à considérer que ces illusions que l'on se donne à volonté, en pensant telle ou telle forme du mouvement; ainsi, quand on fait tourner un tire-bouchon, on perçoit une translation selon l'axe, sans rotation, si l'on veut; ou, encore, on peut changer dans l'apparence le sens de la rotation d'un moulin à vent ou d'un anémomètre, pourvu que l'on décide d'orienter l'axe autrement. Ainsi un autre choix de points fixes fait naître un autre mouvement. La notion du mouvement relatif apparaît ainsi dans la connaissance sans paroles.

Ce n'est pas peu d'avoir compris que la relativité est de l'essence du mouvement, et même dans la perception la plus commune. Mais l'occasion est bonne d'épuiser tous les paradoxes sur le mouvement, sans oublier Zénon d'Elée. Où est l'idée? En ceci que le mouvement est toujours de forme; le mouvement est la forme du changement. Tel est le principe de cette précaution de méthode que l'on nomme le mécanisme. Ce qui est à comprendre ici, c'est que le mouvement n'est jamais une donnée, mais au contraire toujours un système monté pour nous représenter le changement. Cela paraîtra aisément dans l'exemple d'un ballon que je vois diminuer à mes yeux, ce que je traduis en disant qu'il s'éloigne, ce que je perçois en traçant une ligne qui s'en va de moi à lui et qui grandit d'instant en instant. Le mouvement sur cette ligne n'est nullement perçu. Ce qui est perçu c'est un globe qui se rétrécit. Tous les mouvements, si l'on y fait attention, sont ainsi. On en trouve des exemples dans ce chapitre, et l'analyse en est assez poussée pour que l'on puisse répondre à Zénon. Répondre quoi? D'abord qu'il est vrai en effet que la flèche ne se meut pas par elle-même. Et en effet son mouvement se rapporte à des objets extérieurs. Le mouvement n'est jamais inhérent à aucune chose; il n'y peut tenir ni y adhérer. Comment voulez-vous que le mouvement soit dans la chose? Un mouvement est une pensée de relations et de comparaisons. Une distance s'accroît; une autre diminue. Mais, si je me borne à la chose même, où trouverai-je le mouvement? En elle sous la forme d'un élan, d'une provision de mouvement, ou bien sous la forme d'un effort? Choses à examiner, à discuter. Non pas données de l'expérience. Mais formes dont le tout préexiste aux parties; pour évaluer un mouvement, je commence par le finir et je l'attends ensuite à l'achèvement. Le mouvement est de forme comme la causalité. Voilà le point de difficulté. Le changement est qualitatif. C'est-à-dire qu'après le changement vous jugez que le monde a un autre aspect, produit sur vos sens un autre effet. Un corps qui était en l'air se trouve maintenant en bas, si vous voulez vous représenter ce changement, c'est alors que vous inventez un mouvement; et le mouvement est quantitatif; il ne change point la chose mue; mais il se mesure par une longueur dans un temps, par une vitesse. La vitesse a quelque chose d'obscur. Car, quand le mouvement est fait, la vitesse n'est plus rien. Toujours est-il que la vitesse est une quantité, un rapport de deux quantités mesurables, où le changement consiste dans l'addition ou la soustraction de parties juxtaposées. Certes ce n'est pas ainsi qu'un rouge sombre devient rouge clair. Non. Mais tout change à la fois et intérieurement à la couleur même. Telle est la qualité. Elle ne s'étend point d'un lieu à un autre, mais elle est ramassée dans chaque lieu; sans changement de lieu elle peut passer du zéro, par exemple le blanc, à tous les roses et aux rouges. Les difficultés sont ici majeures; il y faudra revenir. Saisissons d'abord l'opposition entre la qualité et la quantité. Une saveur est plus ou moins salée; et plus salé ne signifie pas salé à côté de salé; telle est la qualité. Si vous vous représentez la salure, aussitôt vous en appelez à la quantité; vous comparez un poids de sel à un autre, vous changez en déplaçant le sel; c'est toujours mouvement. D'où l'on pourrait dire que le mouvement est la quantité du changement. Cette substitution se fait dans la science même. On suppose toujours que la chaleur se mesure par un mouvement et même consiste dans un mouvement. Telles sont les idées où un esprit hardi se laissera entraîner sur ce propos du mouvement perçu et des poteaux qui courent le long de la voie. On conçoit que Zénon ait secoué la tête devant cet être qui est fait seulement de mes pensées. Revenant à des exemples, il a découvert les difficultés qu'il avait prévues.

Tout ce qui a été dit ici de la perception du mouvement s'applique au toucher, et notamment à la connaissance que nous avons de nos propres mouvements, par des contacts ou des tensions, avec ou sans l'aide de la vue. On jugera sans peine que l'idée de sensations originales, donnant le mouvement comme d'autres donnent la couleur et le son, est une idée creuse. C'est toujours par le mouvement pensé que j'arrive au mouvement senti; et c'est dans l'ensemble d'un mouvement qu'une partie de mouvement est partie de mouvement. Peut-être arriverez-vous promptement à décider que les discussions connues sur le sens musculaire sont étrangères à la connaissance philosophique. Ce n'est en effet qu'une vaine dialectique dont la théorie sera comprise plus tard, après que le langage aura été décrit et examiné, comme un étrange objet dont on peut faire à peu près ce qu'on veut.

Chapitre IV

L'ÉDUCATION DES SENS

L'observation de certains aveugles guéris de la cataracte congénitale a appelé l'attention des philosophes sur ce que les plus grands ont toujours su deviner, c'est qu'on apprend à voir, c'est-à-dire à interpréter les apparences fournies par les lumières, les ombres et les couleurs. Certes les observations médicales de ce genre sont toujours bonnes à connaître; mais il est plus conforme à la méthode philosophique d'analyser notre vision elle-même, et d'y distinguer ce qui nous est présenté de ce que nous devinons. Il est assez évident, pour cet horizon de forêts, que la vue nous le présente non pas éloigné, mais bleuâtre, par l'interposition des couches d'air; seulement nous savons tous ce que cela signifie. De même nous savons interpréter la perspective, qui est particulièrement instructive lorsque des objets de même grandeur, comme des colonnes, des fenêtres, les arbres d'une avenue, sont situés à des distances différentes de nous et paraissent ainsi d'autant plus petits qu'ils sont plus éloignés. Ces remarques sont très aisées à faire, dès que l'attention est attirée de ce côté-là. Mais quelquefois l'entendement naïf s'élève, au nom de ce qu'il sait être vrai, contre les apparences que l'on veut lui décrire. Par exemple, un homme qui n'a pas assez observé soutiendra très bien que ces arbres là-bas sont du même vert que ceux d'ici et seulement plus éloignés. Un autre, s'essayant au dessin, ne voudra pas d'abord qu'un homme, dans l'apparence, soit plus petit qu'un parapluie. J'ai connu quelqu'un qui ne voulait pas admettre que nos yeux nous présentent deux images de chaque chose; il suffit pourtant de fixer les yeux sur un objet assez rapproché, comme un crayon, pour que les images des objets éloignés se dédoublent aussitôt; mais l'entendement naïf nie ces apparences d'après ce raisonnement assez fort : « Cela n'est pas, je ne puis donc pas le voir. » Les peintres, au contraire, sont conduits, par leur métier, à ne plus faire attention à la vérité des choses, mais seulement à l'apparence comme telle, qu'ils s'efforcent de reproduire.

Les choses en mouvement instruisent mieux le philosophe. Ici les apparences sont plus fortes, et le vrai de la chose est affirmé seulement sans qu'on puisse arriver à le voir. Il n'est pas de voyageur emporté à grande vitesse qui puisse s'empêcher de voir ce qu'il sait pourtant n'être pas, par exemple les arbres et les poteaux courir et tout le paysage tourner comme une roue qui aurait son axe vers l'horizon. Le plus grand astronome voit les étoiles se déplacer dans le ciel, quoiqu'il sache bien que c'est la terre en réalité qui tourne sur l'axe des pôles. Il est donc assez clair, dès que l'on pense à ces choses, qu'il faut apprendre, par observation et raisonnement, à reconstituer le vrai des choses d'après les apparences, et que c'est ici la main qui est l'institutrice de l'œil. Que l'oreille doive aussi s'instruire, et que nous apprenions peu à peu à évaluer, d'après le son, la direction et la distance de l'objet sonore, c'est-à-dire les mouvements que nous aurions à faire pour le voir et le toucher, c'est ce qui est encore plus évident; un chasseur, un artilleur continuent cette éducation par des observations classées et des expériences méthodiques; on peut juger d'après cela du travail d'un enfant qui s'exerce, non sans méprises, à saisir ce qu'il voit et à regarder ce qu'il entend.

Le plus difficile est sans doute d'apercevoir que le

sens du toucher, éducateur des autres, a dû lui-même s'instruire. Il est connu qu'un homme qui devient aveugle apprend à interpréter beaucoup d'impressions tactiles qu'il ne remarquait même pas auparavant. Par exemple, en touchant la main de son ami, il devinera mille choses que nous lisons d'ordinaire sur le visage. Partant de là, et en remontant, on peut se faire une idée des expériences de l'enfant sur le mou et sur le dur, sur le poli et le rugueux, et tout ce qu'on en peut conclure concernant les saveurs, odeurs et couleurs des choses. Il est clair aussi que, parmi ces connaissances, il faut considérer avec attention la connaissance de notre propre corps. Qu'elle ne puisse être immédiate, cela résulte de la notion même de lieu ou de distance, qui enferme des rapports, et par conséquent ne peut être donnée dans aucune impression immédiate. Ainsi, dans cette connaissance de notre corps et des choses qui nous semble toute donnée, en réalité tout est appris. Quant au détail et à l'ordre, on peut s'exercer utilement à les deviner, mais sans s'obstiner à vouloir plus que le vraisemblable. Autrement on tomberait dans des discussions subtiles et sans fin, étrangères à la vraie philosophie.

Note

Jules Lagneau proposait à ses élèves cet exercice : « Quelles seraient les impressions d'un aveugle-né, à qui une double opération rendrait successivement, à quelques jours d'intervalle, l'usage des deux yeux ? » Naturellement nous faisions parler l'aveugle lui-même. Nous savions bien distinguer deux choses; d'abord quelle idée, et d'après quoi, se faisait l'aveugle de ce que c'est que voir (discours, analogie avec l'ouïe). Et ensuite, par opposition, nous décrivions l'expérience réelle qu'il faisait quand le premier bandeau était enlevé et aussitôt remis. C'est ici que l'expression subtile arrivait à donner une idée de la pure sensation. J'ai senti la lumière! Où? Comment? On me dit que j'ai vu la fenêtre, etc., la fenêtre qui est, je le sais, à trois pas de moi. J'allonge le bras; mais dans quelle direction? Comment savoir? J'insiste sur cet exercice parce qu'il contribue à former le style. N'oubliez pas que tous les aveugles-nés ont étonné les médecins par leurs récits. A vous donc d'étonner vos lecteurs, si vous pouvez. Ce qu'il y a ici de plaisant, c'est que vous devez ignorer tout de ces premières expériences de l'aveugle; et que vous découvrez que vous les devinez assez aisément. Par exemple quand vous savez que vous voyez la fenêtre, vous essayez naturellement de la toucher. Le mouvement de votre bras vous la cache. Vous recommencez... vous interrogez, etc. Il sera capital pour vous d'apprendre à voir votre main, à la reconnaître, à la suivre, etc. Cet exercice de réflexion vous rendra familière l'histoire de votre vue et des autres sens, assez pour servir de départ à vos réflexions. Car il reste de l'incertain ici. Par exemple, comment ai-je appris à voir l'horizon si loin? Peut-être l'ai-je appris par le secours de la peinture; ici il est permis d'inventer. Quelquefois quand je rêve, les choses que j'ai sous les yeux reviennent à la confusion initiale. Premièrement je ne distingue plus les objets; deuxièmement je ne pense plus le près, le loin, ni le grand, le petit. Il est important de remarquer comment je sors de cet état, c'est-à-dire par jugement et mouvement. Les choses alors se reculent à leur place. Vous observez la même chose quand, du premier moment du stéréoscope, vous passez brusquement au relief. Chaque chose se recule alors à sa place. D'autres avancent et même nous étonnent, c'est la naissance d'un monde, c'est la perception succédant à la sensation.

Chapitre V

DE LA SENSATION

Ce qui est perçu dans une distance et dans tous les rapports de lieu qui supposent des distances, comme sont les reliefs, les formes et les grandeurs, c'est

toujours l'effet d'un mouvement simplement possible;
il importe de réfléchir longtemps là-dessus, car c'est
de là que dérivent les caractères paradoxaux de l'espace des géomètres, forme de toutes choses, et qui n'a
rien d'une chose. Par exemple, ce que je perçois
comme relief, ce n'est pas un relief actuel, je veux dire
connu par le toucher dans le moment même; ce sont
des signes que je connais et qui me font prévoir ce que
je percevrais avec les mains si je les portais en avant.
Cela est vrai de toute distance, qui n'est jamais qu'anticipation. Je reviendrai là-dessus. Je veux suivre à
présent une réflexion qui sans doute se présente
d'elle-même à votre esprit, c'est que tout n'est pas
anticipation. Ces signes, comme tels, sont bien donnés
actuellement; ce sont des faits à proprement parler; et
si j'y regarde de près, ce sont des faits de mes yeux, de
mes oreilles, de mes mains. Je puis interpréter mal un
bourdonnement d'oreilles, mais toujours est-il que je
le sens; quand il ne résulterait que du sang qui circule
dans les vaisseaux, toujours est-il que je le sens. Je me
trompe sur un relief, mais je sens bien cette lumière et
cette ombre; et quand cette ombre ne viendrait que
d'une fatigue de mon œil, il n'en est pas moins vrai que
je la sens, comme il est vrai que je sens ces couleurs
trompeuses qui suivent les lumières vives ou bien ces
formes changeantes et indistinctes dans la nuit noire,
si j'ai lu trop longtemps. Il se peut que, par un préjugé,
j'interprète mal des pressions sur mes doigts; mais
encore est-il que je les sens. Et si le vin me semble
amer parce que j'ai la fièvre, toujours est-il vrai que je
sens cette amertume. Il faut toujours qu'il y ait quelque chose de donné actuellement, sur quoi je raisonne,
d'après quoi je devine et j'anticipe. Et le mouvement,
apparent ou réel, ne serait point perçu sans quelque
changement dans les couleurs et les lumières. Rien

n'est plus simple ni plus aisément reçu; je perçois les
choses d'après ce que je sens par leur action physique
sur mon corps; et ce premièr donné, sans quoi je ne
percevrais rien, c'est ce que l'on appelle sensation.
Mais cela posé, il reste à faire deux remarques d'importance. D'abord il ne faut pas ici s'égarer dans les
chemins des physiologistes, et vouloir entendre par
sensation des mouvements physiques produits par les
choses dans les organes des sens ou dans le cerveau.
Parler ainsi, c'est décrire une perception composée, et
en grande partie imaginaire, par laquelle le physiologiste se représente la structure du corps humain et les
ripostes aux actions extérieures. Pensez bien à cette
méprise si commune quoique assez grossière. Je dois
considérer une perception que j'ai, et chercher, par
l'élimination de ce qui est appris ou conclu, à déterminer ce qui est seulement présenté. J'arrive par là à
ma seconde remarque, c'est qu'il n'est pas si facile de
connaître ce qu'est la sensation sans anticipation aucune. Car je puis bien dire, pour la vue, que le donné
consiste en des taches de couleur juxtaposées. Mais
qui ne voit que c'est encore là une perception simplifiée, dans laquelle je veux rapporter toutes les couleurs à un tableau sans relief, situé à quelque distance
de mes yeux? La pure sensation de couleur est certainement quelque chose de plus simple, et qui ne
devrait même pas être sentie dans telle ou telle partie
de mon corps, car sentir ainsi c'est encore percevoir,
j'entends connaître des formes, des dimensions et des
situations. Il faudrait donc, pour saisir la sensation
pure, penser sans penser en quelque sorte. De quoi
certains états inexprimables de rêverie, de demi-som-
meil, de premier éveil peuvent bien nous rapprocher,
de même que les premières impressions d'un aveugle
à qui la vue est révélée; mais justement il ne sait qu'en

dire, et il n'en garde pas plus de souvenir que nous
n'en gardons de nos premières impressions d'enfant.
Ces remarques sont pour écarter cette idéologie grossière, d'après laquelle nos sensations se suivent, se
distinguent, s'enchaînent, s'évoquent, comme les faits
les plus nets de tous et les mieux circonscrits. Nous
aurons à dire qu'un fait est autre chose que ce premier
choc et que cette première rencontre de l'objet et du
sujet. Il y faudra distinguer la matière et la forme, ainsi
que la perception la plus simple nous en avertit
déjà.

Il y a un autre chemin bien plus ardu, et à peine
exploré, pour distinguer perception et sensation. Il
faut alors considérer la qualité et la quantité, et les
définir par leurs caractères, ce qui jette aussitôt dans
les spéculations les plus difficiles, et c'est une des
parties de la *Critique de la Raison Pure* qui donnent
le plus de peine au lecteur. Essayons ici encore de
décrire exactement ce que c'est que grandeur et ce
que c'est que qualité. Quand la grandeur s'accroît, par
exemple quand je tire une ligne ou quand je compte,
les parties de la quantité s'ajoutent en restant distinctes. Quand la qualité s'accroît, par exemple quand une
lumière devient de plus en plus vive, ce qui s'ajoute à
la clarté s'y incorpore sans aucune distinction. On
pourrait bien dire que la lumière est changée, que la
lumière que j'appelle plus vive est réellement une
autre lumière, qu'un bleu plus riche est réellement un
autre bleu, une pression plus forte, une autre pression,
et ainsi du reste. Pourtant, je suis invinciblement porté
à me représenter une lumière s'accroissant, en intensité seulement, depuis la plus faible impression jusqu'à
l'éclat qui m'éblouit. Cette grandeur, qui peut ainsi
croître et décroître dans le temps seulement, est

proprement ce qu'on appelle l'intensité. Mais il semble
que ce ne soit pas la qualité pure, et que nous nous
aidions ici de la grandeur proprement dite, pour y
ranger sous notre regard ces intensités juxtaposées.
Dans la sensation pure, il n'y aurait jamais ni accrois-
sement, ni diminution, ni grandeur à proprement
parler, mais seulement changement et nouveauté.
Chose inexprimable. Mais enfin il est permis de s'en
approcher en raffinant sur l'expression, comme beaucoup l'ont tenté, cherchant à décrire les impressions
originaires ou données immédiates, telles qu'elles
seraient avant toute géométrie. Mais il suffit de définir
ces recherches subtiles et de prévoir que le langage ne
les traduira jamais qu'imparfaitement. L'étude spéciale
de la mémoire expliquera mieux, sans doute, qu'il est
vain de rechercher la première expérience, ou la
première impression. Ces entreprises enferment, sem-
ble-t-il, la perception justement la plus audacieuse, et
qui interprète le plus.

Chapitre VI

DE L'ESPACE

Peut-être le lecteur commence-t-il à saisir dans son
sens plein ce beau mot de représentation, si heureusement employé par quelques bons philosophes. Les
choses ne nous sont point présentées, mais nous nous
les présentons, ou mieux nous nous les représentons.
Dans notre perception, si simple qu'on veuille la
prendre, il y a toujours souvenir, reconstitution,
résumé d'expériences. Seulement il est utile de distin-

guer ce qui est jugement parlé, et déjà science, de ce qui est intuition. L'intuitif s'oppose au discursif comme la connaissance immédiate, du moins en apparence, s'oppose à la connaissance que nous formons par recherche, rappel et raisonnement. Or, notre perception est toujours complétée et commentée par des discours, des rapprochements, des conjectures; par exemple je me dis que cette ligne d'arbres marque telle route, ou que ce triangle sombre est la pointe de tel clocher; ou encore je me dis que tel ronflement annonce telle voiture automobile; et l'on pourrait bien croire que ces connaissances sont intuitives au sens vulgaire du mot; mais il s'agit justement, dans le présent chapitre, de faire apparaître une connaissance intuitive dans le sens le plus rigoureux, c'est-à-dire qui traduit des connaissances, et même très précises, par quelque caractère de la représentation qui nous touche comme une chose.

Je vois cet horizon fort loin. A parler rigoureusement et d'après ce que m'annoncent mes yeux, il est présent par sa couleur aussi bien que le reste, ou non distant si l'on veut; mais cette distance pourtant me touche comme une chose; elle est même la vérité de la chose, ce que je puis tirer de cette couleur bleuâtre. Cette distance qui m'apparaît si bien et qui fait même apparaître tout le reste, donnant un sens aux grandeurs, aux formes et aux couleurs, n'est pourtant pas une chose, faites-y bien attention. Cette distance n'est nullement une propriété de cet horizon. Non, mais un rapport de ces choses à d'autres et à moi. Si je veux la connaître, cette distance, en la parcourant, je la supprime; en un sens, j'en aurai bien alors l'expérience quoique toujours par représentation; mais telle que je la vois maintenant, telle que je crois la sentir maintenant, telle que je la pense maintenant, je la connais, j'en ai toute l'expérience possible. C'est qu'elle est de moi, non des choses; je la pose, je la trace, je la détermine. Vraie ou fausse, elle est toujours distance, rapport indivisible, non point parcourue en fait, ses parties étant ajoutées les unes aux autres, mais posée toute, et ensuite divisée et parcourue, et donnant d'avance un sens à la division et au parcours.

Une direction offre plus clairement encore les mêmes caractères, car elle ordonne les choses par rapport aux rotations de mon corps, mais elle n'est pourtant pas une chose; elle détermine; elle est de forme, et définie ou posée, non pas reçue. Tous les paradoxes sur l'espace sont ici ramassés, et toutes les difficultés sur lesquelles on passe souvent trop vite, comme si elles étaient des inventions d'auteur. Distance et direction, ce sont les deux armes du géomètre; et nous ne serons pas surpris qu'il les connaisse si bien, non pas sans le secours d'aucune chose, mais sur des choses arbitrairement prises, blanc sur noir, points, lignes et angles. Mais n'anticipons pas trop.

J'ai choisi, parmi les distances, celle qu'on nomme la profondeur, parce que les caractères de l'espace, qui n'est pas, mais qui est posé, et qui détermine l'expérience, y apparaissent plus aisément. Considérez maintenant les autres distances qui sont comme étalées devant vos yeux, ou ces distances invisibles, distances d'aveugle, qui déterminent un effort à faire, vous reconnaîtrez que ces distances sont des distances aussi, c'est-à-dire des rapports indivisibles, de même espèce que la profondeur. Et n'allez pas prendre non plus pour surfaces ces couleurs miroitantes. Croyez-vous que ce paysage, que vous voulez étaler sur un plan, dessine par lui-même un plan, j'entends par ses couleurs riches ou pauvres, plaisantes ou tristes à voir? Pour vous détourner de cette illusion, je vous fais remarquer seulement que ce plan n'a de sens que par une profondeur qui vous sépare de lui. Et quant aux surfaces qui se présentent obliquement, et que vous redressez en pensée, comme celle de cet étang, ou bien la courbe de cette côte, donnant ainsi un sens et une place à chaque chose, pensant la vérité dans l'apparence, et comprenant l'apparence dans ces formes rigoureuses, c'est encore plus évident. Quant aux volumes, ils sont toujours devinés, posés, pensés, car on n'y entre point, sinon en les divisant, en découvrant et devinant d'autres surfaces, et d'autres volumes derrière.

Revenons maintenant à notre dé cubique qui, sans doute, vous instruira mieux. Chacun peut savoir ce que c'est qu'un cube, par des définitions, arêtes égales, angles égaux, faces égales. Mais nul ne voit le cube ainsi; nul ne le touche ainsi. Se représenter la forme de ce dé cubique, c'est maintenir et affirmer dans l'expérience cette forme qu'aucune expérience ne fait voir ni toucher; bien mieux, c'est expliquer toutes les apparences, les perspectives et jusqu'aux ombres portées, par d'autres positions de directions et de distances où la science apparaît déjà. Mais dessinez divers aspects de ce cube et admirez comme vous reconnaissez la même forme. Faites mieux. Dessinez le cube avec toutes ses arêtes visibles, comme s'il était fait de tringles de fer, et exercez-vous à le penser sous deux aspects, tantôt vu d'un côté et par-dessus, tantôt vu de l'autre côté et par-dessous; vous verrez l'apparence prendre forme et sens au commandement. Il n'est peut-être pas d'expérience philosophique qui soit plus propre que celle-là à orienter pour toujours la réflexion dans les vrais chemins. Disons, pour résumer, que nous percevons les choses dans l'espace, mais que l'espace n'est pas un objet des sens, quoique

les objets des sens ne soient ordonnés, distingués et
perçus que par l'espace. Disons que l'espace est
continu, c'est-à-dire indivisible, qu'il est par lui-même
sans grandeur ni forme, quoiqu'il soit le père des
grandeurs et des formes, et enfin qu'il n'existe nullement à la manière d'un caillou. Par où il apparaîtra
déjà que des questions comme celles-ci, l'espace est-il
fini ou infini, n'ont aucun sens. Mais il y aura lieu de
revenir plus d'une fois là-dessus. Dans ce passage
difficile consultez vos forces. Vous savez un peu maintenant ce que c'est que philosopher; si ce genre de
recherche ne vous donne pas de joie, c'est un signe des
dieux. Laissez ce livre.

Chapitre VII

LE SENTIMENT DE L'EFFORT

On a compris que la perception n'est vivante que
par le mouvement. Le loin, c'est où je puis aller. Le
relief, c'est où je puis me heurter. A l'angle il faudra
tourner; tel est le texte de nos perceptions; des positions et des chemins. Mais il y a de l'immobile dans la
perception; cette hésitation devant le mouvement et
devant la forme n'est pas seulement en discours
(comme lorsque Ulysse nageant se dresse et regarde
les rochers). Nous vivons dans le sentiment des solides
qui nous entourent, et voilà *l'effort*, si amplement
considéré par Maine de Biran, homme étranger à la
philosophie et qui ne s'est pas résigné à voir les choses
sur un plan.

Ce qu'il faut savoir là-dessus, c'est analyser le sentiment de l'effort quand je presse ma main contre une surface. Il faut distinguer ici la pression sur la peau; remarquable en ceci qu'elle peut changer par un imperceptible mouvement des muscles qui se tendent ou renoncent. On a écrit des pages sur les *sensations musculaires* qui sont fort complexes. Allongez lentement votre bras, faites-vous aveugle et observez ce qui est senti dans les muscles. Vous trouverez peu. Chose digne de remarque, la plupart de ces sensations sont dues à la pression des vêtements; ainsi, si vous pliez le bras, le pli de l'étoffe fait sentir une pression contre le biceps.

Telles sont les très riches données sur lesquelles repose la contemplation de l'univers; mélange de sensations et d'émotions facile à analyser dans le vertige; je regarde l'abîme et je me sens attiré par ce creux. Ce sentiment est fort vif et très touchant. Il consiste en un grand nombre de sensations musculaires (c'est-à-dire, pour éviter des discussions sans fin), qui nous signalent une contraction ou un relâchement. Nous commençons à tomber et à nous retenir; les puissants muscles abdominaux nous tirent en arrière et se font sentir au creux de l'estomac; par contagion les muscles respiratoires sont gênés et en alerte. C'est un bel exemple de peur. Ce qu'il est à propos de comprendre c'est que ces efforts sur nous-même font le relief et le creux de nos perceptions sans aucun mouvement de nous, simplement par l'essai ou la préparation de certains mouvements. Pour rendre ces choses plus sensibles, on peut remarquer ce qui arrive dans les vues stéréoscopiques très grossies, par exemple des brins d'herbe, un caillou; le relief se produit tout d'un coup et se traduit par un mouvement de recul assez sensible, qui exprime la peur de se heurter

à ces reliefs insolites (notre visage n'est pas si près des
herbes et des cailloux); ce sont de petits efforts sentis
qui nous donnent cette sorte de peur ou d'émotion, ou
de secousse. Ce dernier mot exprime bien notre contact à nous-même quand il est subit et peu habituel.
Au reste notre corps ne cesse jamais d'être appuyé à la
terre par son poids. Et les sensations dont la plante
des pieds est le siège doivent être considérées comme
des signaux concernant notre sécurité d'équilibre.

Tel est donc l'effort. Au point de vue de la connaissance, l'effort multiplie nos sensations, les affine et les
nuance. Songez à l'effort léger du médecin qui cherche
le pouls, et à l'extrême délicatesse à laquelle conduit
un toucher plus ou moins appuyé. Maine de Biran a
insisté beaucoup sur les sensations olfactives, autant
qu'elles résultent de petits efforts respiratoires. Il va
jusqu'à dire, que sans aucun mouvement, ces sensations seraient nulles. Il se peut bien que toutes les
sensations du toucher (et l'olfaction est un léger
toucher de l'air) naissent de l'exploration musculaire
d'après ce privilège que nous avons de faire varier
l'intensité par un effort volontaire. C'est ainsi par
exemple que nous éprouvons une pointe ou un tran-
chant. Le poli du métal est exploré de la même
manière, et la délicatesse de la connaissance est alors
en rapport avec la légèreté du contact. L'homme de
métier effleure en explorant et se donne à lui-même
les degrés de l'intensité, sans aller jusqu'à la douleur.
Explorer une surface chaude ce n'est pas se brûler;
c'est provoquer une légère brûlure. Ce qui nous instruit alors c'est surtout le léger travail des muscles qui
avancent et retirent la surface sensible. La somme des
efforts donne l'équivalent de la brûlure et de la
coupure. Notre représentation est donc un sentiment

complexe de nos efforts; par ces légères émotions, nous animons nos perceptions, nous les ravivons et nous préparons nos mouvements en usant, en quelque sorte, la petite crainte qui nous tient toujours quand nous agissons. Il faut redire que la marche, entreprise contre la pesanteur, et la station debout ne nous deviennent habituelles que lorsque nous avons vaincu la peur de tomber, si naturelle. Ainsi la connaissance de la position de notre corps, qui est la base de toutes nos perceptions, n'est jamais passive; elle résulte de petits changements essayés et d'un continuel travail des muscles. Nous avons le sentiment de notre mouvement par un changement des perspectives; toutefois, observez qu'un tel changement ne nous dit pas si notre corps se meut, ou si ce sont les autres corps. On sait que, dans un bateau en marche, on croit voir les digues, les bouées se mouvoir, et cette illusion bien connue se produit surtout sur l'eau parce qu'alors le mouvement de la barque ne s'accompagne d'aucun sentiment d'effort, si ce n'est pour le rameur qui, lui, n'a pas l'illusion que je disais parce qu'il sent son propre effort pour s'éloigner et se rapprocher du rocher ou du môle. C'est quand il court sur son erre que l'illusion est vive. On voit par de tels exemples que le sentiment de l'effort est partout à considérer dans la perception. On en trouve des exemples très précis dans l'optique physiologique d'Helmholtz et l'étude des illusions sur le mouvement, lesquelles dépendent toujours du sentiment que nous avons de nos mouvements propres. Soyez seulement en mesure d'analyser l'effort, car le détail serait sans fin.

Chapitre VIII

LES SENS ET L'ENTENDEMENT

Il faut pourtant que j'anticipe un peu. Les recherches sur la perception, assez faciles et fort étendues, ne sont qu'un jeu si l'on ne se porte tout de suite aux difficultés véritables. Et j'y veux insister. Chacun sait que Kant, dans sa *Critique*, veut considérer l'espace comme une forme de la sensibilité, et non comme une construction de l'entendement. Il est clair que je suis plutôt conduit, par les analyses qui précèdent, à écarter tout à fait cette image transparente et encadrante d'un espace sensible, pour y substituer des rapports de science au sens propre du mot. Dans un traité élémentaire, cette différence n'importe pas beaucoup. Lorsque Kant traite de l'espace comme il fait, il n'oublie jamais que l'espace est une forme, et, pour l'apprenti, c'est cela qui importe. Maintenant, quand il ajoute que l'espace est une forme de la sensibilité, il met l'accent sur ceci, que les propriétés de l'espace ne peuvent être toutes ramenées à ces rapports intelligibles que la science compose, et qui sont la forme de la connaissance claire. Là-dessus, lisez Hamelin, qui traite raisonnablement de la chose.

Ce qui rend la question obscure, c'est que les mathématiciens se plaisent à dire que l'espace à trois dimensions, trois coordonnées fixant toujours un point, est un fait de notre expérience, étranger à la nécessité véritable. Cette question réservée, je ne vois point que l'espace comme je l'ai décrit diffère de ce que l'on appelle proprement la forme dans les opérations de l'esprit. Il se peut aussi que les mathématiciens soient trompés par l'algèbre, ou bien que les trois dimensions soient moins pures de tout alliage avec les données de l'expérience que l'idée même de la distance et de la direction. Mais n'entrons pas ici dans ces détails. Il s'agit d'éveiller le lecteur, non de l'accabler, et de lui révéler sa puissance plutôt que sa faiblesse.

M'attachant surtout à décrire la connaissance humaine telle qu'elle est, j'insiste sur la parenté bien frappante qui nous apparaît déjà entre les anticipations de forme géométrique qui nous font voir les choses loin ou près, et les formes de la science proprement dite. Ce ne sont que des remarques; je n'oublie pas la fin, et je me résigne à n'arriver pas à une doctrine achevée en système; la police des opinions et des mœurs peut s'exercer utilement avant que les discussions soient closes entre les hommes.

Qu'il n'y ait point de science de la sensation, c'est ce que tous les philosophes d'importance, et notamment Platon et Descartes, ont fortement montré. Nous sommes préparés, il me semble, à comprendre exactement le sens de cette formule connue. Il est clair que l'on n'évalue les intensités qu'en les rapportant à des longueurs. Par exemple, deux sons d'intensité égale sont deux sons qui produiront à la même distance le même déplacement sur une membrane. Deux températures seront comparées par la dilatation d'une même masse de mercure convenablement disposée. Les calories sont comptées d'après un poids de glace changée en eau, et le poids lui-même est mesuré par un équilibre stable d'un levier tournant. Ainsi nous voyons que la science substitue aux données sensibles les éléments géométriques que nous avons décrits; et tout ce qu'on peut savoir d'une intensité se réduit en somme à des mesures de longueurs. Mais ce n'est là

qu'un fait de science, que l'analyse directe doit éclair-
cir.

La perception est exactement une anticipation de
nos mouvements et de leurs effets. Et sans doute la fin
est toujours d'obtenir ou d'écarter quelque sensation,
comme si je veux cueillir un fruit ou éviter le choc
d'une pierre. Bien percevoir, c'est connaître d'avance
quel mouvement j'aurai à faire pour arriver à ces fins.
Celui qui perçoit bien sait d'avance ce qu'il a à faire.
Le chasseur perçoit bien s'il sait retrouver ses chiens
qu'il entend, il perçoit bien s'il sait atteindre la perdrix
qui s'envole. L'enfant perçoit mal lorsqu'il veut saisir
la lune avec ses mains, et ainsi du reste. Donc ce qu'il y
a de vrai, ou de douteux, ou de faux dans la perception, c'est cette évaluation, si sensible surtout à la vue
dans la perspective et le relief, mais sensible aussi
pour l'ouïe et l'odorat, et même sans doute pour un
toucher exercé, quand les mains d'un aveugle palpent.
Quant à la sensation elle-même, elle n'est ni douteuse,
ni fausse, ni par conséquent vraie; elle est actuelle
toujours dès qu'on l'a. Ainsi ce qui est faux dans la
perception d'un fantôme, ce n'est point ce que nos
yeux nous font éprouver, lueur fugitive ou tache
colorée, mais bien notre anticipation. Voir un fantôme
c'est supposer, d'après les impressions visuelles, qu'en
allongeant la main on toucherait quelque être animé;
ou bien encore c'est supposer que ce que je vois
maintenant devant la fenêtre, je le verrai encore
devant l'armoire si je fais un certain mouvement. Mais
pour ce que j'éprouve actuellement, sans aucun doute
je l'éprouve; il n'y a point de science de cela puisqu'il
n'y a point d'erreur de cela. Toute étude de ce que je
ressens consiste toujours à savoir ce que cela signifie,
et comment cela varie avec mes mouvements. On voit
par là qu'un objet c'est quelque chose qui a essentiel-

lement position et forme, ou, pour mieux dire, que ce qu'il y a de vrai dans un objet, c'est un ensemble de relations spatiales qui définissent sa forme, sa position et toutes ses propriétés. Réfléchissez maintenant à ceci qu'un astronome ne fait pas autre chose que de déterminer ses objets par de telles relations, jusqu'à prononcer, après bien des perceptions mesurées, que c'est la terre qui tourne autour du soleil et autres choses semblables, et à prédire ce qui arrivera de ces mouvements, par exemple les éclipses, visibles de tel lieu. Il suffit maintenant de ces remarques.

Chapitre IX

DE L'OBJET

Lorsque Démocrite voulait soutenir que le soleil et la lune sont véritablement comme nous les voyons, grands comme ils ont l'air d'être, et à la distance où nous croyons les voir, il savait bien à quoi sa doctrine l'obligerait. Nul ne peut être assuré d'échapper aux aventures, dès qu'il s'embarque. Il est admis communément aujourd'hui, même pour ceux qui n'en connaissent pas bien les preuves, que le soleil est fort éloigné de nous, beaucoup plus que la lune, et donc qu'il est beaucoup plus gros que la lune, quoique leurs grandeurs apparentes soient à peu près les mêmes, comme cela est sensible dans les éclipses. On ne peut donc soutenir que l'objet que nous appelons soleil, le vrai soleil, soit cette boule éblouissante; autant vaudrait dire que le vrai soleil est cette douleur de l'œil quand nous le regardons imprudemment. Il faut donc

rechercher comment on est arrivé à poser ce vrai
soleil, que personne ne peut voir ni imaginer, pas plus
que je ne puis voir le cube que je sais pourtant être un
cube. J'en vois des signes, comme je vois des signes du
vrai soleil; et, parmi les signes du vrai soleil, de sa
grandeur, de son mouvement apparent et de son
mouvement vrai, l'ombre tournante d'un bâton n'importe pas moins que le disque de l'astre vu à travers
les lunettes noircies. En sorte que le vrai soleil est
aussi bien déterminé, et quelquefois mieux, par un de
ces signes que par l'autre. On voit ici qu'un objet est
déterminé par ses rapports à d'autres, et au fond à
tous les autres. Un objet considéré seul n'est point
vrai, ou pour parler autrement, il n'est point objet.
C'est dire qu'un objet consiste dans un système de
rapports indivisibles, ou encore que l'objet est pensé,
et non pas senti. Si vous méditez de nouveau sur
l'exemple du cube, qui est parmi les plus simples, vous
comprendrez bien le paradoxe que Démocrite tentait
vainement de repousser.

Honnêtement, il faut décrire le monde comme on le
voit; et ce n'est pas simple, car on ne le voit pas
comme on le sent; et chacun sait bien qu'il n'est pas
non plus comme on le voit. Changez de place, faites le
tour de cet homme, son image sera toujours une tache
sombre, et la terre sera toujours une couleur plus
claire qui le circonscrit. Mais vous savez bien qu'il est
autre chose, qu'il s'agit de déterminer d'après ces
signes-là et d'autres. Et ceux qui voudraient dire que
c'est le toucher qui est juge ne gagnent rien; car ils ne
diront pas que cet homme est cette impression sur ma
main, et puis cette autre, et puis cette autre. Nous
savons au contraire qu'il n'a pas tant changé par un
simple mouvement de ma main; et en somme il faut
bien que nous réunissions ces apparences en système,

jusqu'à dire que ces mille aspects nous font connaître le même homme. C'est tout à fait de la même manière que je décide, quand je danse au clair de lune, que ce n'est pas la lune qui danse. Un petit pâtre sait cela, et déjà par science.

Les anciens astronomes pensaient que l'étoile du matin et l'étoile du soir étaient deux astres différents. C'est que Vénus, planète plus rapprochée du soleil que nous, ne fait pas son tour du ciel comme les autres. Ainsi, faute de connaître les rapports convenables, ils n'arrivaient point à relier ensemble ces deux systèmes d'apparences, comme nous faisons aujourd'hui. Il est utile à ce sujet de comparer les différents systèmes astronomiques; on y voit par quelle méthode on retrouve un seul objet sous l'apparence de plusieurs, par l'invention d'un mouvement convenable des objets mêmes et aussi de l'observateur. Mais ce n'est pas par d'autres méthodes que j'arrive à savoir si c'est mon train qui se met en marche, ou l'autre. Et il m'arrive de penser : « Voici l'hirondelle qui est revenue », quand je n'ai vu pourtant qu'une ombre sur le ciel près de la grange souterraine où je sais qu'elle a son nid tous les ans. Supposition fort étendue, et fausse sans doute en partie, car il se peut que ce ne soit pas la même hirondelle. Toutefois on y voit à plein comment l'entendement construit ses systèmes et détermine les vrais objets.

Ainsi demander pourquoi avec deux yeux on ne voit qu'un objet, c'est trop peu demander. Il faut demander pourquoi avec deux mains on ne touche qu'un cube, pourquoi l'on dit que l'on touche l'objet même que l'on voit, que l'on entend, que l'on flaire, que l'on goûte; car ce seraient bien autant d'objets, et très différents si l'on s'en tenait aux apparences. Par ces remarques se définit, il me semble, peu à peu, cet étrange pouvoir de penser que la plupart des hommes veulent reconnaître seulement dans les discours bien faits que l'on tient aux autres ou à soi-même. On aperçoit déjà que les esprits pensent un monde commun d'après les apparences où chacun se trouve d'abord seul, et où le fou passe toute sa vie.

Chapitre X

DE L'IMAGINATION

En définissant l'imagination comme une perception fausse, on met l'accent sur ce qui importe peut-être le plus. Car on serait tenté de considérer l'imagination comme un jeu intérieur, et de la pensée avec elle-même, jeu libre et sans objet réel. Ainsi on laisserait échapper ce qui importe le plus, à savoir le rapport de l'imagination aux états et aux mouvements de notre corps. Le pouvoir d'imaginer doit être considéré dans la perception d'abord, lorsque, d'après des données nettement saisies, nous nous risquons à deviner beaucoup. Et il est assez clair que la perception ne se distingue alors de l'imagination que par une liaison de toutes nos expériences, et une vérification à chaque instant de toutes nos anticipations. Mais, dans la perception la plus rigoureuse, l'imagination circule toujours; à chaque instant elle se montre et elle est éliminée, par une enquête prompte, par un petit changement de l'observateur, par un jugement ferme enfin. Le prix de ce jugement ferme qui exorcise apparaît surtout dans le jeu des passions, par exemple la nuit, quand la peur nous guette. Et même, dans le grand jour, les dieux courent d'arbre en arbre. Cela se comprend bien; nous sommes si lestes à juger, et sur de si faibles indices, que notre perception vraie est une lutte continuelle contre des erreurs voltigeantes. On voit qu'il ne faut pas chercher bien loin la source de nos rêveries.

Mais il arrive souvent aussi que ce sont les organes de nos sens qui par eux-mêmes fournissent matière à nos inventions. Par eux-mêmes, entendons-le bien; notre corps ne cesse jamais d'être modifié de mille manières par les causes extérieures; mais il faut bien remarquer aussi que l'état de nos organes et les mouvements mêmes de la vie fournissent des impressions faibles, assez frappantes dans le silence des autres. C'est ainsi que le sang fiévreux bourdonne dans les oreilles, que la bouche sent une amertume, que des frissons et des fourmillements courent sur notre peau. Il n'en faut pas plus pour que nous nous représentions des objets pendant un court instant; et c'est proprement ce que l'on appelle rêver.

Enfin souvent nous cherchons ou plutôt nous forgeons des images, par nos mouvements. Ici la vue ne joue qu'un rôle effacé, si ce n'est que nos gestes ou mieux notre crayon dessinent des formes que nos yeux suivent, ou bien encore que de vifs mouvements des yeux brouillent les perceptions réelles et font courir des dieux. L'ouïe est bien plus directement modifiée par nos paroles; notre parole est un objet réel, que nous percevons, même si nous parlons à voix basse. Surtout le sens du toucher se donne à lui-même des impressions par chacun de nos mouvements; je puis m'enchaîner, m'étrangler, me frapper moi-même; et ces fortes impressions ne sont sans doute pas les moindres preuves dans le délire des fous. On aperçoit ici la liaison de l'imagination aux passions. Celui qui s'enfuit perçoit mal toutes choses, devine encore plus mal ce qui se passe derrière lui, redouble par son action désordonnée les mouvements du cœur et des poumons, éveille les échos par sa course. Tout mouvement déréglé trouble l'univers perçu. Ainsi nous sommes conservateurs et architectes de ce monde continuellement, comme aussi inventeurs de démons et de fausses preuves dès que nous nous abandonnons aux mouvements convulsifs. Au reste l'univers est assez riche pour fournir toujours quelque ombre d'objet à nos égarements. Et dans tout fait d'imagination on retrouvera toujours trois espèces de causes, le monde extérieur, l'état du corps, les mouvements. Toutefois il n'est pas mauvais de distinguer trois espèces d'imagination. D'abord l'imagination réglée, qui ne se trompe que par trop d'audace, mais toujours selon une méthode et sous le contrôle de l'expérience; telles sont les réflexions d'un policier sur des empreintes ou sur un peu de poussière; telle est l'erreur du chasseur qui tue son chien. L'autre imagination qui se détourne des choses et ferme les yeux, attentive surtout aux mouvements de la vie et aux faibles impressions qui en résultent, pourrait être appelée la fantaisie. Elle ne se mêle point aux choses, comme fait la réglée; le réveil est brusque alors et total, au lieu que dans l'imagination réglée le réveil est de chaque instant. Enfin l'imagination passionnée se définirait surtout par les mouvements convulsifs et la vocifération.

Il existe aussi une imagination réglée, mais en un autre sens, et qui participe des trois, c'est l'imagination poétique dont nous traiterons plus tard. Considérez seulement ici comment le poète cherche l'inspiration, tantôt percevant les choses, mais sans géométrie, tantôt somnolant, tantôt gesticulant et vociférant. D'autres poésies, comme architecture et peinture, prennent plus à l'objet, d'autres, comme la danse et la musique, prennent toute leur matière dans le corps même du sujet. Mais l'art dépend aussi des passions et surtout des cérémonies; il n'est donc pas à propos d'y insister maintenant.

Chapitre XI

DE L'IMAGINATION
PAR LES DIFFÉRENTS SENS

Imaginer, c'est toujours penser un objet et se représenter son action possible sur tous nos sens. Une imagination qui ne serait que visuelle ne serait plus imagination du tout; ce ne serait qu'une impression colorée sans situation et sans forme. A mesure que l'on tend à réduire les images à des phénomènes du corps humain, on se guérit de l'imagination. Qu'est-ce qu'imaginer un fantôme, sinon le voir en un lieu, et se représenter par quels mouvements on le toucherait? Faute d'avoir assez réfléchi là-dessus, nos philosophes d'occasion décrivent une imagination seulement visuelle, une autre seulement auditive, une autre seulement tactile, et des types d'hommes qui y correspondent, sans que ces recherches conduisent bien loin. Il n'est pas facile d'apercevoir que toute image visuelle, puisqu'elle enferme toujours relief et distance, enferme par cela même un certain commentaire des muscles. Il fallait donc s'attendre à des réponses ambiguës ou trop complaisantes. Et, pour tout dire là-dessus, il n'y a point d'images, il n'y a que des objets imaginaires. Cet exemple montre bien que la réflexion doit précéder ici les recherches et les éclairer toujours.

Cette réserve faite, il est permis d'examiner comment nous imaginons par chacun de nos sens. Pour le goût et l'odorat il y a sans doute peu de chose à dire, sinon que les objets réels fournissent moins de matière à l'imagination que ne font les réactions du corps, surtout involontaires comme sont les mouvements de nausée. Et aussi que l'imagination par les autres sens détermine souvent celle-là; chacun sait que l'aspect d'un mets d'ailleurs agréable au goût peut le faire paraître mauvais par anticipation. Il arrive aussi quelquefois qu'une sensibilité plus raffinée ou aiguisée par la maladie fasse apparaître des odeurs ou des saveurs ordinairement très faibles; ainsi l'imagination se trouve vraie, mais à notre insu. Et au reste il n'y a point d'imagination qui ne soit vraie en quelque façon; car l'univers ne cesse jamais d'agir sur nous de mille manières, et nous n'avons sans doute pas de rêve, si extravagant qu'il soit, dont quelque objet réel ne soit l'occasion. Imaginer ce serait donc toujours percevoir quelque chose, mais mal.

Ce même caractère n'est pas moins sensible pour l'imagination visuelle, quoiqu'on n'y pense pas toujours assez. Il est clair que les nuages, ou les feuillages épais, ou encore les lignes confuses et entrecroisées d'un vieux plafond ou d'un papier de tenture sont fort propres à nous faire imaginer des têtes d'hommes ou des monstres. Chacun sait que le demi-jour et le jeu des ombres, comme aussi une lumière trop vive, produisent le même effet. Les fumées et le feu sont favorables aussi aux rêveurs.

Il faut détruire maintenant ce que nos propres yeux fournissent à nos rêveries, surtout lorsqu'ils sont fermés. Chacun peut, en fermant vivement les yeux, observer l'image d'un objet fortement éclairé, ce qui n'est qu'un ébranlement continué, ou bien une image négative avec couleur complémentaire, ce qui est un effet de fatigue. Et sans doute notre rétine n'est-elle jamais parfaitement au repos; les pressions, les excitations électriques y font apparaître des lueurs, comme chacun sait. Et les grands liseurs connaissent ces houppes colorées et changeantes qui sont sans doute la première trame de nos rêves. J'ai vu plusieurs fois, dans les instants qui précèdent le sommeil, ces formes mobiles se transformer en images d'hommes ou de maisons, mais il faut de l'attention et une critique éveillée pour apercevoir ces choses. Les passionnés aiment mieux dire qu'ils voient les images des choses à l'intérieur d'eux-mêmes, sans vouloir expliquer ce qu'ils entendent par là. Selon mon opinion, toute image visuelle est extérieure à moi et extérieure à elle-même, par sa nature d'image. Et la forêt où je me promène en rêve n'est pas dans mon corps; mais c'est mon corps qui est en elle. Que faites-vous, dira-t-on, des yeux de l'âme ? Mais les yeux de l'âme, ce sont mes yeux.

Il faut considérer enfin l'effet de mes propres mouvements, évidemment de première importance quand j'imagine le mouvement des choses. Le moindre mouvement de ma tête fait mouvoir toutes choses. Ajoutons que mon mouvement est propre à brouiller les images, et que le clignement des yeux fait revivre les images complémentaires, comme chacun peut s'en assurer. Mais le fait le plus important est ici le geste des mains, qui dessine devant nos yeux la chose absente, et naturellement surtout le dessin et le modelage, qui fixent nos rêves en objets véritables. Je ne considère ici que le crayon errant, qui nous étonne nous-mêmes par ses rencontres. Ainsi nous sommes ramenés à l'idée principale de ce chapitre, c'est que nous n'inventons pas autant qu'on pourrait croire. Il m'est arrivé plus d'une fois de me dire : j'imagine en ce moment un rouge vif, et d'apercevoir dans le même instant la bordure rouge d'un cahier devant moi.

Les mêmes choses sont à dire, et mieux connues peut-être, de l'imagination auditive. D'abord que tous les bruits confus, du vent, de la cascade, d'une voiture, d'une foule, font des paroles et des musiques. La marche d'un train nous propose un rythme. Il faut dire aussi que la respiration et le battement du sang agissent sur nos oreilles et y produisent des bourdonnements, sifflements, tintements. Surtout nos parlons, chantons et dansons, ce qui fixe les images auditives et en appelle d'autres. N'entrons point ici dans l'étude de l'inspiration musicale. Disons seulement que, dans les rêves, les voix que nous croyons entendre sont sans doute souvent notre voix même, les cris, nos propres cris, les chants, nos propres chants. Avec cela nous battons des rythmes par le souffle, les muscles, le sang. Voilà des symphonies toutes faites.

Il reste à traiter du toucher. Et ce n'est pas difficile. Car premièrement les choses ne cessent jamais d'agir sur nous, par froid et chaud, souffle, pression, frottement. En second lieu notre toucher est continuellement modifié par les mouvements de la vie, par fatigue, crampes, fièvre, lésion. Nous croyons sentir des pincements, des torsions, des vrilles, des scies. Ou bien encore nous imaginons des liens autour de la poitrine, une main brutale à notre gorge, un poids écrasant sur nous. Et enfin nos mouvements légers ou vifs nous donnent des impressions bien réelles. Un

homme qui rêve qu'il se bat peut se donner des coups
de poing. Il peut se lier les bras, se heurter contre un
mur, se raidir, se tordre. Telle est la source de nos
rêveries les plus tragiques; et nous ne le soupçonnons
point. Mais nous touchons ici aux passions. Ample
matière, et l'on ne peut tout dire à la fois.

Chapitre XII

DE L'ASSOCIATION D'IDÉES

La suite de nos pensées est réglée communément
sur les objets qui se présentent à nous. Mais comme
on l'a vu, ces objets ne sont perçus qu'après nombre
d'essais, d'esquisses et de suppositions; cet homme
là-bas, j'ai cru d'abord que c'était le facteur; cette
voiture, que c'était celle du boucher, cette feuille au
vent, que c'était un oiseau. Ainsi chacune de nos
perceptions termine une recherche rapide, un écha-
faudage de perceptions fausses et mal déterminées,
auxquelles le langage, qui ne s'arrête jamais, donne
une espèce de précision. Donc, à propos de chaque
objet, je pense naturellement à beaucoup d'autres qui
lui ressemblent, en ce sens que leur forme explique
passablement mes impressions. C'est là qu'il faut chercher la source de la plupart de ces évocations que les
auteurs considèrent comme des associations par ressemblance. L'erreur est ici de croire que nos idées
s'enchaînent dans notre esprit comme si, retirés dans
une chambre bien fermée, nous comptions nos trésors.
En réalité, penser c'est percevoir, toujours; et même

rêver, c'est encore percevoir, mais mal. Il importe de tenir ferme cette idée directrice si l'on veut redresser les méditations faciles, et souvent purement dialectiques, des auteurs sur ce sujet-ci.

Il arrive aussi que, par la fatigue des sens, nous percevons des images complémentaires des choses, comme le violet après le jaune. Les exemples de ce genre sont assez rares; mais il est naturel de penser que toujours et pour tous nos sens, une impression un peu vive nous rend en quelque façon insensibles à certaines actions, et par conséquent nous dispose à en remarquer d'autres; ainsi s'expliquent sans doute beaucoup de prétendues associations par contraste. Un voyageur me contait que lorsqu'il fermait ses yeux, fatigués par le sable algérien, il pensait à un paysage lunaire de Norvège.

Il faut enfin considérer le langage comme réglant par son cours automatique tout ce qui, dans notre pensée, est autre chose que perception; et d'ailleurs cela est perception encore, car nous percevons notre langage. Or, souvent nous disons un mot pour un autre, et ces maladresses tiennent à deux causes principales; ou bien nous glissons à quelque mot semblable à celui qui serait attendu, mais plus facile à prononcer, et c'est encore une espèce d'association par ressemblance; ou bien les organes de la parole, fatigués d'une certaine flexion ou tension, tombent d'eux-mêmes dans quelque disposition qui les repose. De là plus d'une rupture étrange dans nos méditations.

Mais disons aussi que souvent la chaîne de nos pensées nous échappe, et que nous nous trouvons fort loin de notre première pensée sans pouvoir nous rappeler par quel chemin nous l'avons quittée. C'est l'oubli, presque toujours, qui fait que la suite de nos idées nous semble si capricieuse.

Quant aux associations par contiguïté, comme on dit, soit dans l'espace, soit dans le temps, ce sont des faits de mémoire rapide, qui ne s'expliquent eux aussi que par une étude du souvenir complet. Je ne puis penser à telle cathédrale sans penser à la marchande de fleurs qui est à côté; fort bien, mais c'est de la même manière que je pense aussi aux vieilles maisons, à la ville, à la route qui y conduit. Et toutes ces revues topographiques enferment plus de pensée qu'on ne croit. Mais l'ordre de succession, surtout, est évidemment retrouvé par science, comme nous dirons. Assurément il y a de l'automate dans la mémoire, mais non pas tant qu'on veut le dire, et toujours dans l'action, entendez dans le langage. Ces remarques ont pour but de mettre le lecteur en garde contre ces constructions idéologiques où les idées et images sont prises comme des termes invariables apparaissant l'un après l'autre sur l'écran. Que cette mécanique de la pensée soit bien puérile, c'est ce que l'étude de la mémoire achèvera de montrer.

Ajoutons que ces fameuses lois de l'association des idées n'expliquent rien. Qu'une orange me fasse penser à la terre, cela n'est nullement expliqué par la ressemblance; car une orange ressemble encore plus à une pomme, à une balle, ou à une autre orange. Et dans cet exemple il est assez clair que la prétendue association n'est que le souvenir rapide d'une leçon d'astronomie, où l'on comparait les aspérités de l'écorce à la hauteur des montagnes sur notre globe, et c'est donc une analogie, c'est-à-dire une pensée véritable, qui porte ici l'imagination.

Chapitre XIII

DE LA MÉMOIRE

Percevoir, c'est toujours se représenter. Il y a donc dans notre perception, si simple qu'elle soit, toujours une mémoire qu'on peut appeler implicite. Toutes nos expériences sont ramassées dans chaque expérience. Percevoir par les yeux une allée bordée d'arbres, c'est se souvenir que l'on a parcouru cette allée-là ou d'autres, que l'on a touché des arbres, compris les jeux de l'ombre et de la perspective, et ainsi du reste; et comme les ombres, par exemple, dépendent du soleil, et que la perception du soleil, toujours indirecte, enferme elle-même une multitude d'expériences, je dis que toutes nos expériences sont ramassées dans chaque expérience. Mais cette remarque même fait bien comprendre qu'il s'agit ici d'une mémoire implicite, et non d'un souvenir à proprement parler. Pour percevoir cette allée d'arbres comme il faut, il n'est pas nécessaire que je pense à telle promenade que j'ai faite, encore moins que je la pense dans tel moment du passé. On pourrait appeler mémoire diligente cette mémoire qui ne fait qu'éclairer le présent et l'avenir prochain sans développer jamais le passé devant nous; et l'on pourrait appeler mémoire rêveuse celle qui, au contraire, prend occasion du présent pour remonter en vagabonde le long des années et nous promener dans le royaume des ombres. Et cette rêveuse ne nous laisse jamais tout à fait. Mais toujours est-il qu'un être neuf, et sans aucune mémoire, même implicite, ne pourrait évaluer des distances, faire en pensée le tour des choses, deviner, voir enfin, ni entendre, ni toucher comme nous faisons. La mémoire n'est donc pas une fonction séparée, ni séparable.

Il ne se peut même pas que la notion du passé et de l'avenir soit jamais tout à fait absente. Car s'il y a mille souvenirs enfermés dans la perception de n'importe quelle chose, il est vrai aussi que cette chose est pensée au milieu d'autres choses, ou, si l'on veut, est un carrefour dont les chemins innombrables sont prolongés dans tous les sens, ce qui suppose déjà une pensée des choses absentes et plus ou moins prochaines; et cela détermine déjà le temps d'une certaine manière, par ce rapport singulier qui ensemble maintient et repousse, la même chose étant et n'étant pas, ou, pour mieux dire, la même chose étant absente, mais présente sous une condition de temps. Par exemple, la ville qui est derrière moi, j'y puis être en une demi-heure.

Mais c'est encore trop peu dire; ce n'est là qu'un temps possible; le temps réel apparaît aussi dans la moindre perception. Car, quand je perçois une chose ou un lieu, cela suppose que je me représente le chemin que j'ai suivi pour y arriver, par exemple en y portant mes yeux. Ainsi mon existence passée, au moins la plus récente, est toujours conservée un moment, sans quoi je ne saurais pas du tout où je suis, semblable à celui qui s'éveille après un voyage. Toujours il y a eu pour moi d'autres choses avant celle-là; toujours l'espace est lié au temps, non seulement dans l'abstrait, par le près et le loin, mais dans mon expérience réelle. Position, passage, mouvement et temps sont réellement inséparables. Et ce n'est pas difficile à comprendre; savoir où l'on est, c'est savoir par où l'on est venu; c'est reconnaître son propre chemin dans les choses parmi d'autres chemins possibles. On irait jusqu'à dire que l'avenir nous est en un sens toujours présent. Car, que signifie la distance qui me sépare de cette ville à l'horizon, sinon un avenir possible; ainsi les dimensions de l'espace ne sont ce qu'elles sont que par un rapport de temps, de temps à la fois réel et possible, je veux dire dont la possibilité est actuellement pensée sous forme de position. Au reste il est clair que les mots avant, après, déterminent l'espace aussi. Je n'y insiste que parce que les auteurs séparent trop souvent le temps, qui serait l'ordre de nos pensées, de l'espace, qui serait l'ordre des choses. Mais, comme nous l'avons assez montré, la pensée et les choses sont ensemble. Ou, pour parler un langage plus barbare, l'externe qui ne serait qu'externe ne serait plus l'externe pour personne; il y faut le rapport interne aussi, par lequel le près et le loin ne font qu'un univers indivisible. Au reste, ces choses sont exposées dans la *Critique de la Raison Pure*, et sans méprise autant que j'en puis juger; mais il faut tout lire et de fort près; j'en avertis l'apprenti philosophe.

Chapitre XIV

DES TRACES DANS LE CORPS

Je pense à cette cathédrale d'Amiens, qui est bien loin de moi; il me semble que je la revois; je la reconstruis sans chercher ailleurs qu'en moi-même. Il est clair que cette reconstitution d'un souvenir ne serait pas possible si je n'emportais quelque trace des choses que j'ai perçues. Et comme j'emporte partout avec moi ce corps vivant, toujours reconnaissable, et qui d'ailleurs ne supporterait pas des changements

soudains, il est naturel de supposer que c'est quelque
partie de mon corps qui garde de mes perceptions une
espèce d'empreinte, comme celle que laisse la bague
dans la cire. Cette métaphore suffisait aux anciens
auteurs; et un Platon, certainement, n'en était pas
dupe, ayant appris à bien distinguer les états du corps
et ses mouvements des perceptions ou pensées. Mais
depuis, par une connaissance plus exacte de la structure du corps, la métaphore a voulu prendre figure de
vérité. Et c'est un des points où le philosophe doit
porter son attention. D'abord, s'il a bien saisi ce qui
précède, il ne voudra rien recevoir qui ressemble à ces
petites images des naïfs épicuriens, qui entraient par
les sens et se gravaient dans les parties molles et
plastiques du cerveau. Mais la vraie réflexion à faire
là-dessus n'est pas qu'on connaît mal ce qui se passe le
long des nerfs et dans le cerveau; c'est que le cerveau,
les nerfs et le cheminement qu'on suppose, aussi bien
que le milieu physique et la chose même, sont une
perception au milieu d'autres perceptions, indivisible
comme toutes, et pensée comme toutes, avec des
rapports, des distances, des parties extérieures les
unes aux autres; et le cerveau, en ces images, n'est
jamais qu'une partie du monde, qui ne peut contenir le
tout. Pour parler autrement, il n'y a dans le cerveau
que des parties de cerveau, et il ne s'y peut inscrire
que des formes et mouvements de ces parties. Au reste
ces formes et ces mouvements sont parfaitement igno-
rés du penseur, au moment où il pense le monde
d'après ses impressions et ses souvenirs. C'est ma
pensée qui seule est une pensée pour moi; tout le reste
est chose. Et, pour tout dire, dans un cerveau agrandi
autant qu'on voudra, on ne pensera toujours que
cerveau, et nullement les autres choses de l'univers.
C'est par des remarques de ce genre que l'esprit

apparaît enfin dans son œuvre, et incorporé à son œuvre, organisateur, démiurge dans ce monde, comme le Dieu des anciens.

Ces principes sont assez connus des vrais philosophes; mais j'ai remarqué qu'en traitant de la mémoire ils les oublient trop. Disons donc ce qui peut être conservé dans le corps, et quel genre de traces, et avec quels effets. Le corps vivant a premièrement la propriété de se mouvoir selon sa forme et selon les résistances qui l'entourent. De plus le corps vivant apprend à se mouvoir. En quoi il faut sans doute distinguer deux choses : la nutrition des muscles, excitée par l'exercice, et qui modifie ainsi la forme des muscles intéressés de façon à rendre plus aisé le mouvement qu'on leur fait faire souvent. Ce sont là de vraies traces auxquelles on ne fait pas assez attention. Maintenant on peut supposer encore, quoique ce soit moins visible, des chemins plus faciles tracés par les nerfs, les centres et enfin le cerveau, de façon que, à la suite d'une impression, certains muscles soient plus énergiquement excités que d'autres. Voilà tout ce que le corps vivant peut faire et tout ce qu'il peut conserver. Ce n'est pas peu, comme on voit par cette habileté machinale que l'on observe chez les artisans, les gymnastes et les musiciens, qui est d'ailleurs bien plus souple et bien plus modifiée par l'attention volontaire que l'on ne croit, comme nous verrons ailleurs. Et c'est bien là une mémoire si l'on veut, mais sans pensée, et que l'on appelle ordinairement habitude. Il n'est pas nécessaire ici d'en dire plus long, car nous traitons de cette connaissance des objets absents ou disparus, que l'on appelle proprement mémoire, et souvenir quand elle est plus précise et mieux ordonnée. Disons seulement que les traces laissées dans le corps ne peuvent être autre chose que des traces d'actions, qui nous disposent à les refaire. Et signalons que le langage est une action de ce genre, régie aussi par l'habitude, et qui fournit à nos oreilles des objets véritables qui soutiennent continuellement les souvenirs. Mais il faut aborder maintenant la vraie difficulté qui est à décrire convenablement la perception du temps et de la succession.

Chapitre XV

DE LA SUCCESSION

La théorie offre des cas où l'ordre vrai de succession se retrouve toujours par jugement, même si on le change dans le fait. L'exemple le plus simple de ces suites bien déterminées est fourni par les nombres entiers. Et il ne faut pas dire que des connaissances de ce genre ne servent pas à ranger et fixer des souvenirs; car même des hommes peu instruits se servent des dates pour fixer l'ordre de leurs souvenirs.

Il faut aussi bien distinguer la succession et la connaissance que nous en avons. Il est d'expérience commune que l'un n'entraîne pas l'autre. Il est clair que nos souvenirs, même assez précis, ne nous reviennent pas automatiquement dans leur ordre. Si je reçois successivement trois dépêches n'ayant entre elles, par leur contenu, aucun rapport de temps, je ne saurai jamais dans quel ordre je les ai reçues. C'est pourquoi l'on adopte, pour ces cas-là, un numéro d'ordre, ou l'indication des heures; ce qui fait voir que l'usage des séries numériques pour fixer l'ordre de succession est d'usage commun, chose qu'on ne remarque pas assez. Je serais assez porté à considérer la succession définie comme le type ou le modèle de toute succession. Et peut-être cette opinion prendra quelque évidence lorsque le rapport de la théorie à l'expérience aura été examiné. Toujours est-il que, dans le fait, les hommes discuteraient sans fin, entre eux et à l'intérieur d'eux-mêmes, sur l'ordre de leurs souvenirs, s'ils n'avaient pas les séries numériques du calendrier.

Il faut aussi distinguer la succession dans les choses et la succession pour nous. Le bruit du canon ne suit pas l'éclair du coup, mais il le suit pour moi, si je suis loin. Seulement il faut dire que, pour celui qui traite de la mémoire, l'ordre de succession dans les choses n'est pas le principal; il n'est considéré qu'accessoirement, lorsque nous n'avons pas d'autre moyen d'ordonner l'histoire de notre propre vie.

Si je cherche maintenant dans notre expérience où nous pouvons trouver des ordres de succession invariables, j'en aperçois de deux sortes. L'ordre des choses, d'abord, impose à nos perceptions une espèce d'ordre. Lorsque j'indique un chemin à suivre, je décris à la fois un ordre de choses coexistantes, et une succession bien déterminée de perceptions. « Vous trouverez d'abord une cabane, ensuite un carrefour, ensuite une borne, puis un chemin creux. » A vrai dire, il y a plus d'un chemin pour aller d'un lieu à un autre, et mille manières de parcourir l'univers. Parmi les choses coexistantes, rien n'est avant ni après, si ce n'est par rapport à un projet bien déterminé. Mais, dès que l'on se donne un parcours, et un sens du mouvement, l'ordre de succession se trouve déterminé en même temps que l'ordre des choses coexistantes. Et lorsque je veux ordonner mes souvenirs de voyage, il n'est pas inutile de savoir que Lyon se trouve entre Paris et Marseille. Toutefois la détermination de l'ordre de succession n'est précise que pour des mouvements simplifiés, le long d'une ligne continue, sur laquelle on marquerait des points bien distincts. Cet ordre est analogue à l'ordre des nombres, avec cette différence que la succession est possible en deux sens, en partant d'un point quelconque. Mais étudiez cette espèce de voyage le long d'une ligne, vous verrez que la succession des points ne peut pas être intervertie n'importe comment. Il faudra toujours atteindre un certain point avant d'en atteindre un autre. Et, selon mon opinion, cette espèce de voyage abstrait est aussi le type et le modèle de tout voyage. Dans cette étude de la mémoire, de quelque côté qu'on la prenne, on aperçoit toujours à l'œuvre la pensée réfléchie, s'aidant de ses formes et de ses notations propres. Et je ne vois pas pourquoi l'on s'en étonnerait.

L'autre succession est celle des événements dans le monde. Ici les termes passés disparaissent; on ne les retrouvera plus jamais. Edouard VII n'a été couronné qu'une fois, il n'est mort qu'une fois. Je n'ai été reçu qu'une fois à un certain examen. Un coup de canon jette à bas ce qui restait d'un clocher; la ruine suit le clocher; et je ne reverrai jamais le clocher dans l'état où il était à l'instant qui a précédé la chute. Sans doute il faut une longue expérience, et les leçons d'autrui, et encore des idées auxiliaires, pour connaître et reconstituer l'ordre des événements. Il est clair que chacun fait ce travail dès qu'il se souvient, et qu'il argumente avec lui-même, invoquant, à tort ou à raison, le possible et l'impossible. Ici encore un tracé simplifié nous est fourni par ces expériences de laboratoire que l'on peut recommencer plusieurs fois en remettant les choses dans l'état initial. C'est dire que l'idée de causalité est présente ici dans la succession, comme vérité de la succession. Il arrive à chacun de dire : « C'était avant la mort du président Carnot, car je le vis, ce jour-là », ou bien : « C'était avant le baccalauréat, car j'étudiais dans tel lycée à cette époque. » L'art de vérifier les dates ne consiste qu'à rattacher les événements flottants à des successions fixes et bien déterminées, qui sont enfin celles des événements astronomiques. Et je crois que, sans des secours de ce genre, nous serions dans le doute, et sans remède, au sujet des événements les plus importants de notre vie. Anticipons. C'est par l'idée théorique de la succession, c'est-à-dire par le rapport de cause à effet, que nous percevons la succession dans l'expérience. Ou bien il faudrait soutenir que nos souvenirs nous reviennent en chapelet, toujours dans le même ordre, comme une chose à nous, automatiquement conservée, ce qui n'est point. Dans le fait nos souvenirs s'offrent capricieusement, et leur ordre véritable doit être retrouvé sans cesse d'après des idées, vraies ou fausses, correspondant à une science plus ou moins avancée, mais toujours science.

L'automatisme, entendez la mémoire motrice, nous fournit bien des séries auxiliaires, utilisées à chaque instant; mais il n'y en a qu'un petit nombre dont nous soyons sûrs; tels sont la suite des nombres, les jours de la semaine, les mois, les lettres de l'alphabet, les couleurs du prisme, les notes de la gamme, la suite des tons, les principaux faits de l'histoire. Mais la peine que nous prenons pour fixer ces séries et les reproduire sans faute fait bien voir que nous manquons d'une mémoire naturelle et tout instinctive qui déroulerait les événements passés dans l'ordre où nous les avons perçus.

En somme on peut dire que la succession pour nous

est déterminée par la succession vraie, et la succession vraie par l'idée de cause, qui n'est que l'idée théorique de la succession. Ces idées importantes ne peuvent être éclaircies dans ce chapitre; elles devaient y être présentées.

Notes

1º Il me vient à l'esprit qu'il ne faut pas ajourner la fameuse question des *idées innées*. C'est le moment de la comprendre, c'est-à-dire de connaître la réalité de l'entendement. Par exemple l'espace et le temps ne sont point des pensées arbitraires; ce sont des pensées universelles comme la géométrie et l'arithmétique le font voir. Quand on ne reconnaîtrait que ces deux notions, si l'on les connaît bien, cela fonde l'entendement et permet de comprendre l'admirable exception de Leibniz au principe traditionnel. *Nihil est in intellectu quod non prius fuerit in sensu, nisi intellectus ipse.* L'intellect est inné en ce sens-là, formé avant toute expérience, et comme dit Kant « par lui-même législateur de la nature ». Voilà qui est violent. Toutefois Kant a dit et répété que « toute connaissance est d'expérience ». Et c'est ce qu'il ne faut pas oublier. Ce qui veut dire, comprendre que les lois *a priori* des nombres n'empêchent pas qu'il soit impossible de former les nombres si l'on n'a pas des choses diverses à compter. Je dirais : « Les lois *a priori* n'apparaissent telles que dans l'expérience. » Je pense qu'un disciple un peu ingénieux arrivera à régulariser sa situation par ce moyen. Mais il importe beaucoup de comprendre pourquoi tant de braves gens ont tenu pour les idées innées, ou contre.

2º Voici un aspect des idées innées, et qui vous donnera une première notion de la métaphysique. En étudiant le semblable, nous avons vu naître la conscience de soi et ce que je pense. Toutes les pensées sont entre moi et mon semblable. Un mathématicien prouvait Dieu par les logarithmes. Il est clair que deux penseurs, instruits seulement des définitions, trouveront la même suite de logarithmes; il ne se peut point qu'un esprit trouve ici autre chose qu'un autre. Trouve, où? En lui-même comme on dit, car ce n'est point l'expérience qui nous donne un logarithme. On voit apparaî-

tre l'idée innée, c'est-à-dire l'idée que nous trouvons en nous
par la réflexion. Posons le tout des idées innées possibles.
Cela fait un esprit, non pas mon esprit, mais un esprit
commun. Penser, c'est participer à cet esprit commun, c'est
savoir y regarder. Et voilà le dieu du calcul et de la géométrie; c'est l'esprit commun à vous et à votre semblable. Cet
esprit est secourable; car que faire si l'on a rompu sa propre
communication avec l'Esprit? Cet esprit veut être un; car il
n'y a de preuves de rien si l'on ne se tourne pas vers l'Esprit,
si l'on n'y croit pas. Cet esprit nous inspire, comme on dit,
des pensées plus ou moins heureuses; d'où l'on viendra
aisément à prier l'Esprit et à remercier l'Esprit. Nous voilà
dans les grands sujets, et qui intéressent les hommes. De là
vient que les idées innées font partie de ce qu'on nomme les
bonnes doctrines, entendez celles qui donnent espoir et
courage à l'homme. Celui qui nie les idées innées est pris
aisément comme un négateur de l'Esprit, de la société, de la
paix, enfin de tout ce qui est humain et relève l'homme
au-dessus de l'animal. Encore peut-on concevoir des hommes
pleins de foi, qui voudront croire que leur chien ou leur
cheval ait quelque rapport avec l'esprit commun, ce qui
permet de faire conversation avec eux. D'où s'est élevée une
dispute passionnée, concernant ce qui est inné et ce qui ne
l'est pas. Si on ne considérait cela, on ne comprendrait pas
une certaine ardeur.

3º Au fond, de quoi s'agit-il? Ceux qui nient et se moquent
soutiennent que nous n'avons pas la géométrie en nous. Les
autres soutiennent que, si nous ne l'avions pas en nous, nous
ne pourrions l'apprendre. On peut soutenir ici l'esprit dog-
matique en invoquant la suite des nombres qui n'a rien
d'arbitraire, des nombres que l'on n'invente pas, mais que l'on
découvre en soi-même. J'ai pris d'abord l'exemple des logarithmes, qui est plus étourdissant, par la masse de ces
connaissances que vous trouverez les mêmes en consultant
une table et une autre. Bon, mais il n'en est pas moins vrai
que chaque logarithme, même si vous le calculez, vous est
connu par une sorte d'expérience, et un maniement des
nombres. C'est pourquoi Kant, si célèbre par sa doctrine des
connaissances *a priori,* disait que toute connaissance vient
d'expérience, et néanmoins il y a toujours lieu de remarquer
que celui qui calcule les logarithmes les trouve en lui,
seulement par son esprit. Ajoutons que l'esprit n'entre en
action qu'au contact de l'expérience. Par exemple si j'ai des
produits à trouver ou des puissances, ou des racines, j'ai

recours à ma table de logarithmes. Ainsi en un sens je les trouve hors de moi; mais toujours par la foi au semblable (celui qui a fait la table) et par la foi en l'esprit commun. Descartes disait qu'on ne pouvait être certain de rien tant qu'on n'était pas assuré de l'existence de Dieu. Essayez de voir que cette pensée n'est pas tellement obscure, si vous usez des termes qu'ici je vous propose. Occasion pour vous de deviner l'étendue et la difficulté des recherches philosophiques, et comment elles touchent par plus d'un point à la religion.

Chapitre XVI

LE SENTIMENT DE LA DURÉE

Les développements qui précèdent tendent visiblement à cette conclusion que la connaissance instinctive du temps suppose toujours quelque idée des successions régulières, et aussi quelque secours d'institution. Mais il faut se demander si, en dehors de cette connaissance, que chacun éprouve tous les jours, nous n'avons pas une expérience plus intime de notre propre temps, ou, pour mieux parler, de notre durée ou vieillissement. Cet examen peut donner quelque idée de ce que c'est que la psychologie pure, et du débat entre les psychologues et ceux qu'ils appellent intellectualistes.

Je veux donc faire abstraction des objets extérieurs et connaître seulement ce que j'éprouve dans le recueillement avec moi-même. Et dans cette pensée rêveuse, je veux encore effacer les souvenirs ordonnés et datés, c'est-à-dire tout ce qui a forme d'objet. Je considère ce que j'éprouve, sans vouloir savoir d'où cela vient ni ce que cela signifie. On peut espérer qu'on y parviendra en de courts moments, tout étant mêlé alors, et la douleur n'étant pas plus objet que ne l'est l'odeur de rose, et tout cela n'étant qu'impression en moi, pour moi, de moi. Je me trouverai donc en face du sujet seul, ou dans le pur subjectif, comme on dit. Au moins j'en approche. Et, quoique je ne pense plus aux mouvements, aux changements dans l'objet, et encore moins aux astres et aux horloges, néanmoins il me semble que j'ai le sentiment immédiat d'un temps en moi. D'abord, si mes impressions changent, aussitôt l'impression première, tout entière, prend le caractère du passé, et est en quelque sorte repoussée dans le passé par celle qui survient. Mais, même sans aucun changement, si je considère ce que j'éprouve, cette seule réflexion éclairant un peu tout le reste forme avec tout le reste un moment nouveau et actuel, l'autre état sans réflexion glissant aussitôt dans le passé. Cette chaîne de moments, qui glisse d'avant en arrière, tombe bientôt dans une espèce de nuit.

Et disons encore que, si je n'avais cette expérience, c'est vainement qu'on me parlerait du temps, car les mouvements ne sont point du temps. L'aiguille de ma montre change de lieu, mais ne décrit pas un temps. Le caractère propre du temps, c'est qu'il est une altération irréparable. Le moment passé ne peut plus jamais être présent. Quand les mêmes impressions reviendraient toutes, je suis celui qui les a déjà éprouvées. Chaque printemps vient saluer un être qui en a déjà vu d'autres. En ce sens toute conscience vieillit sans remède, comme nous voyons que tout vivant vieillit. Tel serait donc le temps véritable dont les mouvements ne nous donneraient que l'image. Et ce temps n'est qu'en moi et que pour moi. Dès que je me représente un corps, je puis concevoir que ses parties reviennent toutes dans leur premier état, et des mil-

lions de fois ainsi. Rien n'y serait donc passé. Mais
pour moi le témoin, la seconde impression que j'en ai
ne se substitue pas à la première, elle s'y ajoute. Je
vieillis parce que j'accumule.

Ces remarques, sur lesquelles on peut raffiner beaucoup, contribuent à une description complète de la
pensée du temps; c'en est la matière. Et il est bon en
effet d'avertir le lecteur que les moments ne se juxta-
posent pas en nous comme des secondes parcourues
par une aiguille. Mais il faut comprendre aussi que
cette vie de pur sentiment, que j'ai voulu décrire, tend
au sommeil, c'est-à-dire à l'inconscience. Nous ne
pouvons la saisir et la décrire que sous des formes, et
par des métaphores tirées de l'espace et du mouvement, c'est-à-dire de l'objet. Ainsi il semble que l'objet
ne s'étalerait point devant nous avec ses parties distinctes et leurs changements, sans l'unité de la conscience; car une autre chose n'est qu'elle; mais moi je
suis tout. En revanche l'unité du sujet n'apparaît
jamais sans aucune perception d'objet. C'est là qu'ont
porté les méditations les plus suivies de Kant, et les
plus difficiles. Et il me semble aussi qu'il est également
vrai qu'on ne se souvient que de soi-même, selon un
mot assez frappant, mais aussi qu'on ne se souvient
que des choses, la vérité des choses donnant seule un
sens à nos sentiments intimes de la durée, tout à fait
de la même manière que l'image d'un mouvement
donne seule un sens à ce que j'éprouve lorsque j'allonge le bras. Et enfin, autant que j'ai conscience, je
suis toujours entendement. Cela ne tend qu'à suppri-
mer des divisions un peu trop commodes, et assez
puériles, d'après lesquelles nous pourrions par exemple quelquefois sentir sans penser, et quelquefois
penser sans sentir. Séparer et joindre, et en même

temps, c'est la principale difficulté des recherches philosophiques.

Chapitre XVII

DU TEMPS

On croira faire preuve de quelque esprit philosophique en critiquant d'abord ce titre, et en se plaisant à dire qu'il n'y a point le temps, mais des temps, entendez un temps intime pour chaque être, et qu'il n'y a aucun temps dans l'objet comme tel. Ces réflexions ne sont pas mauvaises pour commencer, et pour se débarrasser d'abord de cette erreur grossière que le temps consiste en un certain mouvement régulier, comme du soleil ou d'une montre, ou des étoiles. Mais on ne peut s'en tenir là; il faut décrire ce que nous pensons sous ce mot; et nous pensons un temps unique, commun à tous et à toute chose. Les paradoxes plus précis des modernes physiciens qui veulent un temps local, variable selon certains mouvements de l'observateur, par exemple plus rapides que la lumière, font encore mieux ressortir la notion du temps unique. Car cela revient à dire que nous n'avons pas de moyen absolu de constater l'en même temps de deux actions. Mais cela même n'aurait pas de sens, si nous ne savions qu'il y a un en même temps de tout.

En même temps que l'aiguille des secondes avance sur le cadran de ma montre, à chaque division il se passe quelque chose partout, qui n'est ni avant, ni après. Je puis ne jamais découvrir à la rigueur dans l'expérience ce rapport entre deux changements que j'appelle simultanéité; mais je ne puis penser qu'en même temps qu'un changement en moi il ne se produise pas d'autres changements partout, d'autres événements partout; et, de même, qu'il y en a eu d'autres avant et qu'il y en aura d'autres après, en même temps que d'autres en moi. Je vis dans le même temps qu'une nébuleuse lointaine se condense ou se raréfie. Il y a un moment pour elle qui est commun à elle et à moi, et, bien mieux, tous les moments sont communs à nous deux et à toutes choses. Dans un même temps, dans un temps unique, dans le temps enfin, toutes choses deviennent. Il serait absurde de vouloir penser que le temps cesse ou s'arrête pour l'une, continue pour l'autre. Ce que Kant exprimait dans cette espèce d'axiome : deux temps différents sont nécessairement successifs. Comme deux ou trois espaces sont des parties de l'espace unique, et parties coexistantes, ainsi deux ou trois temps sont des parties du temps unique, mais successives. Examinez et retournez cette pensée de toutes les manières, et saisissez ici cette méthode philosophique, qui consiste à savoir ce que je pense dans une notion, en faisant bien attention de n'en pas considérer une autre à sa place. C'est justement ce qui arrive à tous ceux qui voudraient dire qu'un temps va plus vite qu'un autre, avance ou retarde sur un autre; ils devraient dire mouvement et non pas temps. Car le mouvement a une vitesse, ou plutôt plusieurs mouvements sont comparables en vitesse, mais dans un même temps. On dit que deux mobiles ont la même vitesse lorsqu'ils parcourent un même espace dans le même temps. Mais une vitesse du temps, cela n'est point supportable, si l'on y pense bien, car il faudrait un autre temps pour comparer les vitesses de deux temps; c'est dire que ces deux temps sont des montres, et que le vrai temps est ce temps unique où tous les mouvements peuvent être comparés.

En un sens on pourrait dire que la méditation sur le temps est la véritable épreuve du philosophe. Car il n'y a point d'image du temps, ni d'intuition sensible du temps. Il faut donc le manquer tout à fait, ce qui est une erreur assez grossière, ou le saisir dans ses purs rapports, qui sont en même temps, avant, après. Mais il faut dire que l'espace donne lieu à des méprises du même genre; car il n'y a point non plus d'image de l'espace; la véritable droite n'a point de parties et ne se trace point. L'espace n'a ni grandeur ni forme; ce sont les choses qui, par l'espace, ont grandeur et forme. Et c'est le sens du paradoxe connu de Poincaré : « Le géomètre fait de la géométrie avec de l'espace, comme il en fait avec de la craie »; il veut dire avec l'espace sensible, mais purifié, comme serait le grand vide bleu du ciel. Et cet espace imaginé n'est pas plus l'espace qu'un mouvement sans différences n'est le temps. Ce mouvement se fait dans le temps, ainsi que tous les autres. Il est seulement commode pour fixer au mieux l'en même temps de deux changements.

Le temps ne manque jamais. Il n'a ni commencement ni fin. Tout temps est une suite de temps. Le temps est continu et indivisible. Voilà des propositions qui ne sont proprement évidentes que si l'on s'est délivré des images faciles qui nous représentent le temps par un mouvement. Par exemple se demander si le temps est fait d'instants indivisibles, c'est substituer un mouvement au temps; et encore l'image d'un mouvement, car le mouvement est autre chose aussi pour l'entendement qu'une succession d'épisodes. Et c'est sans doute pour avoir matérialisé le temps que la vaine dialectique s'est plu à inventer l'éternel. Encore ici il faut distinguer l'idée de la chose, mais non les séparer. Nous pensons ainsi. Et ce n'est pas de petite importance de savoir exactement ce que nous pensons dans nos jugements ordinaires. Concluons que le temps est aussi bien que l'espace une forme de l'expérience universelle. Ces vérités ne sont pas nouvelles; mais il est toujours nouveau de les bien entendre.

Note

Le temps, comme on voit, est une notion abstraite et purifiée. Le temps nous enlève au-dessus des choses, en sorte qu'aucun événement ne soit capable d'arrêter le temps.

O Temps! Suspends ton vol!

C'est le vœu du poète, mais qui se détruit par la contradiction si l'on demande : « Combien de temps le Temps va-t-il suspendre son vol? » Un temps plus pur continuera pendant l'arrêt du temps. Il est vraisemblable que cette pensée si naturelle, d'un temps qui ne dépend point de notre histoire, ni de nos montres est la pensée même de l'Eternel. Raisonnablement, il n'est pas bon de raffiner encore sur le temps inépuisable. C'est l'objet d'une sorte de fable ou de mythe, mais qui cesse de nous écraser dès que nous pensons que nous le tirons de nous. L'esprit encore une fois se présente à nous, dans une sorte d'expérience de la méditation que les philosophes ont connue; car souvent ils sont absents de ce monde; ils vivent en d'autres temps. C'est de là qu'ils ont tiré que l'âme est immortelle donnant un contenu vraisemblable à l'idée, si naturelle aux anciens, de l'immortalité des corps; car c'est ainsi qu'ils concevaient les dieux. Mais cette immortalité n'est qu'une plus longue durée, au lieu que, si l'âme parcourt le temps, elle ne peut rencontrer une durée finie, et, de ce court voyage, elle revient assurée de durer sans fin. Ce qui s'accorde avec de pieuses croyances concernant la commémoration. L'amour qui se veut éternel a besoin d'un objet qui ne meure point. Qu'en est-il? Ici le philosophe peut prendre le parti de douter, c'est-à-dire de distinguer la croyance de la certitude. C'est qu'on peut croire, et que le besoin de croire n'est pas une preuve. Ainsi on peut rêver au temps, se figurer d'autres vies, ou bien se rappeler d'autres vies. Ces fictions fortifient le Moi et lui donnent foi en lui-même, foi sans laquelle il n'y aurait point d'œuvres. Il y a peu d'hommes qui se privent de croire, et les plus raisonnables laissent dans le vague de telles suppositions que la poésie soutient naturellement. La *Divine Comédie* représente tous les temps ensemble. C'est le rêve d'un vivant qui se croit mort et fait cette étrange expérience. Au point de l'observation psychologique, où nous sommes à présent, on peut considérer la source des grandes fictions qui rassemblent les hommes, et qu'on laisse à porter à l'esprit commun.

Chapitre XVIII

LE SUBJECTIF ET L'OBJECTIF

Voilà des mots un peu barbares, mais que l'usage impose. Et comment expliquer autrement ces deux éléments de toute connaissance, ces impressions sans forme et sans lien qui sont de moi seulement, et tout cet univers en ordre, représenté, véritable, et objet enfin? Cela suffirait si la réflexion n'avait à se garder ici d'une erreur au fond dialectique, j'entends qui est due au langage, qui fait, comme le lecteur l'a compris, le squelette de nos rêveries et de nos rêves. Je veux parler de cette vie intérieure dont beaucoup de philosophes traitent sans précaution, laissant croire qu'il se déroule un temps en chacun, porteur de souvenirs propres et de pensées cachées. Mais ce n'est, comme on l'a vu, qu'un déroulement de discours, ornés de quelques images, ou plutôt de quelques choses réelles, saisies au passage, et mal perçues, c'est-à-dire mal liées aux autres. Pensez à ces rêves dont nous avons dit tout ce qu'il en faut dire, en disant que ce sont toujours des perceptions incomplètes; car il arrive qu'un rayon de soleil sur mes paupières, avant de me réveiller au vrai monde, me porte à imaginer des scènes fantastiques, d'incendies ou d'éclairs, que mon langage aussitôt décrit et complète, que mes récits plus tard achèveront; il est clair que l'on compose ses rêves encore en les racontant. Toujours ainsi se développe notre vie intérieure, toujours faite d'impressions traduites en objets, mais sans aller jusqu'à la perception complète. Ou bien alors c'est qu'on s'éveille; et s'éveiller, c'est exactement chercher la vérité des choses, par mouvements des yeux et des mains. Nos rêves ne sont qu'un passage entre l'absence de perceptions, qui est absence de recherche, et la présence réelle des choses par effort de critique; ces essais paresseux, ce sont nos rêves; et il est très important de le bien comprendre, en vue d'une connaissance exacte des passions.

Mais aussi regardez bien comment cette vie intérieure se construit. Tant que le fantôme est pris pour vrai, je le pense hors de moi; il ne rentre en moi que par le même effort de critique qui fait paraître l'ordre des choses et les véritables objets. Comment saurai-je que j'ai dormi, que j'ai rêvé, sinon par la pensée d'un temps mesuré et commun, qui suppose une vérité des objets? Et mes souvenirs sont d'objets réels et rangés, que je pense toujours dans ce monde, absents et loin, plutôt que passés. Quand je me souviens d'une ville que j'ai vue, je pense bien qu'elle existe encore pour d'autres; et si je sais qu'elle est détruite, je pense encore que ses ruines existent, et que j'y retrouverais chaque pierre ou tout au moins la poussière de chaque pierre. Cette idée que rien ne s'est perdu, si importante comme on sait pour la pensée rigoureuse, est déjà le soutien du souvenir le moins étudié. On ne dira jamais assez que la mémoire du temps est liée à la mémoire des lieux. Notre histoire, c'est notre voyage dans ce monde réel; et nos changements sont pensés dans les changements extérieurs, dans les changements de l'objet, où tout se conserve en changeant seulement de place. Je suis moi par une suite unique de perceptions vraies; c'est là le principal du souvenir, tout le reste s'y accroche; et ce n'est pas sans raison que les plus raffinés cherchent leurs anciens sentiments en recherchant d'abord les choses, ou leurs débris. Je ne me pense que par le monde. Ce que Kant a exprimé dans un théorème assez obscur, disant que la conscience de soi suffit à prouver l'existence des choses extérieures. Il veut expliquer qu'il n'y a point à sauter en quelque sorte d'une vie d'apparences subjectives à l'objet véritable, mais qu'au contraire ce n'est que par l'objet véritable que les apparences apparaissent; et, par exemple, il est bien clair qu'il n'y a de perspectives que d'un vrai cube; et ma manière de le voir suppose toujours que je le pense comme il est, non comme je le vois. Je me borne à indiquer, ici comme ailleurs, le point difficile où la réflexion philosophique doit se prendre. Retenons bien, comme idée directrice déjà, qu'une pensée sans objets est une pensée sans règle, et bavarde seulement, comme aussi une expérience sans jugement ne peut saisir la chose, deux vérités que l'histoire des sciences montre assez, mais communément de manière à étonner sans instruire.

Note

Ce qui est subjectif, c'est ce qui est isolé dans le sujet pensant, dans le Moi, et à quoi les semblables ne font pas écho. Nous passons notre temps à établir la communication entre nous et les autres, ce qui est saisir l'objectif. On voit que, dans un sens purifié, l'objectif désigne ce qui est commun à tous les sujets. L'objectif n'est donc pas nécessairement un objet du monde. Le plus objectif en nos connaissances, est cet esprit commun qui s'est présenté si naturellement comme le soutien de nos pensées. Les logarithmes, déjà nommés, sont un exemple de pensées objectives, et non pas subjectives, quoiqu'elles n'existent pas hors des sujets pensants. Souvent on ramène l'opposition entre le subjectif et l'objectif à la connaissance des choses. L'objectif est alors la chose que tout observateur rencontre la même; c'est la science communicable et aussi la démontrable; exemple, le calcul. Ce qui fait que nous manquons l'objectif, c'est que nous sommes trop attachés à nos sensations, à notre point de vue. Le point de vue appartient à toutes nos connaissances, et il est clair que chacun de nous, à chaque moment, observe d'un poste qui n'est qu'à lui. De plus il y a en nous des affections vives ou passions, qui nous donnent besoin de savoir et d'instruire les autres, et qui font que nous oublions le point de vue et la sensation, c'est-à-dire toutes les réserves qu'il est sage de faire lorsque l'on affirme quelque chose. Chacun se vante d'être objectif, de parler objectivement. Mais aucun philosophe (ami de la sagesse) ne doit se croire lui-même sans réserve, et les conversations de Socrate, que Platon nous a conservées, nous donnent le modèle de la modestie du sage, qui se sait sujet à l'erreur et à la prévention. Par cette vertu on se trouve éloigné à jamais de tout fanatisme, c'est-à-dire qu'on trouve dans le semblable des raisons de comprendre qu'il diffère de nous, sans aller supposer une malice ou un orgueil. Ces suppositions sont bien inutiles dès que l'on fait attention à l'erreur et à la difficulté de sortir de soi et d'avoir part à l'esprit commun.

LIVRE DEUXIÈME

L'expérience méthodique

Chapitre premier

L'EXPÉRIENCE ERRANTE

Il se trouve déjà une certaine méthode dans la simple perception, comme on l'a vu, mais implicite, par quoi chacun trouve à interpréter des signes annonciateurs, tels que le bruit d'un pas ou d'une serrure, ou la fumée, ou l'odeur, sans parler des profils et perspectives qui annoncent des choses et des distances. Ces connaissances s'acquièrent par une recherche véritable, qui consiste toujours à répéter les essais, en éliminant l'accidentel, mais presque toujours sans volonté expresse et souvent même par une sorte d'empreinte plus marquée que laissent les liaisons constantes. Connaissance sans paroles qui s'acquiert presque toute avant la parole, et qui se perfectionne durant la vie.

Les occupations ordinaires y font beaucoup. Le marin reconnaît les vaisseaux de fort loin, et les courants et les bas-fonds d'après la couleur de l'eau. Il voit venir le coup de vent par les rides; et même, par le ciel et la saison, il arrive à prévoir la pluie et les orages; le paysan aussi, d'après d'autres signes. Mais il s'y mêle de nos jours des connaissances apprises et une circulation d'idées que le marin et le paysan n'entendent point à proprement parler. Et ces secours étrangers ferment plutôt les chemins de la recherche.

J'ai remarqué que les paysans ignorent maintenant tout
à fait les planètes et les étoiles et même ne les remarquent point, quoique cela s'offre à leurs yeux; ils l'ont
dans l'almanach. Les pêcheurs de l'île de Groix ont
une science à eux de se diriger par des sondages, et ils
y sont étonnants. Mais, pour le compas, ils n'ont que
des procédés appris; et par exemple, connaissant l'angle qu'il faut prendre pour aller à La Rochelle, ils n'ont
point l'idée qu'un autre angle, voisin de celui-là, les
mènerait tout droit au banc de pêche où ils vont.
Retenons que, pour se servir d'une carte, il faut faire
un long détour d'idée en idée. A quoi ne suffit pas
l'expérience d'un seul homme, ni même cet enseignement que l'on donne en montrant les choses et en
parlant; il y faut des écrits, et une langue faite exprès,
qui est celle des géomètres.

L'expérience des artisans conduit plus près, semble-
t-il, de la science véritable, surtout dans les cas où se
rencontrent les deux circonstances favorables, à savoir
l'objet façonné et l'outil. Car l'objet façonné, par exemple une table, est l'occasion d'une expérience continuée et naturellement bien conduite, par la forme
même de l'objet et par l'usage qu'on en fait; et cet
objet est déjà une abstraction en quelque sorte. Mais
l'outil, façonné aussi, est plus abstrait encore, et sa
forme exprime déjà assez des relations géométriques
et mécaniques. La roue, la poulie, la manivelle, comme
le coin, la hache et le clou, offrent déjà le cercle, le
plan, et le levier aux méditations de quelque Archi-
mède préhistorique. Encore l'outil représente des circonstances invariables, ce qui soulage et guide déjà
l'esprit dans la difficile recherche des causes. Ceux qui
voudraient parcourir cet immense sujet devront bien
considérer, par raisons mécaniques, la naissance et le
perfectionnement de chaque outil, jusqu'à la courbe

de la faux, afin d'éclairer une histoire trop pauvre en documents.

Il est important de dire que tous les métiers n'instruisent pas de la même manière. Et j'en vois ici trois principaux à distinguer. L'industrie d'artisan, d'abord, qui, parce qu'elle procède par essais et retouches, en éliminant toujours les circonstances accessoires, arrive bientôt à des lois empiriques véritables et à l'idée déterministe. L'agriculture, plus tâtonnante, plus prudente, parce qu'elle ne peut agir sur les causes principales, pluie, neige, grêle, gelée; ainsi l'espérance de l'agriculteur est autre chose que l'espérance de l'artisan; il s'y mêle plus d'attente et plus de prière peut-être; de là une religion plus fataliste, et plus poétique aussi, qui cherche ses signes dans le ciel. Le troisième groupe de métiers est celui des dresseurs d'animaux, chien, cheval, bœuf, éléphant, auxquels je joindrais, sans intention ironique, le métier de chef, d'avocat, de juge, car la persuasion et le dressage se ressemblent assez; et l'éducateur, surtout des jeunes enfants, voudra sa place aussi dans ce groupe-là. Ici les procédés vont à l'aveugle, et l'esprit est déconcerté par la variété des natures; et toujours les effets et les causes sont profondément cachés; mais aussi un procédé devient souvent bon par l'obstination seule, par exemple un certain mot. Ici se fortifie sans doute, par les différences, les surprises, les caprices et les succès bien frappants aussi, une pensée proprement fétichiste et une magie, par la puissance de l'imitation, des signes et des paroles.

On peut dire que c'est toujours dans ses propres œuvres que l'esprit a dû lire ses premières vérités et ses premières erreurs, l'agriculteur remarquant mieux la marche des corps célestes et le retour des saisons, l'artisan découvrant des relations plus précises, sur-

tout géométriques et mécaniques, mais qui limitent
trop l'esprit peut-être. Et enfin le dresseur de bêtes
devient audacieux par le succès, jusqu'à tenir ferme
ensemble, par jugement ou volonté comme on voudra
dire, des termes tout à fait étrangers les uns aux
autres, comme ces chasseurs sauvages qui ne veulent
point que l'on nomme, même à voix basse, l'animal
que l'on poursuit. Et je tiens que ces erreurs des
mages, intrépidement soutenues, montrent mieux la
véritable puissance de l'esprit que ne font les clairs et
sûrs procédés des artisans. Car c'est ainsi que l'on
pense, je dis même utilement, en jetant des ponts sur
des abîmes.

Note

Dans l'industrie d'artisan on peut encore distinguer la
recherche de l'artisan seul et la recherche par l'usine. L'usine
est un instrument d'observation admirable, parce que tout y
est noté, les variations de la production, la solidité et la durée
des produits (soit une automobile); et toute la raison des
chefs et des comptables s'emploie à découvrir la cause d'un
changement, afin d'y remédier. C'est la statistique qui résume
ici l'observation. Ce travail est collectif, chacun y prend part;
l'ouvrier apporte aussi ses remarques. Les compagnies de
chemins de fer, de tramways sont comme de grandes usines,
où l'on remarque, où l'on inscrit les variations. Par exemple
telle diminution des recettes coïncide toujours avec tel mois.
Qu'y a-t-il donc dans tel mois? Dans les omnibus parisiens, le
seul fait qu'une diminution de recettes coïncide toujours avec
le service de tel conducteur met sur la trace d'un vol. On voit
par cet exemple que la méthode s'institue d'elle-même dans
les grandes entreprises. Toutefois il faut insister sur la
recherche individuelle qui n'est pas moins rusée. Tout artisan
remarque les effets d'un certain produit, et les retient. De
même le paysan sait remarquer les effets d'un certain
engrais, d'abord par des rencontres de hasard, ensuite par
des essais qui ont pour fin de vérifier ce qui a été d'abord
supposé.

Ce qui est à remarquer dans l'expérience paysanne, c'est qu'elle est souvent changée par le temps, le froid, la chaleur, le soleil; d'où une disposition à douter, et en même temps, à croire la tradition, c'est-à-dire ce qui a fait l'objet d'une longue pratique. Une grande partie de la méthode expérimentale est donc ici de croire volontiers ce que disent les anciens, ce qui forme un genre d'esprit naturellement religieux tout à fait opposé à l'esprit ouvrier qui suit le détail des actions et ne croit rien d'autre. Il y a donc toujours deux politiques, dans un pays où l'on trouve des ouvriers et des paysans. Ici apparaît un autre art d'observer qui est celui des gouvernants, et que je rapproche de l'art des dresseurs d'animaux, qui consiste à observer les faits de société, et, selon la nature de chacun, à croire ici ce qu'on dit et ce qu'on pratique, ou bien à vouloir plutôt reconstruire les effets en suivant les causes. Par exemple une tradition constante partout fonde la propriété individuelle; mais beaucoup s'exercent à trouver ce qui arriverait si on la supprimait. Les uns et les autres se peuvent tromper; toutefois, en toutes les recherches expérimentales, il est de bon sens de penser qu'une variation régulière n'est pas due au hasard, ce qui entraîne à croire ce qu'on dit, ce qu'on a toujours dit. La politique se meut en de telles discussions. (Les femmes doivent-elles voter? Quels sont les avantages et les inconvénients de la loterie? Quel est le meilleur impôt?) En de telles recherches vous retrouverez toujours la méthode du paysan, celle de l'ouvrier et inévitablement des luttes pour la vérité, que vous expliquerez par les passions, fanatisme, colère, haine, etc. Il n'y a jamais lieu de conclure, et le philosophe s'instruit au spectacle de ces recherches et discussions en se gardant lui-même des passions qu'il remarque dans les autres et qui expliquent tant d'aventures politiques, presque toutes funestes. Il est raisonnable de penser que la méthode expérimentale est la seule possible en ces matières compliquées et contestées. De grands philosophes, tels Platon, Aristote, ont traité de la démocratie, de la tyrannie, etc. L'un et l'autre vécurent longtemps et formèrent d'amples expériences. Descartes, d'ailleurs instruit par une longue expérience militaire, se détournait de penser à ces choses, et se fiait plutôt à la tradition. Ce qui fait voir que la sagesse ici est difficile à garder, et qu'on ne demande pas aux apprentis des conclusions fermes. La science impartiale de ces choses se nomme sociologie. Auguste Comte, qui inventa le nom, inventa aussi la chose, et attribue à Aristote les premières notions de sociologie positive. On trouvera dans les ouvrages de Comte tout ce qu'on peut savoir de l'histoire ainsi considérée, c'est-à-dire de l'art de gouverner. Les journaux donnent quelquefois l'idée de cette science continuée, car il faut bien que le citoyen se fie à certaines traditions et se méfie de certaines autres. La philosophie n'est pas plus une politique qu'elle n'est une agriculture; mais le philosophe trouve occasion, dans tous ces cas, d'exercer sa puissance de douter et d'attendre. Solon est célèbre pour avoir dit à Crésus qui lui demandait : « Ne suis-je pas bien heureux? » que l'on ne pouvait décider du bonheur d'un homme avant qu'il fût mort. Aussi Solon conquit-il une autorité incontestée sur les tyrans. Et Crésus, mis au bûcher par Cyrus, ne manqua pas de s'écrier : « Solon! Solon! Solon! » Tels sont les vrais philosophes; ils se tiennent en dehors de cette difficile navigation, toujours très assurés de la subordination de la politique à la morale; on en voit des exemples. Toutefois, on comprendra qu'ici se termine la science expérimentale, dont, au reste, la méthode est aisée à connaître; il s'agit de ne pas se laisser tromper par la coïncidence. Un ample traité de Sociologie est ici nécessaire, c'est-à-dire une immense histoire des hommes, des tyrannies, des guerres, des dynasties et choses de ce genre. Il y aura lieu d'en dire quelque chose dans la suite.

Chapitre II

DE L'OBSERVATION

Afin d'éviter de traiter de l'esprit d'observation trop en l'air, disons, en suivant cette idée si naturelle des trois principaux métiers, qu'il y a bien trois méthodes d'observer. La plus ancienne, je crois, et la plus commune est celle du mage, toujours dirigée vers les hommes ou vers les animaux familiers, en vue de les rendre favorables et obéissants. Remarquez que chacun, et même l'enfant, veut être mage dans son petit cercle. Cette attention est portée par le désir toujours;

même réglée par volonté, elle est passionnée toujours; elle est prière et commandement. Le médecin, le thaumaturge, le chef ont naturellement ce regard qui fait naître et grandir à la fin ce qu'il cherche. Dans l'ordre humain, et même dans le cercle des animaux domestiques, le miracle naît à chaque instant d'une prière ardente et d'une ferme espérance. Et n'oublions pas que cette physique est la plus ancienne, la plus importante pour tous, si ce n'est pour Robinson, la première enfin pour chacun, car l'enfant n'a d'autre moyen d'obtenir que la prière. De là tant de systèmes du monde, naïvement construits d'après cet ordre humain des amis et des ennemis. Cette méditation intrépide, qui tire tout de soi, porte toute recherche comme la mer porte les navires. Descartes cherchait la physique en Dieu. Prenez le temps de considérer le portrait du Prince de l'Entendement, comme j'aime à l'appeler, vous y verrez la naïveté avec la puissance; mais pour traiter de Descartes comme il faut, une meilleure préparation est nécessaire. Comprenez seulement ici comment la pensée est née de la prière.

En contraste avec la pensée ambitieuse, je mets aussitôt la pensée ouvrière, qui n'observe que ce qu'elle fait. Méthode sûre, qui domine la physique des modernes, et en un sens l'écrase. Car ce n'est plus que la chose qui est mise ici à la question. Et que peut-elle répondre? Nier seulement, comme les auteurs l'ont bien vu. Réfuter seulement. Les machines, levier, poulie, roue, plan incliné, étaient toutes connues quand les principes de la mécanique étaient encore profondément cachés. C'est pour cette raison peut-être que Platon veut appeler serviles tous les métiers manuels. Il est assez clair que, par une pratique victorieuse, les idées sont bientôt mises au rang des outils, comme l'histoire de la télégraphie sans fil le fait bien voir. Et donc il faut réagir contre cette idée trop aisément admise que l'expérimentation est la reine des méthodes. Il faut seulement faire la part des œuvres et des outils dans la recherche expérimentale. Mais il faut aussi que l'outil et la main s'arrêtent et que l'esprit interroge la nature déliée.

Ainsi est-on ramené à l'idée de l'observation pure et simple, qui n'a trouvé d'abord à s'exercer que sur les spectacles du ciel, parce que l'homme n'y peut rien changer. C'est là que l'homme a appris à former par méditation et interrogation muette l'idée même de la chose. Non sans volonté, non sans obstination, non sans un sentiment juste, c'est que la chose n'y pouvait rien de plus, et que la vérité de la chose était entièrement à faire, et par décret. Celui qui inventa la sphère céleste, le pôle et le méridien ne changea rien dans le monde, mais il en fit déjà apparaître l'ordre et les lois. Serviteur en un sens, dompteur en un sens. Tel est le double mouvement de Thalès immobile.

Note

Ne laissez pas échapper l'idée. Observer, c'est percevoir avec attention. Expérimenter, c'est changer la chose pour voir ce qui résultera du changement. C'est pourquoi je dis que l'observation pure et séparée fut celle des astres, auxquels nous ne pouvons toucher. Et encore faut-il distinguer l'astronomie armée d'instruments, qui en un sens peut changer l'objet; par exemple je grossis l'image de la lune. Et la vraie astronomie c'est celle des Chaldéens, avec les yeux seulement. (Tycho-Brahé, au temps de Képler, était célèbre pour ne vouloir point user de lunettes; il se servait seulement de réglettes munies de petites fenêtres; et le fait est que l'œil nu arrive par ces moyens à une remarquable précision dans l'évaluation des angles, qui est presque le tout de l'astronomie. Le soleil à combien de degrés au-dessus de l'horizon, etc.) Les derniers exemples d'inventions géométriques sont suffisants pour montrer la puissance de l'esprit, servi par l'œil. Nos sciences modernes sont trop armées et trop occupées à changer l'événement. Un traité de physiologie médicale vous instruira promptement là-dessus. On mesure la quantité de suc gastrique au moyen d'une fistule pratiquée dans l'estomac et faisant couler le suc dans un tube. Cependant on change les aliments, on fait agir des odeurs et l'on assure des changements qui se produisent aussitôt dans la perception gastrique. Cet exemple, célèbre par les recherches de *Pavlov*, fait bien voir que l'on n'observe pas alors l'estomac naturel ni l'animal naturel, mais un organisme déformé par le bistouri, et soumis à la violence chirurgicale. Un simple médecin est un meilleur observateur lorsque, attentif au malade couché, il l'observe d'abord tel qu'il est, sans se presser de le changer. Les grandes pensées de physiologie sont nées de ce regard attentif et de cette retenue de la main en quelque sorte. Ce que j'ai figuré par le traditionnel Thalès.

Chapitre III

L'ENTENDEMENT OBSERVATEUR

Tout le monde sait et dit que celui qui observe sans idée observe en vain. Mais communément on va chercher l'idée directrice trop loin de la chose, ou mieux à côté de la chose, comme un modèle mécanique. L'analyse de la perception nous a déjà préparés à déterminer la chose même par l'idée, l'idée étant armature, ou squelette, ou forme de la chose, comme les grands auteurs l'ont dit si bien. Cela sera plus clair par des exemples. Helmholtz, au commencement de son beau *Traité d'Acoustique*, conseille d'aller observer longtemps les vagues de la mer et les sillages des vaisseaux, surtout aux points où les ondes s'entrecroisent. Or, pour l'observateur naïf, les ondes courent sur l'eau en élargissant leurs cercles; et remarquez que cela suppose déjà une conception qui ordonne les apparences, mais inexacte; car si l'on considère attentivement, d'après ce que chacun sait de l'eau dans les pompes ou dans les vases, l'effet produit par un corps solide immergé assez brusquement, on aperçoit que l'eau n'est pas repoussée, mais soulevée tout autour, et aussi qu'elle ne peut rester ainsi en montagne, mais qu'elle redescend, produisant de nouveau le même effet qu'un corps qui y tomberait, c'est-à-dire soulevant les parties voisines et ainsi de proche en proche, de façon que le balancement de l'eau est dans le sens de la pesanteur, tantôt au-dessus, tantôt au-dessous du niveau. Il faut arriver par entendement à cette perception nouvelle, qui ordonne mieux les apparences. D'après cela, percevoir aussi les croisements d'ondes, et deux mouvements se composant, quelquefois jusqu'à laisser l'eau immobile en certains points; mais ce repos doit participer, je dis pour l'œil, à ces deux systèmes d'ondes; sans cela vous ne percevez point du tout l'objet véritable, mais des apparences informes, comme au premier réveil ou dans la rêverie paresseuse. Au reste cet ordre doit être maintenu; à la moindre complaisance, aussitôt tout se brouille selon la physique des enfants et des sauvages. Je le remarquai bien au lac d'Annecy un jour que, sur le quai de pierre, j'observais de belles ondes réfléchies. Mais la chose n'était perçue dans sa vérité que par police d'entendement, et vigilante; dès que je laissais les ondes courir, la réflexion des ondes n'était plus que miracle ; la loi s'effaçait en même temps que l'objet.

Un autre exemple fera mieux saisir encore ce que sont ces idées immanentes, par lesquelles seules une claire représentation de la chose est possible. Les apparences célestes sont bien éloignées par elles-mêmes de cet ordre qu'on remarque dans un traité de cosmographie. Mais on se tromperait beaucoup si l'on pensait que les idées sont seulement dans le traité, comme un langage descriptif dont la chose perçue se passerait bien. Le mouvement des étoiles de jour en jour, le glissement de la lune vers l'est, le glissement plus lent du soleil, les apparitions de Vénus tantôt avant le soleil, tantôt après, le tour des autres planètes avec leur marche rétrograde, tout cela souvent caché par les nuages, toujours en partie invisible par la lumière du soleil, ne laisserait rien de net à la mémoire sans un système de formes invisibles, par rapport auxquelles tout s'ordonne et se mesure. Je veux parler de cette sphère céleste, seulement pensée et posée, nullement existante, de cet axe du monde, de ces pôles, de ce méridien, de cet équateur qui sont comme la voûte, les piliers et les arceaux de cet édifice. A quoi répond une autre géométrie de main d'artisan, le gnomon, le cadran solaire, la lunette méridienne et son cercle divisé, sans compter le pendule, les montres et autres mécaniques, qui font voir clairement comment toute l'industrie et toutes les sciences concourent avec la géométrie pour la plus simple des observations. On voit bien alors quel immense travail les hommes ont dû continuer pour se représenter seulement les mouvements de la lune. Et c'est encore par géométrie immanente, substantielle à la chose, que nous connaissons la lune à sa distance, et le soleil et les planètes et leurs mouvements. Par exemple il a fallu changer les formes pour retrouver le mouvement des planètes et percevoir enfin des apparences qui se tiennent, et non plus des apparitions fantastiques. Et cela conduit jusqu'à la gravitation qui,

à la bien prendre, n'est pas une construction extérieure aux choses du ciel, mais l'armature même de
ces choses, ou plutôt la forme qui fait que ces choses
sont des choses, et non de vains rêves, qui permet
de les retrouver dans les apparences et enfin de
s'y retrouver, comme le langage populaire le dit si
bien.

Mais considérons, sans viser si loin, l'exemple, le
plus simple, d'une pierre qui tombe. Ce n'est qu'une
ombre sur mes yeux ou un frisson de mon corps, si je
ne sais voir. Mais la chute comme objet est tout à fait
autre chose. Car il faut alors que je me dessine le
mouvement, la trajectoire, les circonstances, ce qui ne
peut se faire sans les formes que j'y pense, inertie,
vitesse, accélération. A quoi m'aidera l'expérimentation, soit de chute ralentie, soit de chute mesurée.
Mais cette méthode d'artisan ne crée point des formes;
au contraire elle les suppose, ou bien elle n'est que
tâtonnement d'aveugle. La chute des corps fut comme
un mauvais rêve pour les meilleurs esprits jusqu'à
Galilée; et l'on a assez dit que les expériences informes, surtout si on les multiplie, trompent encore plus
que la chose toute seule. Et c'est le mal des statisti-
ques, qu'elles paient l'entendement en fausse monnaie.
C'est toujours par la considération de la chose et par
l'effort suivi pour la percevoir seulement, pour se la
représenter seulement, que naissent ces rapports invisibles, pensés, posés, qui sont inertie, vitesse, accélération, force, inséparables, aussi essentiels à la perception d'une chute que la distance pensée est essentielle
à la perception de cet horizon, de ce clocher, de cette
allée bordée d'arbres. Le monde n'est point donné
avant les lois; il devient monde et objet à mesure que
ses lois se découvrent, comme les deux étoiles fantas-

tiques du matin et du soir se sont réunies en une seule Vénus, seulement sur la trajectoire képlérienne, non ailleurs. Ainsi, par les idées, le monde existe comme objet, et enfin l'apparence est apparence, comme l'ombre de cet arbre est l'ombre de cet arbre, par le soleil et par toute l'astronomie, et par toute l'optique. Si les ignorants ne parlaient pas mieux qu'ils ne pensent, ces rapports seraient mieux visibles.

Note

Le premier exemple, des ondes dans l'eau, est un peu difficile. Le second, des formes astronomiques, est meilleur et plus simple. Il peut arriver que le lecteur n'ait pas une connaissance très précise de ces formes, qui donnent un sens aux apparences. Il faut dire que l'on n'observe jamais que ce que l'on a supposé. J'ai cherché de meilleurs exemples et qu'il ne soit pas nécessaire de serrer de si près. Les savants qui ont étudié les canaux de la planète Mars, procédaient d'après une supposition, afin de la confirmer ou de la ruiner. Ce qui rend cette question assez difficile, c'est que l'on n'a pas assez saisi comment les idées donnent un sens aux apparences dans la perception. En général, un savant cherche l'univers à travers des idées supposées que l'on nomme hypothèses. Le savant observe en somme à travers son propre esprit. Tout objet est d'abord supposé avant d'être constaté. Quand les observateurs vont observer une éclipse de soleil ils forment d'avance des équipes dont chacune observera une seule chose; les uns, la couronne qui est l'atmosphère solaire, d'autres Vénus pendant le fort de l'éclipse; ils savent où ils la chercheront. D'autres enfin observeront le vent de l'éclipse, c'est-à-dire un courant d'air qui se produit vers la fin et qu'on ne songerait pas à mesurer si on n'en avait formé d'avance le projet. Cet exemple est des meilleurs parce qu'il est familier à ceux qui lisent les journaux avant l'éclipse.

Chapitre IV

DE L'ACQUISITION DES IDÉES

Que toutes les idées soient prises de l'expérience, c'est ce qu'il n'est pas utile d'établir. Il n'y a point de pensée qui n'ait un objet, quand ce ne serait qu'un livre, et ce n'est pas peu de chose qu'un livre, surtout ancien et réputé. Mais cet exemple fait voir qu'il y a deux expériences. Connaître une chose, c'est expérience; connaître un signe humain, c'est expérience. Et l'on peut citer d'innombrables erreurs qui viennent du signe humain et qui déforment l'autre expérience, comme visions, superstitions et préjugés; mais il faut remarquer aussi que nos connaissances les plus solides concernant le monde extérieur sont puissamment éclairées par les signes humains concordants. Il est impossible de savoir ce que c'est qu'une éclipse à soi tout seul, et même à plusieurs dans une vie humaine; et nous ne saurions pas qu'Arcturus s'éloigne de l'Ourse si Hipparque n'avait laissé un précieux catalogue d'étoiles; en sorte qu'on pourrait dire que nous ne formons jamais une seule idée, mais que toujours nous suivons une idée humaine et la redressons. Nous allons donc aux choses armées de signes; et les vieilles incantations magiques gardent un naïf souvenir de ce mouvement; car il est profondément vrai que nous devons vaincre les apparences par le signe humain. Ce n'est donc pas peu de chose, je dis pour l'expérience, de connaître les bons signes. Devant le feu follet, l'un dit âme des morts, et l'autre dit hydrogène sulfuré. Au souvenir d'un rêve, l'un dit message des dieux, et l'autre dit perception incomplète d'après les mouvements du corps humain. Quant à l'homme de la nature, qui va tout seul à la chose, et sans connaître aucun signe, sans en essayer aucun, c'est un être fantastique, qui n'est jamais né.

L'homme réel est né d'une femme; vérité simple, mais de grande conséquence, et qui n'est jamais assez attentivement considérée. Tout homme fut enveloppé d'abord dans le tissu humain, et aussitôt après dans les bras humains; il n'a point d'expérience qui précède cette expérience de l'humain; tel est son premier monde, non pas monde de choses, mais monde humain, monde de signes, d'où sa frêle existence dépend. Ne demandez donc point comment un homme forme ses premières idées. Il les reçoit avec les signes; et le premier éveil de sa pensée est certainement, sans aucun doute, pour comprendre un signe. Quel est donc l'enfant à qui on n'a pas montré les choses, et d'abord les hommes? Où est-il celui qui a appris seul la droite et la gauche, la semaine, les mois, l'année? J'ai grand-pitié de ces philosophes qui vont cherchant comment la première idée du temps a pu se former par réflexion solitaire. Etes-vous curieux de connaître les idées du premier homme, de l'homme qui n'est jamais né? Le développement, à la bonne heure; mais l'origine, non. Et justement, je tiens ici une notion importante qui concerne le développement. Sans aucun doute tout homme a connu des signes avant de connaître des choses. Disons même plus; disons qu'il a usé des signes avant de les comprendre. L'enfant pleure et crie sans vouloir d'abord signifier; mais il est compris aussitôt par sa mère. Et quand il dit maman, ce qui n'est que le premier bruit des lèvres, et le plus facile, il ne comprend ce qu'il dit que par les effets, c'est-à-dire par les actions et les signes que sa mère lui renvoie aussitôt. « L'enfant, disait Aristote le Sagace, appelle d'abord tous les hommes papa. » C'est en essayant les signes qu'il arrive aux idées; et il est compris bien avant de comprendre; c'est dire qu'il parle avant de penser.

Le premier sens d'un signe, remarquez-le, c'est l'effet qu'il produit sur d'autres. L'enfant connaît donc premièrement le texte humain par mémoire purement mécanique, et puis il en déchiffre le sens sur le visage de son semblable. Un signe est expliqué par un autre. Et l'autre, à son tour, reçoit son propre signe renvoyé par un visage humain; chacun apprend donc de l'autre, et voilà une belle amitié. Quelle attention que celle de la mère, qui essaie de comprendre son petit, et de faire qu'il comprenne, et qui ainsi en instruisant s'instruit! En toute assemblée, même rapport; toute pensée est donc entre plusieurs, et objet d'échange. Apprendre à penser, c'est donc apprendre à s'accorder; apprendre à bien penser, c'est s'accorder avec les hommes les plus éminents, par les meilleurs signes. Vérifier les signes, sans aucun doute, voilà la part des choses. Mais connaître d'abord les signes en leur sens humain, voilà l'ordre. Leçons de choses, toujours prématurées; leçons de signes, lire, écrire, réciter, bien plus urgentes. Car, si ce ne sont point nos premières idées fausses que nous tirons peu à peu, vers le vrai, nous pensons en vain. Comme il arrive pour les merveilles de la technique, tout l'esprit est dans la machine, et nous restons sots.

Chapitre V

DES IDÉES GÉNÉRALES

Je ne donnerais pas une minute à un problème qui n'intéresserait que les disputeurs. Mais il y a des hommes, et j'en connais, qui croient avoir beaucoup gagné vers le vrai quand ils se sont élevés, comme ils disent, à une idée générale. Or, je n'ai jamais compris ce qu'ils allaient chercher par là; car ce qu'il y a à connaître, c'est certainement le vrai de chaque chose, autant qu'on peut. Il me semble donc que le mouvement naturel de l'esprit est de descendre des idées aux faits et des espèces aux individus. J'avais remarqué aisément, outre cela, que presque toutes les erreurs du jugement consistent à penser un objet déterminé qui se présente d'après une idée commune à cet objet-là et à d'autres; comme si l'on croit que tous les Anglais s'ennuient et que toutes les femmes sont folles. Et enfin il m'a semblé que les théoriciens, dans les sciences les plus avancées, sont aussi ceux qui sont le mieux capables d'approcher de la nature particulière de chaque chose, ainsi que lord Kelvin expliqua des perturbations purement électriques dans les câbles sous-marins d'après la théorie purement algébrique des courants variés, tout cela m'aidait à comprendre que les cas particuliers et les individus ne sont pas donnés à la pensée, mais plutôt conquis par elle, et non pas complètement; et que, lorsqu'on dit que les enfants ou les ignorants en sont réduits à la connaissance des choses particulières, on parle très mal, car ils n'ont que des perceptions mal distinctes et ne voient pas bien les différences. Toujours est-il que, lorsque je m'approche d'un être pour l'observer, je le vois d'abord en gros, et de façon que je le confonde aisément avec beaucoup d'autres; je vois un animal, un homme, un cheval, un oiseau. Même souvent, j'essaie une idée, puis une autre, me servant d'abord d'un mot puis d'un autre, ce qui est bien exactement penser par le moyen d'idées générales, mais en cherchant toujours la perception particulière. De même les anciens astronomes ont pensé la loi d'abord, lorsqu'ils ont supposé que les astres décrivent des cercles; ensuite ils ont supposé l'ellipse, c'est-à-dire une courbe plus compliquée, d'après quoi ils approchent de la trajectoire réelle, qui est beaucoup plus compliquée encore.

Ces remarques sont pour rassurer le lecteur qui aurait le dessein de suivre les propositions du précédent chapitre concernant l'acquisition des idées; car il ira à renverser complètement les notions qu'il a lues partout, non pas chez les Grands, qu'on ne lit guère, mais chez les philosophes de cabinet. Sommairement voici le dessin abstrait de toute acquisition d'idées. Le premier signe qui soit compris désigne naturellement tout, sans distinction de parties ni de différences; et la première idée, jointe à ce premier signe, correspond à une idée très simple et très générale, comme Etre, ou Quelque chose. Le premier progrès dans la connaissance consisterait à apercevoir et à désigner deux parts dans le Quelque chose, dont l'un serait par exemple Maman et l'autre Papa, ou bien Lélé, ou bien Lolo. Je cite ces deux mots enfantins, parce que j'ai remarqué que les petits Normands appellent le lait Lolo, comme l'eau, au lieu que les petits Bretons appellent l'eau Lélé, comme le lait; et ces deux exemples font bien voir comment un mot sert d'abord pour beaucoup de choses, ce qui revient à dire que l'on va toujours d'un petit nombre d'idées très générales, à un plus grand nombre d'idées plus particulières. Les linguistes auraient à témoigner là-dessus, d'après ces racines que l'on retrouve modifiées mais toujours reconnaissables en tant de mots différents, ce qui montre assez que le même mot a d'abord désigné beaucoup de choses, d'après les ressemblances les plus frappantes. Toujours est-il que les peuplades les plus arriérées étonnent les voyageurs par un usage qui se retrouve en toutes, de donner aisément le même nom à des êtres qui se ressemblent fort peu. Au reste l'ancien jeu des métamorphoses traduit assez bien une disposition à penser l'identique; disposition enfantine de l'esprit toujours soutenue par les mots. Et sans doute les métaphores témoigneraient de même. Mais halte-là! Ce sujet des métaphores offre aussitôt, après de trop faciles remarques, des difficultés supérieures.

Chapitre VI

DES IDÉES UNIVERSELLES

Une idée est dite générale lorsqu'elle convient à plusieurs objets; mais quand on dit qu'une idée est universelle, on ne veut point dire du tout qu'elle convienne à tous les objets; car il n'y a que les idées de possible ou d'être qui soient dans ce cas, et elles sont bien abstraites et creuses. Et pour les idées d'espace, de temps, de cause, qui sont évidemment des relations on ne peut point dire qu'elles appartiennent à quelque objet; on dirait mieux qu'elles sont nécessaires, c'est-à-dire que toute pensée les forme, sans pouvoir les changer arbitrairement. Et puisqu'il y a des idées qui sont communes à tous les esprits, ce sont ces idées-là qui doivent être dites universelles; et l'on ne fera que revenir au commun usage; car si l'on dit que quelque chose est généralement admis, cela veut dire que l'expérience y conduit la plupart des hommes, d'après des cas à peu près semblables. Au lieu que si l'on dit que quelque chose est universellement admis, on veut exprimer que cela est clair et indéniable pour tout esprit qui entend la question.

Disons donc que ce n'est point parce qu'une idée est très générale qu'elle est universelle. L'idée sauvage de *Mana*, qui désigne une puissance invisible cachée dans tout visible, ou quelque chose comme cela, est aussi générale qu'une idée peut l'être; mais la critique ne l'a pas encore reçue comme universelle; entendez que nous n'apercevons pas de chemin assuré pour la comprendre. Mais l'idée de cercle, qui ne convient pas à tous les objets, convient au contraire à tous les esprits, entendez qu'il y a des chemins pour amener n'importe quel pensant à former cette idée correctement; elle doit donc être dite universelle. Les techniciens considèrent le plus souvent les idées comme générales; ce sont alors des formules d'action qui sont bonnes aussi pour ceux qui ne les comprennent pas; par exemple une table de mortalité peut être utilisée par un homme qui ne serait nullement capable de l'établir; une table de logarithmes, de même. Mais il est clair que les idées prises ainsi ne sont plus des idées à proprement parler. L'idée véritable, dans ces cas-là, c'est la théorie démontrable, et qui s'impose à tout esprit convenablement préparé; ce n'est point parce qu'elle est générale qu'elle est idée, mais bien parce qu'elle est universelle. Quand il n'y aurait qu'un objet circulaire dans l'expérience humaine, le cercle et le nombre Pi n'en seraient pas moins des idées universelles. Et du reste il n'y a point d'objet circulaire, à parler rigoureusement. Le cercle est un moyen parmi d'autres, qui permet d'approcher des formes réelles et de les déterminer de mieux en mieux. Peut-être pourrait-on dire qu'aucune idée n'est réellement générale, sinon pour l'usage et la commodité, mais que toute idée est toujours pensée comme universelle. Et si la première partie de cette formule est livrée aux discussions, la seconde ne reçoit pas la discussion. Autant que je pense, et quelque obscure et inexprimable que soit ma pensée, je pense pour tout esprit; et comme cette notion d'esprit hors de toute forme a quelque chose d'indéterminé, disons prudemment et avec sécurité que toute pensée est pensée pour l'esprit humain. C'est ainsi qu'un homme qui se croit injustement traité en appelle, dans la solitude, à quelque homme impartial, assuré qu'il est que si les hommes qui l'entourent ne s'accordent pas à son jugement, c'est qu'ils ne peuvent pas ou ne veulent pas le comprendre. Et telle est l'idée qui se cache dans la preuve populaire, toujours invoquée, toujours contestée, du consentement universel. Il n'existe sans doute aucune question sur laquelle tous les hommes s'entendent, même concernant les opérations simples sur les quatre premiers nombres; car il y a des fous et des idiots, sans compter ceux qu'on ne peut consulter. Cela n'empêche pas que ce soit pour la foule entière des hommes présents et à venir que l'on forme n'importe quelle pensée; et à mesure que les démonstrations trouvent accès auprès des hommes attentifs et assez préparés, l'idée devient humaine. On voit encore par là quel appui on trouve, pour penser comme il faut, dans l'accord des plus grands esprits des siècles passés; et que, de toute façon, il faut que cet accord se fasse, ou que l'on cherche ou aperçoive quelque moyen de le faire; car réfuter, c'est se réfuter. Par cette raison les expressions en même temps puériles et fortes des auteurs les plus éloignés de nous, doivent finalement être reconnues comme faisant partie du bien commun, entendez de l'esprit commun. Si Platon déraisonne, ou Homère, ou l'*Imitation*, il n'y a plus d'esprit humain. Qui n'a pas su vaincre les différences, les métaphores, et les mythes, et enfin y retrouver l'esprit commun, ne sait point penser. La culture littéraire va donc bien plus loin qu'on ne croit.

Chapitre VII

DE L'ANALOGIE
ET DE LA RESSEMBLANCE

Un cheval de bronze ressemble à un cheval, et est analogue à un homme de bronze. Dans cet exemple, on comprend que le mot analogie a conservé son sens ancien; il désigne non pas une communauté de caractères qui disposeraient le corps de la même manière, soit pour le sentir, soit pour l'agir, mais bien une identité de rapports, qui parle à l'entendement seul. C'est pourquoi les analogies les plus parfaites sont aussi les plus cachées. Il y a analogie entre la self-induction et la masse, sans aucune ressemblance; analogie entre une route en pente et une vis, presque sans ressemblance; entre la vis et le moulin à vent, entre l'engrenage et le levier, entre courant électrique et canalisation hydraulique; mais qu'on se garde d'inventer ici quelque ressemblance, de peur de substituer l'imagination à l'entendement. Analogie aussi entre chute et gravitation; analogie entre oxydation, combustion, respiration. Analogie encore entre une réaction exothermique et la chute d'un poids, entre un corps chimiquement inerte et un poids par terre. Analogie entre un aimant et un solénoïde, entre les ondes hertziennes et la lumière. Analogie entre les sections coniques et l'équation générale du second degré, entre une tangente et une dérivée, entre une parabole et la suite des carrés. Cette énumération d'exemples en désordre est pour faire apercevoir l'étendue et les difficultés de la question, et aussi pour écarter l'idée d'un système des analogies, impossible à présenter sans d'immenses développements.

En réfléchissant sur ces exemples on peut comprendre d'abord que les analogies sont quelquefois sans aucune ressemblance, quelquefois compliquées par des ressemblances grossières propres à égarer l'esprit et à lui faire prendre une comparaison pour une preuve. Aussi que certaines analogies sont en quelque sorte constatées par des expériences apprêtées dont les travaux de Faraday donnent un bon exemple; d'autres fois saisies par un observateur puissant, et toujours reconstruites d'après quelques formes simples qui dessinent alors des faits nouveaux, comme lorsque Newton voulut dire que la lune tombe sur la terre; d'autres fois enfin construites presque à l'état de pureté au moyen d'objets convenables comme points et lignes sur le papier. On peut s'assurer, même par réflexion sommaire, que la source de l'analogie et les modèles de l'analogie se trouvent dans la mathématique la plus haute, où les ressemblances sont alors éliminées, ne laissant plus subsister que l'identité des rapports dans la différence des objets. Je dois avertir

ici qu'il convient d'appeler objets les figures du géomètre et les signes de l'algébriste. Et encore est-il vrai
de dire que la géométrie offre à l'imagination de
fausses preuves par ressemblance; ce n'est sans doute
que dans la plus haute mathématique que s'exercent
les yeux de l'observateur, comme il faut, par la sévérité
des signes. Ensuite physicien, mathématicien d'abord.
Maxwell connaissait ces pièges lorsqu'il représentait
l'induction électrique par une grosse masse sphérique
entre deux petites; ce modèle mécanique était assez
grossier pour ne tromper personne. Il y a sans doute
un art, mais bien caché, d'amuser l'imagination de
façon qu'elle marche d'une certaine manière avec l'entendement sans que leurs chemins se rencontrent.

Note

Le mieux, en cette question non assez élucidée, est d'accu-
muler des exemples très simples. Une montre ressemble à un
voltmètre, mais ne lui est nullement analogue. Un voltmètre
est analogue à un électro-aimant, mais n'y ressemble pas; un
thermomètre ressemble à un baromètre sans aucune analogie. Un baromètre à cadran ressemble à une horloge, sans
aucune analogie; au contraire, un baromètre à cadran est
analogue à un baromètre à mercure, sans ressemblance. La
conclusion de tous ces exemples est que l'analogie est, dans
l'ordre de l'entendement, bien au-dessus de la ressemblance.
Et Aristote l'a bien définie comme une identité de rapports;
par exemple il y a le même rapport entre un homme de
bronze et un homme qu'entre un cheval de bronze et un
cheval. Même rapport entre un portrait d'homme et l'homme
qu'entre un portrait et l'objet représenté. Une gravure ne
ressemble pas à une autre gravure mais lui est analogue. Et
l'analyse se fonde sur le langage et sur le bon usage des mots.
La doctrine ne prend de la portée que dans les mathématiques qui peuvent passer pour un système d'analogies. Il est
donc vrai que l'analogie est une méthode de grande valeur
dans les sciences, mais il faut bien l'entendre; en cela consiste

toute la difficulté. Par exemple c'est une erreur de considérer l'analogie comme une ressemblance imparfaite. La ressemblance n'a pas de valeur dans les sciences.

Chapitre VIII

DU CONCEPT

On ne peut éviter de traiter ici la question des genres, qui a tant divisé les écoles. Il suffit d'examiner les pensées les plus communes pour apercevoir que les hommes pensent par idées générales, et même que la plupart de leurs erreurs viennent d'une généralisation téméraire, comme on voit que maintenant la seule supposition qu'un homme est Allemand suffit pour qu'on lui prête des passions et même des vertus qu'il n'a peut-être pas. Cette question se trouve beaucoup éclairée si l'on se fait une idée passable de la fonction d'abstraire et de la fonction de généraliser. Voici le principal de l'idée. Qu'on n'aille pas croire que l'homme qui *abstrait* se sépare de l'autre terme que l'on nomme *concret*. En réalité le concret n'est nullement donné ni facile à connaître. C'est le grand problème pour un médecin de découvrir le concret, c'est-à-dire le malade singulier qu'il a sous les yeux. D'où l'on tirera assez vite une proposition bien cachée, c'est que tout progrès de la connaissance va de l'abstrait au concret. De l'abstrait, on déduit un ou deux caractères; par exemple de l'abstrait philosophe on tire quelques conclusions de façon à juger si Socrate ou Aristote, ou Descartes est le meilleur exemple du philosophe; c'est ainsi qu'on les compare, et qu'on fait toute comparaison, sous la lumière du *genre*, tendu en

quelque sorte au-dessus des exemples; songez seulement au genre *homme* et à ce qu'on en a conclu, disant
que telle action est inhumaine, c'est-à-dire étrangère au
genre ou bien que, comme a dit Napoléon, M. Goethe
était un homme, ce qui veut dire le plus conforme
au genre humain, c'est-à-dire à un ensemble abstrait.
La discussion là-dessus est loin d'être close, car, si on
pouvait définir l'homme abstrait, on posséderait un
précieux modèle d'humanité, que vous découvrirez, en
éclair, être Dieu lui-même. (Dieu fait homme! Quelle
belle expression!) Cela veut dire qu'une fois, en tant de
siècles, le modèle humain a existé concrètement, ce
qui en effet devait sauver et a sauvé l'humanité, ou, si
l'on veut, a renouvelé la condition humaine et l'a
relevée et consolée. Bel exemple d'un genre étendu
sur une humanité égarée et perdue, et lui montrant en
quelque sorte son chemin. Cette remarque est propre
à faire entendre que la religion n'est autre qu'une
mythologie vraie, c'est-à-dire, depuis vingt siècles, une
histoire merveilleuse qui éclaire et relève les hommes
et promet la paix. Au fond les passions guerrières
n'hésiteront pas à prouver que l'ennemi n'appartient
pas à l'humanité. Encore une fois voyez comment
notre jugement se sert du genre pour discriminer les
individus. Pour ma part, je considère Descartes
comme un admirable type d'homme (ou modèle
d'homme); mais je crois que Platon est encore plus
près d'être un dieu; aussi le nomme-t-on *le divin
Platon.*

La question des genres étant ainsi présentée, et tout
progrès de la connaissance allant de l'abstrait au
concret, il n'y a plus à demander pourquoi nous
faisons des abstractions. C'est que nous ne pouvons
mieux; il nous faut commencer par là. J'aperçois un
être en mouvement au loin sur la route, et me voilà à

chercher le genre auquel il appartient. « C'est, me dis-je, un cheval, ou un bœuf, ou une femme. » Ces corrections reviennent à changer le genre, ce qui permettra de mieux prévoir. Imaginez l'assassin au bord d'un bois, qui croit voir venir deux gendarmes. Le genre le frappe au cœur. Il y va de toute sa vie.

Notre recherche ne va donc pas, comme on dit trop vite, des cas particuliers à l'idée abstraite. Cette marche ne nous avancerait guère car si nous avons la connaissance concrète, que nous manque-t-il? Quelques astronomes ont formé la connaissance concrète de la marée et après cela ils se souciaient fort peu de généralités; car le difficile, c'est de connaître la marée comme elle est, en ses mouvements, par ses causes, par ses apparences et par ses effets.

Venons au *concept* car c'est l'objet de ce chapitre. On nomme concept un genre qui n'est que genre; c'est donc une construction abstraite qui prétend nous aider à connaître le réel. La mathématique entend bien nous apprendre à connaître les formes réelles par le chemin des formes abstraites; mais le disciple résiste souvent là, ne voyant à quoi mènent des formes comme l'ellipse et la parabole alors que l'on sait que l'ellipse a seule fourni la forme remplaçante du cercle insuffisant. Ceux qui ne saisissent pas ce rapport que les stoïciens nommaient bien *saisissant* (leur fantaisie *cataleptique*) diront que l'ellipse n'est qu'un concept, et c'est d'ailleurs vrai, car aucun astre ne décrit une ellipse; aucun astre ne ferme même sa courbe. L'astronome est dans l'abstrait et saisit le concret par l'abstrait.

Dans les problèmes de la morale, il arrive souvent que le disciple croit apercevoir que la justice n'est qu'un concept, et l'égalité de même; et Aristote a bien vu que Socrate, par ses investigations de morale, allait à découvrir les genres éternels dont Platon a fait sa gloire. Les impies qui nient Dieu ne font que soutenir que Dieu n'est après tout qu'un concept; et combien pensent que la démocratie de Périclès n'est, après tout, qu'un concept. On saisira très bien dans cet exemple la source des hérésies, et le sens réel de l'athéisme. Vous remarquez que ce sujet nous entraîne en toutes régions et dessine même toute la métaphysique. Y a-t-il, demandaient les docteurs scolastiques, y a-t-il des concepts? Ou bien ne sont-ce pas plutôt des conceptions formées par l'homme selon son désir, ce qui d'ailleurs le juge (car c'est Dieu qui est juge). En ce sens l'athéisme serait le crime des crimes (la négation du crime, comme Hegel aime à dire).

Disons pour conclure (provisoirement) que la formation des concepts est l'étude du sage; pourvu qu'il rapproche le concept de l'objet concret. Toute la formation de l'esprit consiste à former des concepts qui saisissent quelque chose. Dont le modèle se trouve dans la géométrie. L'homme forme des concepts parce qu'il ne peut mieux. C'est la manière du génie humain de dessiner d'abord la coupole, et ensuite de la poser sur ses piliers. Cette comparaison, inspirée par l'histoire de l'église Saint-Pierre à Rome, est excellente si l'on veut se représenter les coups du génie pensant, qui n'est peut-être guère autre chose que le génie artistique. Celui qui a conçu la voûte a créé une quantité de formes belles, dont la suite merveilleuse n'est pas finie. (Ponts, coupoles, aqueducs, etc.) L'homme est un animal qui fait d'abord un plan (toujours trop grand) et qui se plaît sous ces merveilleux abris où vous remarquerez que le Dieu loge toujours, si peu que le temple soit digne de lui.

Chapitre IX

DE L'HYPOTHÈSE ET DE LA CONJECTURE

L'esprit du lecteur est sans doute assez préparé maintenant à ne plus confondre les hypothèses, qui sont des formes de l'entendement selon les lois, avec les conjectures qui sont des jeux d'imagination plus ou moins réglés. Le juge ne fait que conjecture quand il suppose que tel accusé est coupable, ou qu'il s'est échappé par la fenêtre, ou que telles empreintes viennent de lui; mais s'il relie selon la mécanique une position du couteau avec une attitude de l'assassin, il fait une espèce d'hypothèse, reconstruisant un mouvement d'après deux vestiges; car le mouvement est toujours de l'esprit, et toujours reconstruit; c'est la forme du changement, et le changement sensible est la matière du mouvement. Mais les hypothèses véritables sont rares dans les recherches de ce genre. Le médecin, quand il suppose que c'est le chloroforme qui a endormi la victime, fait une conjecture; mais s'il se construit quelque idée, par molécules s'échangeant, de l'action du chloroforme sur les nerfs, c'est alors une véritable hypothèse. On voit d'après cela que la conjecture pose une existence, et l'hypothèse, une essence. Et l'on voit aussi que les sciences ne sont que trop chargées de conjectures. Disons une bonne fois qu'une existence ne doit jamais être posée ni supposée, mais seulement constatée. Celui qui réfléchira là-dessus avec un peu de suite découvrira de la confusion, en ce temps, jusque dans les meilleurs livres.

Demander si une hypothèse est vraie ou fausse, c'est demander si le cercle existe. Mais ce qui existe, c'est telle roue, saisie par la forme cercle, ou tel astre, saisi par la forme ellipse, et d'abord déterminé par les formes sphères, équateur, méridien. Pendant le temps que vous voulez repousser cette idée, demandez-vous si les axes et les vecteurs de Maxwell et ses contours et ses tubes ne lui apportent pas le même genre de secours, tout à fait comme la distance, bien plus simplement, explique la perspective et les effets de parallaxe.

La force, tant de fois méconnue, offre encore un bon exemple; mais il faut la joindre au système des formes hors duquel elle n'a point de sens; car une droite ne part pas d'un caillou, mais d'un point et ne limite pas un champ, mais une surface. Il y a peu de mouvements qui ne soient retardés, accélérés ou infléchis; à la rigueur il n'y en a point. Le mouvement uniforme est une idée, si on le construit selon l'inertie seulement. C'est un mouvement non relié, et qui n'est donc nulle part; mais l'entendement le pose comme élément, c'est la droite de la mécanique. Partant de quoi est définie la vitesse qui ne saisit encore rien au monde. Mais patience. La vitesse permet de définir la vitesse de la vitesse ou accélération, par où l'on définit, pour la masse posée invariable, des forces égales, inégales, mesurables. Après quoi, pour une force posée invariable, on définit, par l'accélération toujours, des masses égales, inégales, mesurables. Voilà de quoi saisir un bon nombre de mouvements liés, comme les chutes et gravitations en font voir. Mais sans ces formes, ou peut-être d'autres, toujours de même source, on ne saura pas plus saisir le plus simple des mouvements réels que le pâtre ne saura déterminer les apparences célestes sans alignements ni cercles.

Considérez maintenant cette force, toujours entre deux mobiles, relation non chose, nullement effort dans le bras, nullement tendance ni tension interne dans aucune chose. Car ces images, trop communes même dans les ouvrages composés, ne sont que fétichisme et qualités occultes, comme lorsqu'on disait que le poids de la pierre était en elle comme une disposition à tomber, comme un sentiment ou une pensée autant dire; ce sont des pensées de sauvage.

L'atome est encore une belle hypothèse, qui exprime justement que, dans un système selon la vraie science, il n'y a rien d'intérieur à rien, ni de ramassé, mais que tout est relation externe. Aussi la grandeur n'a rien à voir avec l'atome; par l'idée de l'atome est posé simplement un corps dans l'intérieur duquel il n'y a rien à considérer. Demandez-vous après cela s'il existe des atomes, et courez même les voir chez quelque montreur d'atomes. Vous demanderez en même temps à voir le méridien et l'équateur.

Note

L'hypothèse signifie l'idée dans la recherche. Et la seule question qui intéresse ici est de savoir pourquoi une hypothèse est bonne, pourquoi elle vaut mieux qu'une autre. Si vous parcourez les pages célèbres d'Henri Poincaré sur ce sujet-ci, vous verrez que la netteté et la simplicité y manquent. Auguste Comte est unique là-dessus, ayant découvert que les sciences forment une série de six fondamentales, Mathématique, Astronomie, Physique, Chimie, Biologie, Sociologie. Tout dans cette série est clair pour vous, si ce n'est que la sociologie, autre nom de la politique, ne vous est pas assez familière. Or, de cete série, et concernant les hypothèses, voici ce que le bon sens et l'histoire suggèrent. Une science dépend de celle qui la précède, biologie de chimie, physique d'astronomie, en ce sens que les découvertes de la précédente fournissent les hypothèses de la suivante. Ainsi les hypothèses biologiques sont naturellement chimiques (la chaleur animale ne peut résulter que d'une réaction chimique exothermique, c'est-à-dire qui dégage de la chaleur). Les hypothèses de la physique sont astronomiques, par exemple les corpuscules gravitants que l'on suppose dans les gaz, et ainsi du reste. Il est permis d'affirmer sur la foi de Comte, qui savait les sciences; il n'est pas nécessaire de trouver autant d'exemples que de paroles comme il faudrait. Ainsi le grand secret des hypothèses tient dans cette formule très simple, expliquer l'inconnu d'après le connu. Quant aux conjectures, elles donnent lieu à des développements faciles. Supposition est le genre, hypothèse et conjecture sont les espèces. Par exemple la supposition que la planète Mars est habitée n'est nullement une hypothèse, car elle n'a pas pour fin de ramener l'inconnu au connu. Surtout ne ramenez pas l'analogie, laissez-la à sa définition un peu sévère. Autrement on pourrait bien dire que c'est l'analogie entre la Terre (le connu), et Mars (l'inconnu) qui suggère la supposition que Mars soit habitée. Développez cela, si cela vous plaît; mais il vaut mieux se reporter à la rigueur des formules de Comte, et dire que la supposition d'habitants dans Mars n'est pas mieux connue qu'une autre et qu'ainsi il y aura de grandes recherches et téméraires pour éclairer ce simple énoncé. Il se peut que d'aventure la science découvre des vérités par ce moyen. Au fond s'il y a des habitants dans Mars ce n'est pas une vérité; non, mais il y aura une vérité de cette physiologie quand on recevra des perceptions suffisantes. Nous entrons ici dans l'obscurité que l'idée de vérité porte avec elle. On peut se préparer utilement à la philosophie sans se fatiguer prématurément à de telles subtilités. Un autre exemple pour vous redresser; celui qui suppose dans une montre une petite bête enfermée ne fait point du tout une hypothèse; il va même contre la loi, car il prend à la biologie une hypothèse de physique; et il substitue au problème posé un problème bien plus difficile, c'est celui de la petite bête, de la vie, de l'âme, etc. La vraie marche est au contraire de faire en biologie l'hypothèse du pur mécanisme, c'est-à-dire que le vivant, vase clos, doit se comporter comme tout vase selon la chimie et la physique sans autre principe du mouvement qu'une conservation d'énergie ou une dissipation de chaleur. On irait sans fin dans ce développement, et je juge que le disciple peut bien aller tout seul.

Chapitre X

ÉLOGE DE DESCARTES

Ce qui nous manque toujours pour comprendre Descartes, c'est l'intelligence. Clair souvent d'apparence, de façon qu'aisément on le suit, ou bien on le réfute. Presque impénétrable partout. Nul homme peut-être n'a mieux conçu pour lui-même; mais trop solitaire peut-être; encore solitaire lorsqu'il parle. Son langage n'avertit point; il est selon la coutume. Descartes n'a pas créé un langage, ni refait sa religion non plus, ni ses passions, ni ses humeurs; tout cela ensemble, éclairé par le dedans, son langage si naturel nous l'apporte. Loin de changer le sens des mots, au contraire, il entend chaque mot dans tous ses sens à la fois, comme doit un homme. Le Dieu des *Méditations*, c'est le Dieu des bonnes femmes. Il écrit le *Traité des Passions* comme il va à Lorette. Et l'illumination de sa fameuse nuit, c'est un miracle et c'est sa pensée. Descartes est ici, et partout, entier et indivisible. Nul n'a philosophé plus près de soi. Le sentiment devient pensée, sans rien perdre. L'homme s'y retrouve tout, et le lecteur s'y perd. Ce regard noir ne promet pas plus. Il n'encourage guère, quoique poli. Par là il faut comprendre cet esprit conservateur et assez méprisant qui se défend de révolution. Car il n'a rien renié de lui jeune, et il a tout changé, mais non dans la structure; en esprit seulement, sans révolution et sans rues neuves.

Ayant pensé avec suite, une bonne fois, à distinguer la pensée et l'étendue, il n'a plus craint de confusion ensuite, ni aucune difficulté. Tout fut renvoyé en son lieu. Toute âme en l'esprit, sans en laisser traîner dans les choses; et en échange tous les mouvements renvoyés à la chose étendue, et toutes les passions rejetées dans le corps, choses redoutables, mais maniables et finies. Mais tout cela passe bien, sans que le lecteur y pense trop, au lieu que l'animal-machine ne passe point du tout. Par les mêmes causes qui font que le sens commun se contente aisément des autres choses, il résiste là. Parce que, s'arrêtant aux petites raisons, toujours contestables, il ne voit pas que l'auteur répète ici encore les mêmes choses, mais plus fortement. A savoir que, dans aucune chose, il n'y a rien que parties et mouvements, tout y étant étalé, sans aucun mystère ramassé, sans aucun embryon de pensée, qui serait désir, tendance ou force. Que tout mouvement est mécanique seulement, et toute matière, géométrique seulement. Qu'il ne faut donc point s'arrêter aux mouvements du chien qui reconnaît son maître; qu'au reste, les passions de l'homme, colère, envie, haine, imitent encore bien mieux la pensée et le raisonnement, quoiqu'il soit fou de s'y laisser prendre, car il n'y a là-dedans ni jugement, ni connaissance, ni preuve, mais seulement des gestes et du bruit. Qu'ainsi il ne faut point dire du tout que les animaux pensent, puisque la seule preuve, qui serait qu'un chien rêvât devant un triangle tracé par lui, manque tout à fait. Et pour combien d'hommes cette précaution n'est-elle pas bonne aussi? Mais il y a bientôt trois siècles que le portrait de Descartes attend que l'on comprenne, sans espérer trop.

Note

Cet éloge de Descartes est évidemment insuffisant. On ne peut le compléter qu'en étalant en bon ordre toutes les pensées de Descartes. Qu'y a-t-il là-dessus à retenir pour l'apprenti? Je crois que le principal est le célèbre « Je pense donc je suis » qui fonde la vérité des pensées comme pensées; c'est le monde où le philosophe est maître de ses combinaisons. C'est alors qu'il pense sa pensée, ce qui est proprement philosopher. Une autre idée de grande portée, c'est celle-ci que, par opposition à la pensée, se trouve définie la matière du monde, comme un mouvement de corpuscules. L'animal-machine en est un exemple fort disputé; l'important est de comprendre que cela est évident pour Descartes pensant. Par là l'existence est définie, c'est-à-dire la nature; et Descartes est un de ceux qui ont refusé de supposer quelque pensée enfermée dans la chose. Aristote croyait qu'un astre se conduit lui-même d'après des pensées; c'est la théologie étendue à tout. Descartes a résolu d'économiser ces suppositions, qui sont plus obscures que ce qu'il s'agit d'expliquer. Tel est Descartes, l'ami et le frère de l'apprenti. Par exemple ayant à traiter de l'aimant, il se garde absolument d'y supposer une pensée, un désir ou une affection. Il recherche quel mouvement de corpuscules il faudrait inventer pour expliquer les pôles et les attractions. Ainsi sans avoir le moyen de prouver ce qu'il suppose, le double flux sortant par les pôles de la terre et frottant contre l'aimant qu'il finit par tourner selon la loi des pôles, sans pouvoir prouver cela, il est pourtant dans le vrai parce qu'il a fait la supposition juste et digne du physicien, c'est que ce sont des tourbillons extérieurs qui meuvent les aimants. Il suffit de ces exemples pour définir Descartes comme esprit libre et seul maître de ses méditations.

Chapitre XI

LE FAIT

On dit bien partout que nos connaissances sont réglées sur les faits et limitées là. Mais on ne l'entend pas assez. L'expérience est bien la forme de toutes nos connaissances sans exception; mais non point ce dont on part, avant toute idée, ni ce qui décide entre une idée et l'autre. Le fait, c'est l'objet même, constitué par science et déterminé par des idées, et en un sens par toutes les idées. Il faut être bien savant pour saisir un fait.

C'est un fait que la terre tourne; et il est clair que pour saisir ce fait, il faut ramasser et joindre, selon des rapports élaborés, beaucoup d'autres faits, qui enferment aussi des conditions du même genre. D'abord que les étoiles tournent d'orient en occident, et tous les corps célestes aussi, comme autour d'un axe immobile. Aussi que les étoiles sont merveilleusement loin et de grande masse. Aussi que certaines planètes tournent sur elles-mêmes, comme on peut voir. Aussi que les retards de la lune, du soleil et des planètes, s'expliquent si l'on pose que la terre est une des planètes, et la lune, son satellite. Aussi que la pesanteur augmente si l'on va de l'équateur au pôle; et cela suppose des idées mécaniques et physiques encore, et la mesure par le pendule.

Mais considérons le fait le plus simple, que les étoiles tournent. Cela ne se constate encore que par observations répétées, souvenir, représentation, mesure. Quant à cet autre fait, que les étoiles sont fort loin, et quelques-unes relativement près, il est bien remarquable aussi, si on l'examine, par les hypothèses qui le portent. Car les étoiles les plus rapprochées n'offrent d'effets de parallaxe que pour un observateur transporté le long de l'orbite terrestre; nos bases terrestres sont trop petites. Et c'est pourtant un fait, qu'il y a des étoiles moins éloignées que d'autres. Un fait aussi, que la lune est bien plus rapprochée de nous que le soleil, et plus petite. Tout cet édifice de faits est géométrique.

C'est un fait encore que l'accélération de la pesanteur est de 9 m 80 à Paris; mais, pour celui qui le constate, il y a beaucoup à comprendre, les idées d'abord, et puis les instruments par les idées. Le plan incliné et la machine d'Atwood le prouvent assez, et même le cylindre enregistreur, à la fois chronomètre et géométrie tournante. La mesure des chaleurs spécifiques n'enferme pas moins de connaissances. Et non pas des connaissances accessoires, mais des hypothèses ou idées posées sans lesquelles l'expérience ne serait pas.

Chacun, dans la science qu'il connaît le mieux, pourra chercher et suivre de tels exemples; il sera bien étonné de découvrir dans la plus simple expérience toutes ces idées élaborées dont il se sert comme d'instruments pour saisir et pour déterminer. Jusque dans l'histoire, où il verra qu'un simple fait, Louis XIV mort en telle année, enferme la connaissance de la suite de l'histoire, de la critique, et aussi de l'astronomie. Mais pourquoi insister, lorsqu'il est clair que la forme cubique de ce dé est un fait aussi, mais déterminé par l'idée du cube, laquelle ne peut être saisie ni par les yeux, ni par les mains. Je renvoie le lecteur à ce que j'en ai dit, qui suffit.

Note

L'intruction, dit J. Lachelier, est cette opération de l'esprit qui nous conduit de la connaissance des faits particuliers à celle des lois qui les régissent. Définition à retenir. Toutefois ayant discuté là-dessus avec cet homme éminent lui-même, je vis bien qu'il ne pouvait garder sa position. J'ai à dire sur ce sujet à peu près ce que j'ai dit du concept, sous une forme un peu plus paradoxale; c'est que nous n'allons jamais des faits aux lois, mais toujours des lois aux faits. Nous pensons lois parce que nous pensons. L'exemple le plus remarquable est dans le mouvement, par quoi nous pensons *a priori* n'importe quel changement. Et je demande comment nous ferions pour penser un mouvement sans loi, alors que le mouvement est par lui-même une loi (comme la ligne droite est par elle-même une loi). Vous remarquerez ce mouvement de la réflexion, qui renverse les problèmes, et vous vous exercerez à le retrouver. Se représenter les mouvements du ciel, c'est penser les lois du ciel. L'attraction ne fait qu'énoncer la liaison réciproque de tous les mouvements célestes; et cela est d'abord une loi. La chute d'un corps est une loi, car un mouvement n'importe comment ne sera point une chute. S'il est rectiligne, c'est une loi; accéléré, de même; uniforme, de même. L'homme le plus simple pense toujours une loi, comme ces sauvages qui, ayant pris une énorme tortue le jour de l'arrivée du missionnaire, ne purent croire que ces faits remarquables n'étaient pas liés. Aucun homme ne mangera sans précaution d'un aliment qui lui a nui une fois. Toutes les propriétés des corps, du bois, du métal, d'un fruit ou n'importe sont bien des lois. Une épine est une loi. Le contenu de l'expérience consiste en des lois. Le cuisinier qui fait bouillir de l'eau attend l'effet d'une loi. L'homme qui boit pour calmer sa soif fait de même. L'homme, cet objet constant de nos recherches, consiste en des lois qui nous assurent qu'il est fort, intelligent, doué de mémoire et ainsi de suite. On ne dit jamais « cet homme en telle circonstance a montré du courage » mais on pense qu'il est courageux; c'est sa loi. La loi de Socrate était la sagesse. Cela veut dire que, dès qu'on pose l'existence d'un objet, il faut lui attacher des propriétés. Les manœuvres de l'esprit dans l'induction consistent à douter de la loi et à tendre des pièges pour se rassurer. Chéréphon, quand il revenait à Socrate, s'assurait que Socrate était le plus sage des hommes. Cela revient à dire que nous ne pensons les faits qu'après critique et investigation. Par exemple on veut savoir si la Comète annonce toujours un vin extraordinaire. Mais l'esprit trouve assez à faire quand il cherche la loi de la comète, position, marche, nature de la courbe et choses de ce genre; par ces lois il pense le fait comme tel. Une couleur, c'est une place déterminée dans le spectre; le vert entre bleu et jaune. Tant qu'on ne pense pas cela de la couleur, on n'en pense rien; d'où l'on voit que les hommes disent, souvent, une couleur brillante, ou belle, faute de pouvoir en déterminer la loi. Le physicien, en une couleur, pense un certain indice de réfraction. Il n'est pas nécessaire de chercher des exemples, ils se présentent d'eux-mêmes. Je choisis les plus difficiles. Un bleu clair, c'est un bleu que l'on rencontre en imaginant des bleus depuis le blanc, ou si vous voulez la série des bleus dans les modèles de lainages; je veux dire qu'on ne peut manquer de le rencontrer dans cette série continue des bleus, depuis le presque blanc jusqu'au bleu foncé. Il y a des lois aussi dans les nombres. Il n'y a de nombres que par les lois des nombres. Toujours après 12 on trouvera 13 et 13 aura toujours les mêmes propriétés, d'être *premier*, etc. Nous ne comptons que par lois. En cet exemple on comprend même le pourquoi de la loi, car l'opération qui forme 13 (12 + 1) nous est connue; elle ne peut être autre. Kant disait que l'entendement est par lui-même une législation de la nature. Certes cela est difficile à entendre; mais par les nombres on l'entendra assez bien. Maintenant il faut dire qu'un esprit faible ne forme pas de nombres, mais seulement des mots et du vent *(flatus vocis)*. Traiter de l'induction, c'est décrire l'entendement. On n'ose aller jusqu'à dire que, sans lois, les sens eux-mêmes ne saisiraient rien. Et pourtant, il est clair, par l'exemple du bleu, qu'on ne peut voir un objet bleu sans supposer une loi de cet objet qui y attache cette couleur.

Chapitre XII

DES CAUSES

Problème surchargé, et terme ambigu. On entend par cause tantôt une personne, comme dans l'histoire ou dans les procès criminels, tantôt une chose. Et, si c'est une personne, on entend bien, en disant qu'elle est cause, qu'elle commence quelque chose dont par la suite elle répondra, en sorte qu'il s'agit bien ici de la cause première, dont il sera traité sous le nom de libre vouloir. Si c'est une chose, ou un état de choses, qui en détermine un autre après lui, on entend bien, au contraire, que cette chose ou cet état des choses est à son tour déterminé par un état antécédent, toute cause étant aussi effet et tout effet étant aussi cause, comme par exemple, dans une traînée de poudre, chaque grain en brûlant est cause que le suivant s'enflamme. Et ce sont là des causes secondes, comme on dit. On voit que ces deux espèces de causes se distinguent comme le sujet et l'objet, ou, si l'on veut, comme l'esprit de la chose.

Or le fétichisme, toujours puissant sur l'imagination, se meut dans l'entre-deux, voulant toujours entendre par cause je ne sais quelle âme ou esprit agissant dans la chose et se manifestant par un pouvoir ou une propriété. Ce qui sera le plus sensible dans l'exemple où on l'attend le moins. Voici une pierre assez lourde, et qui tombera si je la laisse; la cause qui fait qu'elle tombera, et qui fait aussi qu'elle presse et pousse contre ma main, c'est bien son poids, comme on dit, et ce poids est en elle. Mais pourtant non, pas plus que la valeur n'est dans l'or, autre fétiche, ou l'amertume dans l'aloès. La pierre pèse, cela veut dire qu'il s'exerce, entre la pierre et la terre, une force qui dépend de la distance, et des deux masses; ainsi la terre pèse sur ma main aussi bien que la pierre; et cette force de pesanteur n'est pas plus cachée dans la terre que dans la pierre, mais est entre deux, et commune aux deux; c'est un rapport pensé, ou une forme, comme nous disons. Mais qui ne voit que l'imagination nous fait ici inventer quelque effort dans la pierre, qui lutte contre notre effort, et se trouve seulement moins capricieux que le nôtre? Cette idolâtrie est bien forte; l'imagination ne s'y arrachera jamais; le tout est de n'en être pas dupe, et de n'en point juger par cette main crispée.

Mais on voit aussi que c'est par le même mouvement de passion que nous voulons prêter une pensée au chien qui attend sa soupe ou à l'homme ivre ou bien fou de colère qui produit des sons injurieux. Il en faut donc revenir à la forte pensée de Descartes, autant qu'on peut, et prononcer que cet esprit, qui se représente les choses par distances, forces et autres rapports, ne peut jamais être caché dans l'une d'elles, non pas même dans notre propre corps, puisqu'il le joint à d'autres et le connaît parmi les autres. Et tenant ferme là-dessus, nous ne voudrons pas non plus supposer des âmes intérieures aux choses et prisonnières; car toute âme saisit le monde, plus ou moins clairement, plus ou moins éveillée, mais toujours tout indivisiblement. La connaissance que je puis avoir des étoiles n'a pas ajouté une partie à ma perception d'enfant, elle l'a seulement éclaircie; elle l'a grandie, si l'on peut dire, du dedans, sans y rien ajouter. Il faut donc dire que toute conscience ou pensée est un univers, en qui sont toutes choses et qui ne peut être dans aucune chose. Ainsi, bien loin de supposer une intention de volonté dans la pierre qui pèse, je ne dois même pas en supposer en cet animal qui se ramasse pour bondir; car s'il pense, c'est tout l'univers qu'il pense et lui dedans; ce que Leibniz sut bien dire par ses monades, mais sans se délivrer tout à fait de cette idée que les monades sont des parties ou composants. Descartes, moins soucieux de l'opinion, avait vu plus loin. Ainsi, voulant traiter de la cause dans l'objet, ou mieux de la cause comme objet, rejetons l'objet à lui-même et n'y voyons qu'étendue, entendez rapport extérieur absolument, jusque dans le corps vivant; c'est la clef du vrai savoir, et de la vraie liberté, comme nous verrons.

Après cela, et appuyés sur cette puissante idée, source unique de toute physique virile et efficace, nous devons seulement distinguer la cause de la loi, ce qu'on ne fait pas assez. Car, par exemple, le nuage n'est pas cause de la pluie par lui-même, il y faut encore un refroidissement tel que les gouttes grossissent et parviennent au sol avant d'être de nouveau vaporisées; et, quand toutes ces causes, comme on dit mal, sont réunies, c'est la pluie même. Aussi, quand toutes les conditions de l'ébullition de l'eau, une certaine pression, une certaine température, une certaine tension de surface des petites bulles sont réunies, c'est l'ébullition même; et tant que l'ébullition n'est pas, la cause, je veux dire l'ensemble des causes suffisantes, n'est pas non plus. Ainsi, dans de tels exemples, le rapport de succession échappe. Et ce n'est que dans le langage commun qu'il est permis d'appeler cause la dernière circonstance, et sur laquelle souvent aussi nous avons pouvoir, comme ce petit cristal dans une solution sursaturée; car il est clair que la solution est cause aussi bien. Pareillement l'on ne doit pas dire, à parler rigoureusement, que l'accélération d'un corps céleste à un moment est cause de son mouvement à l'instant suivant; car les causes seraient ici les positions des autres astres à chaque instant, dont tout mouvement gravitant est fonction. Et, par cet exemple, on voit aussi que le rapport de cause à effet ne peut s'entendre que d'un état de l'univers à l'état suivant, ou de l'état d'un système clos à l'état suivant, autant qu'il y a des systèmes clos. Une chaîne réelle des causes ne peut donc être pensée que par une loi de devenir dirigée, entendez qui a un sens, de même que, dans la série des nombres, ce sont les premiers qui forment ou produisent les suivants, mais non pas inversement. Or une telle loi n'est apparue que tard aux physiciens, c'est celle d'après laquelle un système clos, de ressorts, d'explosifs, de corps chimiques plus ou moins actifs, change de lui-même vers un état d'équilibre mécani-

que, avec élévation de température. Ainsi un mur
dressé, un canon chargé, un arc bandé, un stock de
charbon, un réservoir de pétrole, une poudrière, un
corps vivant, seraient des causes au sens strict. Mais le
sens de ce mot s'étend toujours un peu, jusqu'aux circonstances maniables, et même jusqu'aux conditions
mécaniques d'un fait, dès qu'elles sont clairement ex-
pliquées. En ce sens on dit même, par exemple, que
la cause des mouvements célestes est la loi de gravitation, et cela est sans inconvénient puisqu'on n'est pas
ramené par là aux causes occultes, bien au contraire.

Chapitre XIII

DES FINS

On connaît la formule de Bacon : Causes finales,
vierges consacrées au seigneur, stériles. Mais voilà un
bon exemple pour montrer comment des idées, abstraites et vaines dès qu'on se fie au langage, repren-
nent sens et vie au contact de l'objet, et finalement
nous aident à saisir quelque chose, ce qui est l'épreuve
de toute idée. Certes, quand on dit que le Créateur a
mis cette ailette à la graine du tilleul pour que le vent
puisse l'emporter au loin et en terrain découvert, on
n'explique rien par là; non plus en disant qu'il a donné
des ailes aux oiseaux afin qu'ils puissent voler. Mais
dès que l'on cherchera à développer ces propositions,
elles échapperont tout à fait au ridicule. Car il est
pourtant vrai que l'ailette de la graine sert bien à la
semer quelque part où elle sera mieux qu'à l'ombre
d'un gros arbre; et vrai aussi que l'aile de l'oiseau est

faite de façon qu'il puisse voler. Et personne
n'échappe à la nécessité de supposer qu'elle est faite
pour le vol, dès qu'il veut en comprendre la structure;
car il cherchera alors l'utilité des plumes cambrées de
telle façon, et des os creux, et des muscles, en supposant que rien dans cette machine naturelle n'est inutile. Ainsi de la question : « A quelle fin? » on passe
naturellement au Comment, c'est-à-dire à la recherche
des causes et conditions. La plume de l'oiseau est faite
pour voler, car les plumes juxtaposées font soupape en
un sens, non en l'autre, et ainsi du reste. Et Claude
Bernard n'avait pas tort de poser que le foie devait
servir à quelque chose, pourvu qu'il recherchât à quoi,
et surtout comment. Par où l'on voit qu'une idée
théologique peut bien être bonne au moins comme
directrice, sans dispenser jamais d'une perception
reconstruite selon la géométrie et les formes. Si un
homme se contente de dire que Dieu a fait l'aile pour
le vol, il n'a rien dans l'esprit que des mots; mais s'il
sait comment l'aile est utile pour le vol, il connaît la
chose par les causes, comme on dit; et l'idée qu'il y
ajoute d'un Dieu artisan n'altère en rien l'idée qu'il a
de la chose. Darwin lui-même conserve de la cause
finale ce qu'il faut lorsqu'il cherche en quoi un certain
caractère, comme d'être aveugle pour un crabe dans
une caverne obscure, peut donner avantage à celui-là
sur les autres; car il s'agit d'examiner comment cela lui
serait nuisible d'avoir des yeux inutiles. Et c'est bien
l'idée d'utilité qui, dans tel objet, rattache la fin à la
cause; car l'utilité posée, c'est la fin; mais l'utilité
expliquée, c'est la cause, ou la loi, ou l'objet même
expliqué, comme on voudra dire.

Cela est bien sensible quand on étudie quelque
mécanique que l'on ne connaît pas bien. On se demande, au sujet de chaque chose : à quoi cela sert-il?

Et, pour le découvrir, on fait jouer cette pièce lentement et autant que possible seule, afin de rechercher de quoi elle est cause, ou, pour mieux parler, à quoi elle est liée dans le système. Ainsi on passe aisément de l'idée directrice de fin à l'idée constitutive de cause ou de condition. Et il faut bien penser que l'idée de la fin poursuivie, toujours féconde si l'on ne s'arrête pas simplement à l'énoncer, vient tout autant des outils et mécaniques que de la théologie raisonneuse.

Il y a un peu plus d'obscurité lorsque les causes finales réussissent encore comme directrices dans la reconstruction des phénomènes naturels, par exemple lorsqu'on se dit que la lumière réfractée doit suivre le chemin minimum, et en général que la nature doit aller à son but par les moyens les plus simples. Mais ces fictions ne sont fictions que hors du travail et pour ceux qui en parlent en l'air. Dans le travail de recherche même, que l'on pense ou non aux fins de la nature, il y a toujours lieu d'essayer l'hypothèse la plus simple, toujours la meilleure si elle suffit. Et c'est nous qui suivons ici, dans nos suppositions, notre bon sens d'ouvriers, préférant, sans nul doute, le système copernicien à quelque complication imitée de Ptolémée, ou une seule Vénus à deux étoiles.

Dans le fond le métier de penser est une lutte contre les séductions et apparences. Toute la philosophie se définit par là finalement. Il s'agit de se délivrer d'un univers merveilleux, qui accable comme un rêve, et enfin de vaincre cette fantasmagorie. Sûrement de chasser les faux dieux toujours, ce qui revient à réduire cette énorme nature au plus simple, par dénombrement exact. Art du sévère Descartes, mal compris parce qu'on ne voit pas assez que les passions les plus folles, de prophètes et de visionnaires, qui multiplient les êtres à loisir, sont déjà vaincues par le froid dénombrement des forces. Evasion, sérieux travail.

Chapitre XIV

DES LOIS NATURELLES

L'ordre de la nature s'entend en deux sens. D'abord en ce sens qu'il y a dans ce monde une certaine simplicité, et un certain retour des mêmes choses; par exemple, une soixantaine de corps simples seulement et non pas un million ou deux. Aussi des solides, c'est-à-dire des corps que l'on retrouve en même forme et en même place le plus souvent. S'il n'y avait que des fluides, à quoi fixer notre mécanique? Et s'il y avait des corps nouveaux toujours, le chimiste s'y perdrait. Cela c'est une bonne chance, dont on ne peut pas dire qu'elle durera toujours. On peut bien ici remonter jusqu'à Dieu par dialectique, et prononcer, par des raisonnements faciles et à portée de chacun, qu'un maître excellent de toutes choses n'a pas voulu que l'intelligence humaine fût sans objet, ni non plus sans épreuve. Ce genre de philosophie, que j'appelle transcendante, est aussi naturel à l'homme que le gazouillis aux oiseaux. Mais la force véritable de ces développements n'est point dans les preuves, cent fois démolies, cent fois restaurées, mais plutôt dans cette idée, d'abord, qu'il y a conformité, naturellement, entre les conditions extérieures et la vie elle-même, et enfin la pensée que nous y trouvons si étroitement jointe. Mais, en serrant l'idée de plus près, on y trouve que cette affirmation est toute de nous, et, pour tout dire, le premier et continuel ressort de la pensée. Espérance ou foi, et mieux encore volonté de penser tant qu'on pourra. Car si l'on s'arrêtait aux petites choses, et aux apparences du berceau, quelle variété sans fin et que de miracles! Le délire, même des fous à lier, n'est que le cours naturel des pensées, si l'on peut les appeler ainsi, mais sans gouvernement, sans ce mépris par décret pour tout ce qui réclame audience, visions, présages et feux follets. L'univers serait bien fluide, si nous consentions. Mais le jugement est roi de ces choses, et fils de Dieu, tant qu'il pourra tenir. J'aime à penser que je porte ce monde et qu'il tombera avec moi. Tenons ferme par choix, telle est l'âme de la philosophie.

Tel est, en esquisse, le royaume de la raison. La législation de l'entendement en diffère assez; l'esprit y sent moins sa liberté, mais mieux son pouvoir. Car, si fluide que puisse être la nature, et quand un tourbillon sans retours remplacerait les saisons, il faudrait bien que cela soit pensé, tant bien que mal, par distances, directions, forces, vitesses, masses, tensions, pressions, le nombre, l'algèbre et la géométrie régnant toujours. La physique serait seulement plus difficile, mais non pas autre. Ces lois naturelles, ou ces formes, ce sont nos outils et nos instruments; et quand la course d'un astre serait compliquée à l'infini, comme cela est du reste si l'on va à la dernière précision, nous ne l'en saisirions pas moins par droite, circonférence, ellipse, par forces, masses et accélérations. Car ces éléments sont ceux du mouvement lui-même, et le mouvement est de forme, et non pas donné tout fait par les images du premier éveil. Exactement, un mouvement sans loi ne serait plus un mouvement du tout. Percevoir un mouvement, comme on l'a assez dit, c'est coordonner

des changements avec l'idée d'un mobile restant le
même, et de distances changées sans discontinuité. Le
mouvement enfin, même dans la simple perception,
est représenté, déterminé, indivisible; il est par lui-
même la loi de ce changement; et à mesure que cette
loi est plus complète, et éclaircit mieux le trajet
continu, à mesure le mouvement est mieux un mouvement, et un mouvement réel, parce que ses rapports
avec tout le reste sont plus déterminés. C'est d'après
cette méthode que l'entendement a passé du système
de Ptolémée aux systèmes modernes, reliant de mieux
en mieux les apparences, et mettant de l'ordre en cette
nature des astrologues, sans y rien changer, en la
séparant seulement de nos passions.

Ceux qui admirent que la nature se prête si bien aux
vêtements du géomètre, méconnaissent deux choses.
D'abord ils méconnaissent la souplesse et toutes les
ressources de l'instrument mathématique, qui, par
complication progressive, dessinera toujours mieux les
contours, saisira toujours mieux les rapports, orien-
tera et mesurera mieux les forces, sans gauchir la ligne
droite pour cela. C'est ce que n'ont pas bien saisi ceux
qui remettent toujours les principes en question,
comme l'inertie ou mouvement uniforme, et autres
hypothèses solides. Ce qui est aussi sot que si l'on
voulait infléchir les trois axes pour inscrire un mouvement courbé, ou bien tordre l'équateur pour un
bolide. Mais, comme disait bien Platon, c'est le droit
qui est juge du courbe, et le fini et achevé qui est juge
de l'indéfini. Et ce sont les vieux nombres entiers qui
portent le calcul différentiel. Par ces remarques, on
voudra bien comprendre en quel sens toute loi est *a
priori*, quoique toute connaissance soit d'expérience.
Mais, ici encore, n'oubliez pas de joindre fortement

l'idée et la chose. La seconde méprise consiste à croire que la nature, hors des formes mathématiques, soit réellement quelque chose, et puisse dire oui et non. Cette erreur vient de ce que nous appelons nature ce qui est une science à demi faite déjà, repoussée de nous à distance convenable. Car la perception du mouvement des étoiles, d'Orient en Occident, est une supposition déjà, et très raisonnable, mais qui ne s'accorde pas avec les retards du soleil et de la lune et les caprices des planètes. Et même les illusions sur le mouvement, comme on l'a vu, procèdent d'un jugement ferme, et d'une supposition que la nature n'a pas dictée; nos erreurs sont toutes des pensées. La nature ne nous trompe pas; elle ne dit rien; elle n'est rien. Mais nous en pourrions mieux juger par nos rêves, qui ne sont que des perceptions moins attentives; ce qui nous laisse un peu deviner comment s'exprimerait la nature non encore enchaînée. Tous les aspects seraient des choses, tous nos mouvements, des changements partout; nos souvenirs, nos projets, nos craintes, autant d'êtres. Océan de fureurs et de larmes. Sans loi. Il ne faut donc pas demander si nous sommes sûrs que notre loi supposée est bien la loi des choses; car c'est vouloir que la nature primitive ait un ordre en elle, qu'il y ait d'autres mouvements derrière les mouvements et d'autres objets derrière les objets. Non pas; c'est plutôt le chaos, avant la création. Et à chaque éveil, oui, l'esprit flotte sur les eaux un petit moment. D'où l'on voit que l'entendement régit l'expérience, que la raison la devance et que, sous ces conditions seulement, l'expérience éclaire l'un et l'autre.

Chapitre XV

DES PRINCIPES

Un système des principes est toujours sujet à discussion; car on peut dire les mêmes choses avec d'autres mots. Nous entrons ici, en anticipant de peu, dans la connaissance proprement discursive. Et les principes ne sont que de brefs discours, en forme de règle ou de maxime, propres à rappeler l'esprit à lui-même, dans le moment où les apparences se brouillent, par exemple devant une prédiction vérifiée, ou un miracle de jongleur, ou bien quelque découverte physique qui semble renverser tout, comme fut celle du radium un moment. Encore faut-il distinguer les principes de l'entendement d'avec les préceptes de la raison. Nul ne l'a fait aussi bien que Kant, chez qui vous trouverez aussi un exposé systématique des uns et des autres, que je n'ai pas l'intention d'expliquer ni de résumer ici. Mais essayons de dire ce qui importe le plus. La mathématique forme par elle-même un système des principes de l'entendement, c'est-à-dire un inventaire des formes sous lesquelles il nous faut saisir n'importe quoi dans l'expérience, sous peine de ne rien saisir du tout. Ce qui s'exprimera par des principes généraux du genre de ceux-ci : Il n'est point d'objet ni de fait dans l'expérience qui ne soit lié à tous les autres par des rapports d'espace et de temps. Il n'est point de changement en système clos qui, aux fuites près, ne laisse subsister quelque quantité invariable. Faites attention, au sujet de ce dernier principe, qu'il n'est que la définition même du changement. Le langage, qui se passe si bien d'idées, nous fait croire que nous pouvons penser quelque changement sans conservation de ce qui change. Et c'est bien ce qui arrive dans les apparences, où, à dire vrai, rien ne se conserve jamais, rien ne se retrouve jamais. Mais justement il faut porter toute l'attention sur ce point; de telles apparences, par elles-mêmes, ne sont connues de personne. Quand je dis que la muscade du faiseur de tours a disparu, j'exprime deux choses à la fois, savoir que, dans les apparences, elle n'est plus, mais, qu'en réalité, elle est quelque part; sans cette dernière certitude, la première remarque n'aurait plus de sens. Il ne manque pas d'apparences qui s'effacent pour toujours, et que j'appelle erreurs, illusions, souvenirs, dont je ne me soucie guère. Aussi la grande affaire du faiseur de tours est de me donner et conserver l'idée que la muscade n'est pas un de ces fantômes-là. Saisissez bien, en partant de là, le genre de preuve qui convient à un principe de l'entendement. S'il nous était donné, d'un côté, une nature où tout serait réel conformément à l'apparence, et avant tout travail de l'entendement, de l'autre, un entendement sans objet et cherchant ses principes, l'accord entre l'un et l'autre ne pourrait être demandé qu'à la dialectique théologique, qui prouverait, par exemple, que le Créateur des choses n'a pu vouloir nous tromper; preuve bien faible s'il n'y a rien dessous. Mais qu'y a-t-il dessous? Un univers dont le réel, par travail d'entendement, se définit par cette condition même que l'objet subsiste sous le changement continuel des apparences. Ce cube, qui se montre sous tant d'aspects, est justement pensé invariable, et ces apparences, elles aussi, ne sont apparences que d'après les directions, distances et mouvements. L'apparence ne peut pas plus anéantir ce cube qu'elle ne l'a posé. L'objet, c'est ce qui subsiste. Et le changement comme objet, c'est le changement sous

lequel l'objet subsiste. Nous n'avons pas ici à choisir
entre le chaos et l'ordre, mais entre la réalité et le
néant. Le néant, parce que l'ordre en nous, de souvenirs et d'affections et de projets, ne se soutient que par
l'ordre des choses, comme il a été dit : « Etre ou ne
pas être, soi et toutes choses, il faut choisir »; ainsi
parlait Jules Lagneau qui fut mon maître, mais dont je
n'ose me dire le disciple, à cause de ces petits chemins
que j'ai dû tracer péniblement pour moi-même avant
de comprendre, comme par rencontre, quelques-unes
des formules qu'il m'a laissées en mémoire.

Afin d'éclairer cette preuve, j'y en veux joindre une
autre, assez élaborée dans la *Critique de la Raison pure*,
concernant le fameux principe de causalité. Voici cette
preuve. Si la nature nous offrait des successions réelles toujours, on pourrait se demander si ces successions enferment toujours quelque loi, d'après laquelle
l'antécédent détermine ce qui suit et non autre chose.
Mais, dans le fait, tout est successif dans ma perception, et, par exemple, les maisons d'une rue se suivent
pour moi quand je me promène. Puisque enfin je
distingue là-dedans les successions véritables des choses simultanées mais successivement connues, il faut
donc qu'il y ait une vérité des successions vraies, qui
est le rapport de causalité justement. Et c'est par là
que je distingue cette succession d'apparence, quand
je parcours une ville, de la succession réelle, flammes,
fumée, ruines; et en somme il y a toujours une vérité
de la succession, autre que la succession apparente.
Autrement dit, il n'y a point de succession vraie sans
loi de succession. Ainsi la succession comme objet,
c'est la causalité même. Et tel est le genre de preuve
qui convient aux principes de l'entendement.

Pour les principes de la raison, il faut dire qu'ils sont
à un niveau plus abstrait, que la nature les soutient

moins, et que l'esprit les suit par préférence, comme des règles pour sa santé. Par exemple, qu'un événement qui est contre l'ordre jusque-là connu, et qui ne s'est produit qu'une fois, doit être attribué au jeu de l'imagination et de la passion plutôt qu'à un caprice des choses. Ou encore qu'il faut s'efforcer d'économiser les hypothèses; que la supposition la plus simple est aussi la première à essayer, qu'il faut juger de l'inconnu d'après le connu, et, pour dire, se garder des passions, c'est-à-dire des opinions émouvantes, plutôt que de courir après des merveilles extérieures, avec grand souci de n'en pas perdre une seule. Ces préceptes sont plutôt de volonté que d'expérience, et trop peu pratiqués parce qu'on ne les prend point pour ce qu'ils sont; ce sont des jugements à proprement parler, et de l'ordre moral. On n'en peut sentir le prix tant que l'on n'a pas assez connu les pièges des passions et les facilités du langage. Il faut, pour tout dire, que l'esprit résiste et se refuse. Ne pas trop interroger les fous, et point du tout les chevaux compteurs, cela concerne la dignité du souverain.

Note

Qu'on dise hypothèse ou idée directrice, c'est toujours principe. La raison humaine est composée de principes, qui sont des règles de la recherche.

Il est utile d'en faire une énumération classique d'après Kant. Il y a trois principes, ou trois modes de la réduction du donné à l'unité du Je Pense.

1° *Principe du changement ou de conservation.* Traditionnellement c'est le principe de Substance. Il est écrit dans le langage commun : *ce qui change ne change pas,* ce qui veut dire que, sous le changement, il reste quelque chose qui ne change pas (substans). Ce principe prend certaines formes. Le physicien dira, en tout changement d'un système clos, il reste une *énergie invariable* d'où l'on a tiré (témérairement!)

une sorte d'axiome : *La quantité d'énergie dans l'univers reste constante*. Laissons cette formule ambitieuse. La notion même du changement, comme Aristote l'a vu, implique quelque chose qui change, donc qui reste. Limitons le changement à un calorimètre où j'ai mis un kilo de glace, un kilo de plomb à 110° et d'autres choses pesées et mesurées. Après 24 heures il n'y aura aucune perte d'énergie quelles que soient les transformations.

2° *Principe de causalité*. Ce principe bien connu a aussi ses paradoxes. La cause, c'est le système clos, c'est l'ensemble des énergies. L'effet, c'est le changement qui se fait. Il faut donc dire que l'effet c'est la cause même transformée. Et il faut dire surtout, afin qu'on ne l'oublie pas, que l'effet sort continuellement de la cause.

En langage commun : l'état nouveau d'un système clos dépend absolument d'un autre état très proche ou très voisin qui ne pouvait subsister.

Le premier principe énonce la loi du changement. Le second énonce la nécessité du changement. Le médecin, en présence du malade, se dit « l'aggravation résulte de quelque chose, quoi que ce soit, qui existait auparavant ». Il faut trouver cette chose, soit l'arsenic, qui est à la fois la substance du changement et la cause du changement.

3° *Principe de l'action d'échange* (ou action réciproque). Un changement est lié à tous les changements contemporains, il est modifié par eux, il les modifie. Le système solaire est un bel exemple de changements ainsi liés et modifiés les uns par les autres. La terre gravite autour du soleil; mais il ne faut pas croire que Jupiter n'y est pour rien. Chaque changement de position de cette grosse planète imprime une inflexion à la trajectoire de la terre. Tout dépend de tout. On voit par cet exemple, où il se trouve des substances et des causes, que les trois principes ne font que répéter la liaison de tout à tout dans l'expérience, c'est-à-dire la solidité substantielle de l'univers, de la matière. Ce qui est principe, ce qui doit être supposé c'est l'impossibilité d'isoler un changement, de le considérer seul; c'est l'extériorité absolue du monde, où rien ne change qu'en liaison avec tout le reste ou si l'on veut par l'action de tout l'extérieur. Encore une fois l'atome signifie cela même, sans doute moins clairement. C'est pourquoi, dans ces *Éléments*, je dois traiter des principes surtout en vertu d'une forte tradition. Les principes sont *a priori*, c'est-à-dire qu'on les suppose avant toute expérience, avant la preuve *a posteriori*. Chose remarquable, *l'inertie* exprime tous les principes dans un *principe d'inertie*, qui définit en quelque façon la chose ou l'objet. Formule : nulle chose matérielle ne peut se changer d'elle-même sans le choc ou la pression des choses qui l'entourent. Si elle se meut, elle ira jusqu'à ce que le choc ou les frottements l'arrêtent. Si elle est arrêtée, elle restera ainsi tant que quelque impulsion du dehors (*Vis a tergo*) ne la mettra pas en mouvement. On voit paraître la cause et c'est ainsi qu'en remuant les principes, en passant de l'un à l'autre, on est ramené à la notion d'objet ou à l'idée d'univers. Ce qui est juste le contraire de l'âme, principe interne de changement et caractéristique du vivant, qui, lui, n'est pas seulement poussé par ce qui l'entoure, mais réagit à sa manière. Toutefois, le biologiste clairvoyant ne manquera pas de chercher, dans les prétendues actions d'un vivant, les effets du milieu, ce qui revient à appliquer tous les principes dont le vrai nom serait : *Principes du matérialisme universel.* Ces principes sont donc des règles de méditation par lesquelles nous interrogeons l'univers en dissipant l'apparence du vivant, qui séduit toujours. En somme, l'homme ne fait qu'exorciser contre le vieux principe de Thalès : « Tout est plein de dieux ». Cela revient à douter des oracles contre une tradition si ancienne et si vivace. L'homme doit conquérir, d'instant en instant, son propre entendement, ce qui consiste à se dire « ce que je sais, je le dois d'abord à mon esprit ».

Chapitre XVI

DU MÉCANISME

Le mécanisme est cette doctrine de l'univers d'après laquelle tous les changements sont des mouvements. Par exemple la pression des gaz s'explique par un mouvement vif de leurs particules. La lumière est une vibration. Les corps solides sont des systèmes d'atomes gravitants. Dans cette hypothèse du mécanisme universel, il faut aussi comprendre les atomes et les

forces et l'inertie, car tout cela se tient. Que l'entendement impose ici sa propre loi à toutes nos représen-
sations, cela ne fait pas doute. Il faut comprendre
ainsi, ou ne pas comprendre du tout.

Mais c'est le grand secret du philosophe qu'aucune
preuve ne se soutient d'elle-même et qu'il y a toujours
quelque attaque aux preuves, qui les fait fléchir si elles
gardent seulement la défensive à la manière des
réseaux barbelés. L'esprit n'est pas fort derrière ses
preuves, mais seulement dedans, et les poussant toujours. Et l'exemple de ce mécanisme universel est
propre à le bien faire comprendre. Car que pourriez-
vous répondre à l'attaque de quelque sceptique ou
mystique, qui voudrait supposer que nos représenta-
tions sont seulement pour l'utilité matérielle, mais ne
dévoilent nullement ce qui est, et que ce qui est
pourrait bien n'être pas perçu par les yeux et les
mains, mais qu'il faut peut-être le deviner ou pressen-
tir par d'autres voies? C'est ici le lieu de faire voir que
la philosophie est bien une éthique et non une vaine
curiosité.

Lucrèce, poussant avec courage les recherches de
tant d'autres qu'on appelle atomistes, parmi lesquels
Démocrite et Epicure sont les plus célèbres, a mis en
vive lumière l'âme de ces profonds systèmes, qui était
une volonté fermement tendue contre les passions, les
miracles, les prophètes et les dieux. Mais le prisonnier
s'est tué dans son évasion. Chose étonnante, explicable
pourtant par une ivresse, ou par une indignation, ou
peut-être, ce qui n'est que la cause cachée de ces
passions toujours vivaces, par une substitution de
l'imagination à l'entendement, commune chez le disciple. Lucrèce oublie tout à fait le constructeur de ces
choses et le briseur d'idoles, l'esprit enfin qui, par-
dessus les abîmes, tend d'abord ses mouvements sim-

ples, et les essaie, et les complique, comme un filet qui saisira et ramènera enfin toute cette richesse pour en faire l'exact inventaire. Il oubliait en cela que le mécanisme est proprement la preuve de la liberté, en même temps qu'il en est le moyen et l'instrument. Car la nature supporte ce prodigieux système, mais elle ne l'offre point.

La représentation du changement par le mouvement est bien un préjugé. Oui. Même dans le cas le plus simple de cette bille qui roule, rien dans les apparences n'impose l'hypothèse du mouvement; et ce n'est toujours pas la bille qui le présente, puisqu'elle n'est jamais en même temps que dans un lieu, comme le subtil Zénon l'avait remarqué. Et rien n'empêche de supposer que la bille est détruite aussitôt, et qu'une autre bille naît à côté, comme il est vrai dans le cinématographe, où ce n'est point le même cheval qui court, mais des images différentes qui se remplacent sur l'écran. Seulement le mouvement est préféré et choisi; et le mécanisme est de même préféré et choisi; non comme facile, certes, car rêver est le plus facile, mais comme libérateur, exorciseur, arme de l'esprit contre tous sortilèges. Soutenu par la nature qui le vérifie, oui, mais qui le vérifie à la condition que l'esprit le pose, le maintienne, le construise, le complique assez. Le physicien paresseux perd sa preuve. Et il retombe aux peurs de l'enfant, aux faux dieux, aux esprits partout, oubliant le dieu et l'esprit. Ou plutôt, cachant l'esprit dans la matière, il travestit la nécessité en une volonté inflexible qui va à ses fins par tous moyens, et dont la fatalité est le vrai nom. Ici, nous tenons notre ennemi. Le vrai physicien, au contraire, enlève toute apparence de liberté aux forces de la nature, et, en face du mécanisme, délivre son esprit du même coup.

Assurément, il est difficile et même pénible, car les passions s'y jettent, c'est leur guerre, de refuser de l'esprit à ces feuilles d'arbre, qui trouvent chacune leur forme. Il est difficile de vouloir, bien avant de savoir, que ces différences ne soient pourtant, dans le germe, que forme et disposition des éléments, lesquels, dans l'air et la lumière, donneront à ces stalactites de carbone, ici, la forme lierre, et là, la forme platane, de la même manière que naissent les cristaux arborescents dans une solution concentrée. Il est facile, au contraire, de se coucher et de dormir, et d'imaginer quelque architecte invisible caché dans le germe et qui réalise peu à peu son plan préféré. Ce sont les mêmes rêveurs qui s'abandonnent au miracle des médiums et des spirites, disant que nous ne savons pas tout, et inventant des forces sans mesure et des esprits cachés dans les tables. Mais il faut que l'esprit triomphe des esprits. Lucrèce y a perdu son âme, mais Descartes non. Attention là.

Note

Il y a de la difficulté sur le terme d'inconscient. Le principal est de comprendre comment la psychologie a imaginé ce personnage mythologique. Il est clair que le mécanisme échappe à la conscience, et lui fournit des résultats (par exemple, j'ai peur) sans aucune notion des causes. En ce sens la nature humaine est inconsciente autant que l'instinct animal et par les mêmes causes. On ne dit point que l'instinct est inconscient. Pourquoi? Parce qu'il n'y a point de conscience animale devant laquelle l'instinct produise ses effets. L'inconscient est un effet de contraste dans la conscience. On dit à un anxieux : « Vous avez peur », ce dont il n'a même pas l'idée; il sent alors en lui un autre être qui est bien lui et qu'il trouve tout fait. Un caractère, en ce sens, est inconscient. Un homme regarde s'il tremble afin de savoir s'il a peur. Ajax, dans l'*Iliade*, se dit : « Voilà mes jambes qui me

poussent! Sûrement un dieu me conduit! » Si je ne crois pas
à un tel dieu, il faut alors que je croie à un monstre caché en
moi. En fait l'homme s'habitue à avoir un corps et des
instincts. Le psychiatre contrarie cette heureuse disposition;
il invente le monstre; il le révèle à celui qui en est habité. Le
freudisme, si fameux, est un art d'inventer en chaque homme
un animal redoutable, d'après des signes tout à fait ordinaires; les rêves sont de tels signes; les hommes ont toujours
interprété leurs rêves, d'où un symbolisme facile. Freud se
plaisait à montrer que ce symbolisme facile nous trompe et
que nos symboles sont tout ce qu'il y a d'indirect. Les choses
du sexe échappent évidemment à la volonté et à la prévision;
ce sont des crimes de soi, auxquels on assiste. On devine par
là que ce genre d'instinct offrait une riche interprétation.
L'homme est obscur à lui-même; cela est à savoir. Seulement
il faut éviter ici plusieurs erreurs que fonde le terme d'*inconscient*. La plus grave de ces erreurs est de croire que
l'inconscient est un autre Moi; un Moi qui a ses préjugés, ses
passions et ses ruses; une sorte de mauvais ange, diabolique
conseiller. Contre quoi il faut comprendre qu'il n'y a point de
pensées en nous sinon par l'unique sujet, Je; cette remarque
est d'ordre moral. Il ne faut pas se dire qu'en rêvant on se
met à penser. Il faut savoir que la pensée est volontaire; tel
est le principe des remords : « Tu l'as bien voulu! » On
dissoudrait ces fantômes en se disant simplement que tout ce
qui n'est point pensée est mécanisme, ou encore mieux, que
ce qui n'est point pensée est corps, c'est-à-dire chose soumise
à ma volonté; chose dont je réponds. Tel est le principe du
scrupule. Un moraliste comme Lagneau n'a pas bonne opinion de son corps, et il réforme son corps par volonté en
domptant le geste et l'émotion. Il se dit : « Ce n'est rien; c'est
un frémissement d'esprits animaux, à quoi je ne consentirai
point. »

L'inconscient est donc une manière de donner dignité à
son propre corps; de le traiter comme un semblable; comme
un esclave reçu en héritage et dont il faut s'arranger. L'inconscient est une méprise sur le Moi, c'est une idolâtrie du
corps. On a peur de son inconscient; là se trouve logée la
faute capitale. Un autre Moi me conduit qui me connaît et
que je connais mal. L'hérédité est un fantôme du même
genre. « Voilà mon père qui se réveille; voilà celui qui me
conduit. Je suis par lui possédé. » Tel est le texte des affreux
remords de l'enfance; de l'enfance, qui ne peut porter ce
fardeau; de l'enfance, qui ne peut jurer ni promettre; de

l'enfance, qui n'a pas foi en soi, mais au contraire terreur de soi. On s'amuse à faire le fou. Tel est le jeu dangereux. On voit que toute l'erreur ici consiste à gonfler un terme technique, qui n'est qu'un genre de folie. La vertu de l'enfance est une simplicité qui fuit de telles pensées, qui se fie à l'ange gardien, à l'esprit du père; le génie de l'enfance, c'est de se fier à l'esprit du père par une piété rétrospective. « Qu'aurait fait le père? Qu'aurait-il dit? » Telle est la prière de l'enfance. Encore faut-il apprendre à ne pas croire trop à cette hérédité, qui est un type d'idée creuse; c'est croire qu'une même vie va recommencer. Au contraire, vertu, c'est se dépouiller de cette vie prétendue, c'est partir de zéro. « Rien ne m'engage »; « Rien ne me force ». « Je pense, donc je suis. » Cette démarche est un recommencement. Je veux ce que je pense, et rien de plus. La plus ancienne forme d'idolâtrie, nous la tenons ici; c'est le culte de l'ancêtre, mais non purifié par l'amour. « Ce qu'il méritait d'être, moi je le serai. » Telle est la piété filiale.

En somme, il n'y a pas d'inconvénient à employer couramment le terme d'inconscient; c'est un abrégé du mécanisme. Mais, si on le grossit, alors commence l'erreur; et, bien pis, c'est une faute.

LIVRE TROISIÈME

De la connaissance discursive

INTRODUCTION

Qu'avons-nous cherché jusqu'ici? On peut bien dire que c'est l'esprit que nous avons cherché. L'esprit s'est montré dans les choses mêmes, dans la perception même, là où nous ne l'attendions point; il a fallu voir s'élever le *Je Pense*. C'est ainsi que l'esprit s'apparaît à lui-même, dans l'analyse philosophique, que Lagneau a nommée avec raison analyse réflexive. En effet c'est l'esprit qui se reconnaît lui-même, qui s'apparaît à lui-même. Toutefois, en ces apparitions, il reste quelque chose d'opaque. Il nous semble que nous sommes mus par Dieu, comme disaient autrefois les docteurs. Mais attention! Ce Dieu est dans la nature, et reste pour lui-même un profond mystère.

Or il y a un autre aspect de Dieu, et c'est à présent qu'il faut le dire. L'esprit apparaît dans le discours, soit que le mathématicien développe sa subtile preuve, soit que l'avocat réfute promptement le raisonnement de l'adversaire, soit que le théologien, s'attaquant lui-même à lui-même, secoue cette clarté des arguments qui lui paraît suspecte; soit que le philosophe pyrrhonien s'élance dans cette clarté de l'esprit à lui-même et demeure avec, seulement, un contenant vide et pur. Tous les débats sur l'esprit se font dans l'univers du discours; et cela se montre dans les immortels *Dialo-*

gues de Platon, où l'on voit bien que les hommes
s'éloignent du Dieu-nature et prient, au contraire, le
Dieu-discours. C'est dans ce monde transparent, des
thèses et antithèses, des contradictions, des réfuta-
tions, c'est là que l'esprit se connaît. Et ce sera même
un grand travail pour le théologien de prouver que le
Dieu-discours coïncide avec le Dieu-nature; tel est le
fond des preuves de Dieu. Il est vite fait de prouver
l'esprit; il est péniblement fait de prouver que ce
même esprit habite la nature, ou, en d'autres mots,
que les lois du discours sont des lois de la nature.
Comprenez maintenant qu'en considérant le langage,
nous entrons tout droit dans la philosophie. Beaucoup
de philosophes n'imaginent pas que la vie de l'esprit
soit séparable des discussions, objections et accords,
et, pour tout dire, de quelques Conciles de la Philosophie. Tout notre commencement nous fait supposer au
contraire que les problèmes du discours ne sont ni les
premiers, ni les principaux de la réflexion. De là vient,
en toute réflexion, l'extrême difficulté du commencement. On ne peut, d'entrée, raisonner; il faut faire
paraître les exemples, les faits, le monde se perdre
dans les illusions des sens et dans la structure de l'œil,
se perdre aussi dans les sentiments de l'âme naturelle,
et, en somme, faire parler des oracles et les écouter. Le
temple ne s'ouvre pas tout de suite. La forme abstraite
et divine ne paraît pas, sans quoi il y aurait autant de
fidèles au collège que dans l'Eglise. On peut nommer
philosophie concrète ou naturelle cette philosophie
qui détache l'écorce du monde, à la manière des
naturalistes. Les Grecs du temps de Platon attendaient
les discours et d'être enlevés au-dessus de la terre et
des dominations. Chose qui n'a point lieu dans l'Eglise;
car au contraire on y dit que Dieu est né et a grandi
comme une chose de nature, et, plus incroyable en-

core, qu'il est mort. De là vient que le sourire de
Platon et la joie athénienne se sont, ensemble, perdus.
Cet avertissement a pour fin de vous faire prendre très
au sérieux les syllogismes, les dilemmes, enfin ce à
quoi nous arrivons, qui est bien l'humanité et nullement l'animalité. Le langage est un très grand attribut
de l'homme. C'est par le langage qu'un Descartes se
sait esprit irréfutablement, comme on voit bien clairement dans son *Je Pense,* cette victoire parlée. On
devrait religieusement parcourir toute la variété des
raisonnements possibles et estimer très haut le mythe
de la Genèse, où l'on voit que Dieu dit que la lumière
soit, et *la lumière fut.* Ce qui nous avertit de ceci que la
vraie lumière suppose beaucoup de discours, et que
l'enseignement est chose divine, qui crée par le Verbe.
Vous êtes conduit tout naturellement au poème de
saint Jean. Au commencement le Verbe flottait sur les
eaux. Puis le Verbe s'est fait chair. Ce double mouvement de s'élever et de s'incarner est toute la vie de
l'esprit.

Chapitre premier

DU LANGAGE

Avant d'examiner comment la connaissance peut
s'étendre et s'assurer par le discours seulement, il faut
traiter du langage. Dans tout ce qui nous reste à
décrire, d'inventions abstraites, de fantaisies, de passions, d'institutions, le langage est roi. Il s'agit, dans
une exposition resserrée, d'étaler dans toute son étendue ce beau domaine qui s'étend des profondeurs de
la musique aux sommets de l'algèbre. Mais admirez

d'abord comment les jeux du langage prennent l'esprit dans leurs pièges. Il faut, disent les auteurs, s'entendre pour créer une langue, et donc savoir parler avant d'apprendre à parler. Ce puéril argument est un exemple parfait des artifices dialectiques, qui sont pris pour philosophie par ceux qui n'ont pas appris à penser d'abord sans parler.

L'action humaine, j'entends le mouvement pour frapper, donner, prendre, fuir, est ce qui nous intéresse le plus au monde, et la seule chose au monde qui intéresse l'enfant, car c'est de là que lui viennent tous biens et tous maux dans les premières années. Ces actions sont les premiers signes, et les comprendre ce n'est autre chose, d'abord, que d'en éprouver les effets. Puisque l'homme apprend à deviner les choses qui approchent d'après des signes, il ne faut pas s'étonner qu'il apprenne aussi, bien vite, à deviner ce qu'un homme va faire, d'après ses moindres mouvements. Il ne s'agit que de décrire l'immense domaine des signes humains. A cette fin, on peut distinguer d'abord l'esquisse de l'action ou son commencement, qui font assez prévoir la suite; et telle est l'origine de presque tous les gestes, comme montrer le poing, tendre la main, croiser les bras, hausser les épaules. On passe naturellement de là à la préparation des actions, qui est l'attitude. On devine qu'un homme à genoux et face contre terre ne va pas combattre, qu'un homme qui tourne le dos ne craint point, qu'un homme qui se ramasse va bondir, et ainsi du reste. Enfin, il faut noter aussi les effets accessoires de cette préparation des actions, lesquels résultent de la fabrique du corps humain telle que chacun la connaît d'après la physiologie la plus sommaire. Tels sont la rougeur et la pâleur, les larmes, le tremblement, les mouvements du nez et des joues, le cri enfin, qui est l'effet naturel de toute contraction des muscles; et il faut faire grande attention à ce dernier signe, destiné à supplanter les autres et à engendrer jusqu'à l'algèbre, par un détour qu'il faut ici décrire. Mais auparavant il faut faire remarquer que la pensée, qui n'est au naturel qu'action retenue, offre aussi des signes bien clairs, qui sont l'arrêt même, l'attention marquée par le jeu des yeux et les mouvements calculés, enfin les mouvements des mains par lesquels, d'avance, nous palpons ou mesurons la chose vue, ou simplement nous favorisons la vue et l'ouïe. Toutes ces choses sont assez connues, il suffit de les rappeler, et de dire que nous savons interpréter les signes des animaux, surtout domestiques, aussi bien que des hommes. Le cavalier devine ce que le cheval va faire, d'après l'allure et les oreilles. Il faut maintenant considérer que le langage est fils de société. Au reste l'homme isolé d'abord, et s'alliant ensuite à l'homme, n'est qu'une fiction ridicule. Je ne veux pas me priver de citer ici, après d'autres, une forte parole d'Agassiz : « Comme la bruyère a toujours été lande, l'homme a toujours été société. » Et l'homme vit en société déjà avant sa naissance. Ainsi le langage est né en même temps que l'homme; et c'est par le langage toujours que nous éprouvons la puissance des hommes en société; l'homme fuit quand les hommes fuient; c'est là parler et comprendre, sans contrainte à proprement parler. Comprenons donc comment l'imitation, qui n'est que l'éducation, simplifie et unifie naturellement les signes, qui deviennent par là l'expression de la société même. Les cérémonies consistent ainsi toujours en des signes rituels, d'où sont sorties la mimique et la danse, toujours liées au culte. D'où un langage déjà conventionnel de gestes et de cris.

Il reste à comprendre pourquoi la voix a dominé,

car c'est tout le secret de la transformation du langage. L'homme a parlé son geste; pourquoi? Darwin en donne une forte raison, qui est que le cri est compris aussi la nuit. Il y a d'autres raisons encore; le cri provoque l'attention, au lieu que le geste la suppose déjà; le cri enfin accompagne l'action, le geste l'interrompt. Pensons à une vie d'actions et de surprises, nous verrons naître les cris modulés, accompagnant d'abord le geste, naturellement plus clair, pour le remplacer ensuite. Ainsi naît un langage vocal conventionnel. Mais comme l'écriture, qui n'est que le geste fixé, est utile aussi, l'homme apprend à écrire sa parole, c'est-à-dire à représenter, par les dessins les plus simples du geste écrit, les sons et les articulations. Cette écriture dut être chantée d'abord, comme la musique; et puis les yeux surent lire, et s'attachèrent à la figure des lettres ou orthographe, même quand les sons, toujours simplifiés et fondus comme on sait, n'y correspondent plus exactement. Ainsi, par l'écriture, les mots sont des objets fixes que les yeux savent dénombrer, que les mains savent grouper et transposer. Toutefois, quoique ces caractères échappent ainsi au mouvement des passions il s'est toujours exercé un effort bien naturel, pour retrouver dans ces signes la puissance magique des gestes et des cris qu'ils remplacent. Mais n'insistons pas maintenant sur cette magie du langage. Il s'agit, dans ce qui va suivre, d'un langage défini, ou du moins qui veut l'être, et d'un jeu qui consiste à penser avec les mots seulement. On peut appeler discursive cette connaissance autant qu'elle est légitime; et l'abus en peut être dialectique.

Un homme qui ne connaît que les choses est un homme sans idées. C'est dans le langage que se trouvent les idées. C'est pourquoi si on pouvait instituer une comparaison par les effets entre deux enfants, l'un qui ne ferait jamais attention qu'aux choses, et l'autre qui ne ferait jamais attention qu'aux mots, on trouverait que le dernier dépasserait l'autre à tous égards et de bien loin. Car il n'est pas difficile de retenir des expériences familières, et de joindre à chacune le mot qui la désigne dans l'usage; et le métier, là-dessus, conduit n'importe quel homme à une perfection étonnante; mais pour les idées et les sentiments, qui importent le plus, l'homme de métier n'est toujours qu'un enfant. Au contraire, dans l'étude d'une langue réelle, chacun trouve toutes les idées humaines en systèmes, et des lumières sur toute l'expérience, qui lui font faire aussitôt d'immenses progrès, parce que, d'un côté, il s'humanise, recevant en raccourci tout ce qui est acquis déjà, et que, d'un autre côté, suivant les mots en leurs différents âges, il trouve dans ce mouvement l'impulsion qui convient à une nature pensante que l'animalité et l'imagination occupent toujours puissamment. Il y a bien de la différence sous ce rapport entre les langues parfaites que l'on invente d'après la nature des objets, *ampère, volt, ohm*, et les langues populaires, qui ont bien plus d'égard à la nature humaine, c'est-à-dire aux difficultés réelles que rencontre tout homme qui s'interroge. Et remarquons que, même dans les langues techniques, il est rare que l'on trouve des mots sans ancêtres, comme sont justement ceux qui sont cités plus haut. Le mot fonction, pris dans son sens mathématique, n'est pas détaché pour cela de la série politique. Equation, intégrale, convergence, limite sont encore des mots humains, malgré l'effort du technicien, qui voudrait ici nous faire oublier tout autre sens que celui qui résulte de la définition. Et cette technique, comme toute technique, tend à effacer l'idée. Toutes les fois que l'on apprend une langue vivante par les

voyages, le commerce et l'industrie, on l'apprend tech-
niquement, c'est-à-dire en vue seulement de désigner
un objet sans ambiguïté; et la trop célèbre méthode
directe, qui montre l'objet en prononçant le mot,
semble avoir pour fin, et a eu pour effet, de nous
délivrer tout à fait de culture.

C'est ainsi qu'on apprendrait une langue tout à fait
conventionnelle, et qui n'aurait point de passé. Mais ce
n'est pas du tout ainsi que l'on apprend une langue
réelle; c'est par les mots alors qu'il faut comprendre
les mots. Ici l'esprit est mis en demeure de penser.
L'avantage décisif des langues mortes sur les langues
vivantes, c'est que personne ne peut nous montrer
l'objet. On apprend alors le sens par la racine et par
les relations; et le plus savant est alors, comme on
remarque au contact d'un véritable humaniste, celui
qui cherche, entre beaucoup de sens, le sens qui est
exigé par les mots voisins, et, de proche en proche, par
la multitude des mots qui précèdent et qui suivent.
Qui définira le mot raison? On dit que l'homme est
doué de raison. On dit la raison du plus fort, la raison
d'une progression, demander raison, rendre raison; en
buvant fais-moi raison, livre de raison, raison sociale.
Mais quelle richesse nouvelle quand on découvre *ratio*
d'où vient ration; *ratus* qui veut dire persuadé, *reor* qui
veut dire croire, et ratification, qui en vérité rassemble
presque toutes ces relations en une! Cette richesse est
humaine, je crois m'y conformer; quand j'en ai fait en
gros l'inventaire, je suis déjà bien riche. Il faut toujours
citer, après Comte, le double sens du mot cœur, qui
veut désigner amour et courage. Répondre explique
responsable; *spondere* explique l'un et l'autre. Prudence, prude et prud'homme sont parents; courage et
courroux de même; et choléra ressemble à colère.
Grâce, jugement, droit, juste, ont chacun des sens

merveilleux. On dit les humanités, le peuple, la propriété. Chacune de ces remarques découvre aussitôt
une idée d'importance. Et que sera-ce s'il faut deviner
la pensée d'un auteur vieux de mille ans d'après ces
signes merveilleusement ambigus ? Encore bien mieux
si la pensée s'affirme d'abord par une beauté irrécusa-
ble, immédiatement sentie et en même temps confir-
mée par des siècles d'admiration. Ici se prépare toute
pensée, non seulement de politique et de morale, mais
de physique aussi bien.

Chapitre II

LANGAGE ET POÉSIE

La langue est un instrument à penser. Les esprits
que nous appelons paresseux, somnolents, inertes,
sont vraisemblablement surtout incultes et, en ce sens
qu'ils n'ont qu'un petit nombre de mots et d'expressions; et c'est un trait de vulgarité bien frappant que
l'emploi d'un mot à tout faire. Cette pauvreté est
encore bien riche, comme les bavardages et les querelles le font voir; toutefois la précipitation du débit et
le retour des mêmes mots montrent bien que ce
mécanisme n'est nullement dominé. L'expression « ne
pas savoir ce qu'on dit » prend alors tout son sens. On
observera ce bavardage dans tous les genres d'ivresse
et de délire. Et je ne crois même point qu'il arrive à
l'homme de déraisonner par d'autres causes; l'emportement dans le discours fait de la folie avec des lieux
communs. Aussi est-il vrai que le premier éclair de
pensée, en tout homme, et en tout enfant, est de trouver un sens à ce qu'il dit. Si étrange que cela soit, nous

sommes dominés par la nécessité de parler sans savoir
ce que nous allons dire; et cet état sibyllin est origi-
naire en chacun; l'enfant parle naturellement avant de
penser, et il est compris des autres bien avant qu'il se
comprenne lui-même. Penser c'est donc parler à soi.

Certes c'est un beau moment, comme Comte l'a
remarqué, que celui où l'homme, seul avec lui-même,
se trouve à la fois avocat, et juge; c'est le moment de la
réflexion; c'est même le moment de la conscience; sans
doute ne fait-on paraître le Soi qu'en parlant à soi.
Mais disons que, dans ce bavardage solitaire, il y a une
inquiétude qui va à la manie. D'abord on ne peut
conduire sa parole, car conduire sa parole ce n'est
qu'essayer tout bas et répéter tout haut; de moi à moi
il faut que je me fie à ma parole et que je l'écoute; et la
déception, qui est l'état ordinaire, irrite bientôt. On
saisit ici le prix des maximes, par quoi le mécanisme
participe de la sagesse. Et certainement il y a un
plaisir sans mesure à répéter; c'est se reconnaître et
reprendre le gouvernement de soi; c'est pourquoi les
contes ne plaisent que dans une forme fixée.

Mais, contre ce besoin de reconnaître, il y a dans le
langage comme mécanisme une exigence de changement, qui est biologique et à laquelle la musique, la
poésie et l'éloquence doivent donner satisfaction. Car
il faut que certaines parties se reposent et que d'autres
se détendent après l'inaction. Et, faute d'une mémoire
ornée de belles paroles, le bavard sans culture est jeté
de discours en discours, sans pouvoir même répéter
exactement ce qui offre au passage comme l'éclair
d'une pensée.

Par opposition à cette misère intellectuelle, considérons qu'un beau vers est un merveilleux soutien pour
la réflexion. Car d'un côté comme on ne peut dire
autrement sans manquer au rythme ou à la rime, on

ne peut dériver; on s'arrête, on retrouve et on se retrouve. Mais surtout cet art de chanter sa propre pensée développe toujours dans la phrase rythmée la compensation après l'effort, soit pour les sons, soit pour les articulations, ce qui ramène au repos après un travail équilibré de l'appareil parleur; et l'on se trouve ainsi protégé contre le discours errant, au lieu qu'une phrase mal faite en appelle une autre. C'est pourquoi l'entretien avec soi n'est soutenu comme il faut que par les fortes sentences de la poésie. C'est donc par de telles œuvres que l'enfant commence à penser; il peut alors s'écouter lui-même, et reconnaître sa propre pensée dans l'œuvre humaine; mais le premier effet est esthétique; l'enfant est d'abord retenu ou saisi; ensuite il se reconnaît. Et ces remarques rassurent aussitôt le maître quant au choix des œuvres; car le principal est qu'elles soient belles et pleines de sens; mais il n'est point dans l'ordre que l'enfant les comprenne avant de les retenir. Et certes, il peut y avoir à comprendre dans les improvisations d'un enfant; mais le maître croit trop facilement que ce qui l'intéresse instruit l'enfant aussi; au contraire, dans ce qu'il dit, l'enfant se perd; et c'est une raison décisive lorsqu'on se risque à provoquer des réponses libres, de les faire toujours écrire aussitôt, afin d'interroger de nouveau la réponse elle-même. Le langage commun appelle naturellement *Pensées* les formules que l'on retient et qui s'imposent à la mémoire, donnant ainsi un objet à la réflexion. Et quand je dis qu'un tel appui est nécessaire à l'enfant, je n'entends pas que l'esprit le plus ferme et le plus mûr puisse s'en passer; le défaut le plus commun est d'aller à la dérive, et de tomber d'une idée à l'autre selon les lois mécaniques de la chute. L'égarement est le vrai nom de cet état errant de l'esprit.

Auguste Comte a donc dit une grande chose, lors-qu'il a voulu appeler prière la méditation sur un poème; car c'est interroger l'humain en ce qu'il a de plus éminent; c'est frapper au rocher, comme Moïse, et appeler le miracle; se retrouver soi dans un poème qui date peut-être de mille ans; et tirer la plus profonde richesse, et sans fin, de cet objet immobile. Toute contemplation esthétique a bien ce caractère; mais le beau nom de prière ne convient pas également à toutes; il convient le mieux lorsque je puis, en quelque lieu que ce soit, par une pieuse récitation, produire cet objet secourable. Et celui qui n'a point de culte ni de prière ignorera toujours l'attention vraie. L'attention serait donc toujours attention à un texte et réflexion sur un texte. Sans quoi la difficulté est oubliée. L'Es-prit suppose donc des *Pensées* ou expressions invaria-bles conservées par la mémoire. L'enseignement n'a pas méconnu ces principes; et la religion a fait de la lecture un exercice de méditation; c'est le *Bréviaire*. Toutefois il s'en faut de beaucoup que l'importance des textes inaltérables pour notre salut mental soit toujours assez comprise. Dans tout ce que l'on entend contre la récitation, ces lois de la nature humaine sont gravement méconnues. Il y a une solidité et un sérieux en ceux qui ont lu quotidiennement la *Bible*; et cet avantage balance l'infériorité doctrinale du protestan-tisme comparé au catholicisme. Ceux qui se répètent à eux-mêmes un texte familier jusqu'à ce que le sens éclate sont les véritables penseurs. On sait l'avantage d'une langue morte et de la difficulté de traduire. L'expérience fait voir qu'il n'y a point de culture hors de ces conditions. Toutefois les vraies raisons sont dans le rapport du langage et de la pensée, comme il est assez évident par le présent développement.

Chapitre III

DE LA CONVERSATION

Chacun sait que dans les rencontres de loisir l'échange des idées, si l'on peut ainsi dire, se fait par des formules connues d'avance. L'esprit s'y joue tout au plus dans les mots, comme en des variations, sans autre plaisir que la surprise. Je vois là un reste des anciennes cérémonies, où l'on avait assez de bonheur à confirmer les signes. Tels sont les vrais plaisirs de société. L'esprit en révolte n'y apporterait qu'une guerre stérile. La dispute vive surprend et rend stupide, par la nécessité de suivre l'adversaire sur son terrain. Mais aussi il faut être enfant pour croire que les victoires en discours établissent jamais quelque vérité. L'imagination est déjà assez puissante sur les formes mal définies; et il existe même des sophismes de géométrie qui étonnent un moment. A bien plus forte raison, quand on argumente sans figures, et avec les mots seulement, il n'est rien d'absurde qu'on ne formule, rien de raisonnable qu'on ne puisse contester; car les mots n'ont point d'attaches selon le vrai, et, en revanche, ils ont, comme leur origine le fait assez comprendre, une puissance d'émouvoir qui va toujours au-delà de leur sens, et qui fait preuve pour l'animal, sans qu'il sache seulement de quoi.

Ce n'est pas qu'on puisse toujours laisser l'arène aux bavards, aux emportés, aux charlatans. Mais la discussion arrive tout juste à troubler cette magie des paroles par de sèches et précises questions, encore pleines de pièges pour les autres et pour soi-même. Sans compter que la fatigue termine tout par des

semblants d'accord et une paix pleine de récrimina-
tions à part soi. On peut admirer ici la profonde
sagesse catholique, qui n'a pas voulu que les graves
problèmes fussent livrés à de telles improvisations.
Mais les Sages de la Grèce, et Platon lui-même, étaient
encore à la recherche d'un art de persuader et d'un art
de convaincre, et l'on peut voir dans les immortels
Dialogues le contraste, peut-être cherché, après tout,
entre les discussions mot à mot qui jettent l'esprit
dans le désordre, et les belles invocations, utiles surtout à relire, et qui font de si puissants éclairs. Mais il
faut être bien au-dessus du discours pour lire Platon.
Toujours est-il que bien des hommes, et non des
médiocres, espèrent encore beaucoup d'une discussion serrée, où l'on porte des coups comme ceux-ci :
« de deux choses l'une », ou bien : « je vous mets ici
en contradiction avec vous-même ». Nul n'en est plus
au Bocardo et Baralipton de l'école; mais que de
vaines discussions dans la longue enfance de la sagesse, d'après cette idée séduisante que la contradictoire
d'une fausse est nécessairement vraie, ce qui ferait
qu'en réfutant on prouve! Mais l'univers s'en moque.

Il ne se moque pourtant point de nos angles, ni de
nos triangles égaux ou semblables, ni du cercle, ni de
l'ellipse, ni de la parabole. Ces choses sont élaborées
par dialectique, les choses dont on parle étant d'abord
définies par des paroles et ne pouvant l'être autrement, et puis le penseur se faisant à lui-même toutes
les objections possibles, jusqu'à la conclusion inébran-
lable. Cette puissance de la dialectique mathémati-
cienne a toujours étourdi un peu les penseurs, et
encore plus peut-être lorsque le langage plus abstrait
de l'algèbre sembla s'approcher davantage des secrets
de la nature, au moins de l'astronomique, mécanique
et physique. Et ce livre-ci a pour objet d'éclairer tout à

fait ces difficultés, à savoir d'expliquer ce que peut la logique pure, que l'on devrait appeler rhétorique, et pourquoi la mathématique peut beaucoup plus. « La colombe, dit Kant, pourrait croire qu'elle volerait encore mieux dans le vide. » Tout à fait ainsi le mathématicien, ne pensant plus assez à ce qui reste encore d'objet devant ses yeux et sous ses mains, pourrait bien croire qu'il penserait plus avant encore avec des mots seulement. D'où sont nés ces jeux dialectiques, tour à tour trop estimés et trop méprisés, que l'on appelle théologie, psychologie, magie, gros de vérités, mais vêtus de passions, de façon que toute leur vertu persuasive est attribuée trop souvent à un syllogisme bien fait, ou bien à une réfutation sans réplique.

C'est Aristote, celui des philosophes peut-être qui argumente le moins, c'est Aristote, élève de Platon, qui eut l'idée de mettre en doctrine l'art de discuter, si puissant sans doute sur sa jeunesse. Et des siècles de subtilité n'ont pas ajouté grand-chose à son prodigieux système de tous les arguments possibles mis en forme. Et si on le lisait sans préjugé, on n'y verrait plus cette logique ou science des paroles et en même temps science des raisons, mais plutôt la vraie rhétorique qui traite de ce que le langage tout seul doit à l'entendement. Mais qu'on la nomme comme on voudra. C'est donc comme une grammaire générale qu'il faut maintenant examiner sur quelques exemples, renvoyant le lecteur, pour les détails et le système, à n'importe quel traité de logique. Dès que l'on connaît leur secret, ils sont tous bons.

Note

Il ne manque à ce chapitre qu'un peu plus d'ampleur, afin de découvrir, dans le moindre entretien, toute l'humanité.

C'est qu'on n'estime pas assez les écoles d'éloquence, comme celle des Anglais, qui préparent tout droit aux débats politiques ou notre *Conférence des Avocats*. Je ne crois pas qu'on y apprenne l'éloquence, mais on y apprend quelque chose de bien plus important, le respect du semblable, la retenue dans la victoire, toutes choses qui manquent dans les foires à discours. Quiconque réfute entre dans la pensée de celui qu'il réfute, et se met d'accord avec lui. N'est-ce pas merveilleux? L'homme a donc le pouvoir de comprendre même qu'on ne le comprenne pas. Toute l'Antiquité s'est formée par des discours pleins de politesse, comme on voit dans le *de Natura Deorum* de Cicéron. En Lucrèce, encore plus de hauteur par la puissance de la poésie qui, en effet, use encore plus noblement du langage et conserve plus étroite l'amitié humaine par le nombre et le pas des vers, en sorte que réfuter ainsi, c'est honorer.

Ici se termine l'introduction qui voulait élever le langage à sa dignité, comme éminemment le moyen de penser avec les autres et avec soi. Il faut souhaiter que la conversation retrouve ses lois et ses cérémonies, qu'on peut dire sacrées sans exagérer. Il s'agit à présent d'analyser ces ressorts.

Chapitre IV

DE LA LOGIQUE OU RHÉTORIQUE

Il y a une rhétorique appliquée qui examine si une proposition du langage convient ou non à l'objet; cette rhétorique accompagne toute science. Par exemple, pour contrôler cette proposition : tout juste est heureux, il s'agit d'examiner les mots et les objets. La rhétorique pure, qu'on appelle communément logique, s'occupe seulement de l'équivalence des propositions, ou, si l'on veut, de l'identité du sens sous la diversité des paroles. On peut dire encore qu'elle examine comment on peut tirer d'une ou plusieurs propositions une nouvelle manière de dire, sans considérer les objets, mais d'après les mots seulement. Ainsi de la proposition tout juste est heureux, on peut tirer que quelque heureux est juste, et non pas que tout heureux est juste. Mais de la négative, aucun injuste n'est heureux, on peut tirer qu'aucun heureux n'est injuste.

Afin qu'on ne soit pas tenté de considérer ici les objets, ni d'engager avec soi quelque discussion sur le bonheur ou sur la justice, il est avantageux de représenter les termes par des lettres, ainsi qu'Aristote le faisait déjà. Ainsi, de quelque A est B on tirera que quelque B est A, et de quelque A n'est pas B, on ne tirera rien du tout. On voit ici que l'on pourrait exposer ces conséquences par une espèce d'algèbre comme les logisticiens de nos jours l'ont essayé. Les principes ici rappelés sur des exemples simples pourront servir à juger ces immenses travaux, toujours trop estimés d'après la peine qu'on prend à les suivre.

L'opposition des propositions de mêmes termes donne encore lieu à des remarques simples, mais fort utiles en ce qu'elles nous font saisir le sens des mots tout, quelque, aucun; c'est donc comme une grammaire générale en quelque sorte. S'il est posé que tout A est B est une proposition vraie, la proposition contraire aucun A n'est B est fausse; mais si la première est fausse, la seconde peut être vraie ou fausse. Il n'en est pas de même pour les contradictoires tout A est B, et quelque A n'est pas B; car de ce que l'une est vraie ou fausse, il faut tirer que l'autre est fausse ou vraie.

La conversation use encore de ces manières de dire, où il serait plus utile d'examiner la proposition même que le raisonnement de pure forme par lequel on en fait sortir une autre. Les propositions tirées de l'expérience se présentent plutôt sous la forme qu'on nomme hypothétique, si A est B, est aussi, équivalente d'ailleurs à la première, comme si l'on disait que si un homme est juste, il est heureux. Cette autre manière de dire conduira à une analyse un peu différente. On raisonnera ainsi. Si A est, B est; or A est, donc B est; or B n'est pas, donc A n'est pas, puisque si A est, B est. Et l'on voit que les propositions A n'est pas ou B est ne conduisent à rien; il faudrait avoir ajouté à la première que si A n'est pas, B n'est pas. Les objets n'y font rien; on considère seulement ce qui est dit, et si ce qui est dit enferme ou non telle autre manière de dire.

Pour achever en peu de mots cette esquisse, on peut passer de cette dernière forme aux syllogismes classiques. Au lieu de dire si A est B est, disons : tout ce qui est A est B. Si nous ajoutons la proposition X est A, nous serons amenés à la conclusion X est B; comme aussi de ce que A exclut B, autre forme de si A est B n'est pas, de ce que X est A, nous concluons que X n'est pas B. X, c'est tout, ou quelque, ou un, pourvu que ce soit le même X. Et voilà le syllogisme de la première figure : tout envieux est triste, tout ambitieux est envieux, tout ambitieux est triste. Et si, partant de la même supposition, tout ce qui est A est B, on pose que X n'est pas B, ou si A exclut B, que X est B, on aura la conclusion que X n'est pas A, ce qui est le syllogisme de la seconde figure. Cette méthode d'amener ces deux figures me semble la plus naturelle, sans compter qu'elle les distingue bien du syllogisme de la troisième figure, que j'appelle syllogisme par exemple. Il consiste, celui-là, à conclure, si X, quelque, tout ou un, est à la fois A et B, que A et B se trouvent quelquefois ensemble, ou que, comme on dit, quelque A est B. Pour les modes, qui diffèrent selon tout ou quelque, est ou n'est pas, on travaillera utilement à les retrouver tous, ce qu'on ne fera point sans attention.

Le principe de ces transformations n'est pas difficile à trouver; c'est qu'il faut que l'entendement reconnaisse la même pensée sous deux formes, ou, en d'autres termes, qu'il n'est pas permis de tirer d'une pensée écrite une autre pensée écrite sans avoir égard aux objets. Le célèbre principe d'identité s'offre ainsi de lui-même, dans les études de logique, comme un avertissement au dialecticien qui espérerait augmenter ses connaissances en opérant sur des mots définis seulement. Tel est le prix d'une étude un peu aride, qui, si on la conduit en toute rigueur, montre assez que tout raisonnement sans perception enferme certainement des fautes, s'il avance. Toutes ces fautes, si naturelles, viennent de ce que l'on enrichit peu à peu le sens des mots par la considération des objets, et cela sans le dire et même sans le savoir.

Notes

I. Il se trouve une difficulté préalable dans la logique, c'est que, si l'on a purifié cette notion, ce qui est revenir à la logique d'Aristote, on se trouve alors bien loin de la logique moderne qui n'est autre que la méthode des sciences. On peut se proposer de tracer une série de Logiques, allant de l'abstrait au concret, et qui grouperait d'une façon nouvelle un certain nombre de développements importants. On pourrait distinguer :

1º *La logique d'Aristote*, qui est une sorte de grammaire générale du oui et du non;

2º *La logique transcendantale* qui fait l'inventaire des formes *a priori*, c'est-à-dire l'anatomie de l'entendement;

3º *La logique de Descartes* ou *logique de l'ordre* qui prescrit l'*analyse* (Diviser les difficultés) et la *synthèse* (Conduire par ordre mes pensées);

4º *La logique de Bacon*, ou logique expérimentale, qui

étudie les procédés par lesquels on pénètre dans la connaissance des faits. Les notions qui seraient ici mises en place seraient par exemple la mesure, les instruments, et la méthode des variations qui consiste à imprimer au phénomène des changements quantitatifs. Le principal, ici, serait de décrire l'application des mathématiques à l'expérience, c'est-à-dire la traduction des variations par des fonctions, expression rigoureuse de l'expérience. Les courbes sont des exemples excellents de ce langage sans ambiguïté, qui dit mieux que tout autre les variétés et les liaisons de l'expérience. On trouvera un exemple très clair dans l'expression des progrès d'un dressage quelconque. Un animal dans un labyrinthe apprend à en sortir et fait des fautes que l'on inscrit sur l'ordonnée. Une courbe figure la diminution des fautes. Cette méthode sert aussi à noter les progrès du dactylographe, ou bien la fatigue par l'ampleur mesurée et décroissante d'un effort déterminé (L'Ergographe). Toutes ces inscriptions aboutissent à la *courbe en cloche*, qui est une conquête du langage scientifique. Les fautes décroissent d'abord lentement et ensuite très vite, et enfin très lentement, sans jamais disparaître.

Cette partie de la logique est toute neuve. J'y joindrais au sujet des *tests* les manières de calculer les moyennes. Tout cela est bien la *logique du laboratoire*. Je crois aussi qu'on trouvera par là les problèmes de la *probabilité* qui découvrent ce que donnerait le pur hasard et donc *ce qui n'est point par hasard*. Ce ne sont toujours que des applications de l'art de mesurer.

Enfin le tableau des instruments (de mesure, enregistreurs, multiplicateurs, etc.) serait aussi une partie bien nouvelle de la logique expérimentale. Parmi les instruments on comptera l'atelier et l'usine, où en effet les résultats sont enregistrés (consommation d'un moteur; travail mesuré par l'indicateur de watt, etc.). Il faut se borner à énumérer, car il ne faut pas tomber dans la technologie.

La conclusion est que la logique d'Aristote régit toutes les autres, et qu'en règle la précédente régit les suivantes.

II. Il faut qu'ici le disciple surmonte un peu d'ennui, et arrive à connaître tout le système aristotélicien tel qu'on le trouve partout avec *Barbara, Celarent, Darii, Ferio*, etc. J'ai préparé ci-dessus un chemin facile pour entrer dans ces broussailles sans risquer de s'y perdre. On fera grande attention à la distinction des quatre figures bien plutôt qu'aux règles. Il faudra réfléchir sur les syllogismes comme sur des espèces naturelles :

> Quelque homme est sage,
> Tout sage est heureux,

donc Quelque homme est heureux.

Ce syllogisme doit être redressé car la majeure est la seconde. C'est un Darii. A, c'est l'affirmative universelle, tout sage est heureux.

I, c'est la particulière affirmative.

Il s'agit de réfléchir longtemps à cette structure, de bien savoir ce que signifie « tout homme... » « tout sage... ».

Il faut étudier de très près les raisonnements sur les opposées et bien distinguer les contraires. Tout homme est ambitieux.

Nul homme n'est ambitieux.

Les subcontraires :

> Quelque homme est ambitieux,
> Quelque homme n'est pas ambitieux.

Bien regarder aux contradictoires :

> Tout homme est ambitieux,
> Quelque homme n'est pas ambitieux

et bien comprendre comment, de la fausseté de l'une, il faut conclure la vérité de l'autre. Par exemple, s'il est faux que :

> Quelque homme n'est pas ambitieux,

il est donc vrai que

> Tout homme est ambitieux.

Et si cette proposition est fausse il faut donc que l'autre soit vraie. Car, s'il est faux que tout homme est ambitieux, il faut alors qu'il y ait quelque homme qui ne soit pas ambitieux, et aussi examiner les subalternes :

> Tout homme est ambitieux
> Quelque homme est ambitieux.

Si la première est vraie, la seconde est vraie *a fortiori*.

Mais si la seconde est vraie, l'autre peut être vraie ou fausse.

J'insiste beaucoup afin d'éveiller la curiosité. Je tiens que ces études sont une bonne école de l'attention, et qu'en les continuant de longues années on finira par faire des découvertes dans cette transparence des discours qui représente l'esprit.

Chapitre V

COMMENTAIRES

Il est à propos ici d'aller chasser dans les broussailles de l'école. Un terme comme végétal s'entend de deux manières; ou comme désignant un nombre d'êtres auxquels il convient, c'est-à-dire une collection, il est alors pris en extension; ou comme attaché à une définition, par exemple que le végétal est un vivant qui se reproduit par germes et qui fixe par chlorophylle le carbone atmosphérique; il est pris alors en compréhension. L'étrange est qu'on peut lire un syllogisme selon un système ou l'autre. En extension, si aucun des envieux qu'on a pu observer n'est au nombre des heureux, et si tous les vaniteux font voir qu'ils sont parmi les envieux, il faut conclure qu'aucun vaniteux n'est au nombre des heureux. Cela se représente bien par des cercles inclus les uns dans les autres, ou extérieurs les uns aux autres, la collection des envieux comprenant toute celle des vaniteux, et les tenant hors du cercle des heureux. En compréhension, c'est tout autre chose. Si, de la définition du triangle isocèle, il résulte nécessairement qu'il a deux angles égaux et si tout triangle au centre d'un cercle est nécessairement isocèle, il en résulte que tout triangle tel a nécessairement deux angles égaux. Ou encore si heureux est un attribut du sage, toujours et nécessairement, et si sage peut être un attribut de l'homme, il en résulte qu'heureux peut l'être aussi. On peut tracer des cercles pour figurer ces rapports, mais groupés tout à fait autrement comme on voit sans peine, car c'est alors une définition qui enferme ou exclut un caractère; et le

quelque et le tout sont remplacés par le possible et le
nécessaire. Lus d'une manière où d'une autre, les
syllogismes vont du même train. Comme ce sont là
deux manières de penser aussi distinctes que la vulgaire et la méthodique, l'une tirant sa preuve d'un
nombre d'exemples, et l'autre d'une idée, c'est un
signe de plus que la logique ou rhétorique ne touche
ni aux choses ni à la recherche, mais concerne la
manière de dire seulement.

Les trois figures du syllogisme conduisent dans les
mêmes chemins, si on les compare entre elles. Car les
deux premières, puisqu'elles développent deux hypo-
thétiques jointes, conviennent à l'expression des preuves théoriques. La troisième figure est tout à fait autre,
puisqu'elle prouve toujours par l'exemple; aussi peut-
on remarquer que sa conclusion n'est jamais universelle. Mais comme on peut lire les unes et les autres en
compréhension ou en extension, cela fait voir que la
logique n'enferme pas les méthodes, mais en offre tout
au plus quelque reflet. C'est ainsi que, dans la troisième, le sujet, ou la chose, est moyen terme, et
disparaît dans la conclusion, ce qui fait voir que la
pensée vulgaire, surtout frappée par l'accumulation
des exemples, aboutit à des formules au lieu de saisir
l'être individuel; au lieu que, dans les deux premières,
le sujet, c'est-à-dire la chose, est réellement sujet de la
conclusion; c'est tel triangle qui a deux angles égaux,
et ces deux-là, mais nécessairement, par d'autres
caractères qu'on y a d'abord reconnus. Et, s'il s'agit
d'un champ, on dira encore, précautions prises : autant
que ce champ est triangle isocèle, autant il a deux
angles égaux, et les erreurs sont liées par là. Ainsi la
vraie science saisit les choses de la nature par approxi-
mation, c'est-à-dire en limitant les erreurs en quantité,
au lieu que la vulgaire, à force d'expériences, parvient

à une espèce de probabilité. On donne souvent le nom d'induction à cette preuve par accumulation; on ne considère pas assez que, dans les recherches méthodiques, une seule expérience fait preuve, dès que la théorie l'encadre d'assez près; et si on répète alors l'expérience, c'est plutôt pour la mieux percevoir que pour fortifier la preuve. Maintenant, pour poser seulement un jalon dans un fourré presque inextricable et où je n'entrerai pas plus avant, j'avertis qu'il y a une probabilité aveugle, qui compte les succès sans soupçonner seulement les causes, et une probabilité clairvoyante, dont les résultats sont dus à un système mécanique clos, comme un jeu de cartes, ou deux dés et un gobelet, ou une roulette. Je m'excuse d'avoir parlé ici un peu de tout; c'est le défaut des Commentaires.

Chapitre VI

DE LA GÉOMÉTRIE

La géométrie est un inventaire des formes, en vue de déterminer des relations de distance et de grandeur entre les objets de l'expérience. Sa loi est de compliquer progressivement les formes en partant des plus simples; son succès est tel qu'il n'est point de problème géométrique qui ne se puisse résoudre par des triangles égaux ou semblables, le triangle étant la plus simple des figures terminées, comme la droite est la plus simple des lignes, et qu'il n'est point de courbe qui ne s'inscrive toute sur trois axes rectilignes. Ce sont d'abord le point et la droite, à la fois distance et direction; et puis la distinction de deux mouvements, le mouvement le long d'une droite et la rotation de la droite autour d'un point fixé, d'où sortent l'angle et le cercle, qui ne font qu'un. En partant de là se développent deux ordres de recherches : l'un, des figures planes et des rapports des lignes aux surfaces et enfin aux volumes; l'autre, des angles et de leur rapport à des droites convenablement choisies comme sinus et tangente. La dernière conquête est celle des courbes, dont les coniques sont les principales.

C'est un préjugé assez ancien que la connaissance a sa fin en elle-même; et l'enseignement, par un effet peut-être inévitable, donnerait à la géométrie l'apparence d'une science qui ne cherche rien hors de ses figures. Il faut donc répéter que la connaissance n'a d'autre objet que les choses mêmes, en vue de prévoir les mouvements que nous avons à faire pour nous procurer certaines impressions et en écarter d'autres. Ainsi la géométrie a pour fin l'orientation, l'arpentage et le cubage, applications qui couvrent le domaine entier des sciences. Et l'artifice principal que nous y employons, comme Comte l'a fait remarquer, c'est de mesurer le moins de lignes qu'il se peut et le plus possible d'angles, ce qui jette dans de grands calculs. De toute façon, il s'agit d'enfermer les choses dans un réseau de droites et de courbes approchant de la forme réelle, laquelle n'est d'ailleurs forme que par ce réseau même, comme le lecteur l'a déjà assez compris.

Par ces remarques, il est possible d'aborder, sans obstacles artificiels, le problème maintenant classique des postulats. On sait, d'après la logique même, que les raisonnements géométriques n'iraient pas loin, si quelque nouvelle donnée, en forme de proposition non ambiguë, ne leur était fournie. Et c'est toujours quelque figure nouvelle, obtenue par combinaison des anciennes et définie en même temps dans le langage, ce qui fait déjà assez voir que la géométrie ne se passe pas d'objets. Mais les auteurs reconnaissent encore des postulats ou demandes, sans lesquels on ne pourrait aller plus avant. Une suffisante étude de la perception permet de montrer que ces postulats sont des définitions encore. Il faut seulement bien distinguer les objets imaginaires, tracés sur le papier, des formes de l'esprit qui en sont comme le vrai, et desquelles traite le vrai géomètre. Ainsi la droite est définie au mieux par le mouvement d'un point constamment dirigé vers un autre; la droite est ainsi la direction même; mais les auteurs veulent que la plus courte distance, essentielle aussi à la droite, soit demandée ou postulée. Considérons pourtant ce que c'est que la direction; c'est d'abord un rapport immédiat entre nous et une chose inaccessible; c'est une anticipation. Qu'il n'y en ait qu'une entre deux points, cela résulte de la définition même, si on ne se laisse point tromper par l'imagination ni par une grossière figure; car, pour en distinguer deux, il faudrait avoir égard à deux points intermédiaires au moins, ce qui va contre la définition, puisque le rapport est entre deux points seulement. Deux droites qui passent par les deux mêmes points n'en font qu'une quant à l'idée; il ne s'agit donc que de ne point confondre l'idée avec le tracé. Quand on ajoute que la droite est le plus court chemin d'un point à l'autre, peut-être s'exprime-t-on mal. Car il y a autant de chemins qu'on veut dans le monde; mais, d'un point à un autre point, sans rien considérer d'autre, il n'y a qu'une distance, comme il n'y a qu'une droite. La droite entre deux points est la distance même entre deux points et cette distance ne peut devenir plus courte que par mouvement du point, toujours selon la même direction; ou encore, une distance plus courte déterminerait un point plus rapproché sur la même ligne. Ces diverses distances ne sont jamais comparées que sur la même droite; et ainsi, si une autre distance était trouvée plus courte, cela voudrait dire, et cela ne peut avoir d'autre sens, qu'elle ne joindrait pas un des points à l'autre.

Mais faisons bien attention aussi que cette propriété de la droite, comme la droite même, ne peut être pensée sans expérience. S'il n'y a point d'objet, c'est-à-dire de diversité sensible, la droite n'est plus rien. Aussi le géomètre se donne-t-il la diversité suffisante, et la moins trompeuse, en distinguant les points par des signes de convention seulement. Et le point lui-même est une chose seulement distincte d'une autre par la distance; à quoi une grosse tache conviendra aussi bien qu'une petite, pourvu qu'on ne fasse pas attention à leur grosseur ni à leur forme; si l'on y faisait attention, on aurait en chacun d'eux plusieurs objets, non un seul. C'est ainsi que le géomètre, par la volonté, maintient le sens non ambigu de ses termes, et lutte contre les apparences.

Comme la droite unique définit la distance, ainsi la parallèle unique définit la rotation. Si les droites étaient des choses à rechercher dans le monde, on pourrait bien se demander s'il n'y a qu'une parallèle à une droite par un point donné; mais les droites sont posées et maintenues. Faites tourner une droite autour d'un point; elle fait avec une autre tous les angles possibles, y compris l'angle nul. Pourquoi veut-on qu'un angle nul détermine moins une position de la droite que ne fait un angle d'un demi-droit par exemple? A quoi l'on dira que l'angle d'un demi-droit détermine deux droites. Oui, deux pour l'imagination grossière, non pas deux si l'on compte les angles dans un sens convenu, comme il faut le faire dès que l'on veut décrire les quantités de la rotation sans ambiguïté aucune. Et pourquoi veut-on alors qu'il y ait plusieurs droites d'angle nul? J'entends, vous ne savez plus ce qui se passe à droite et à gauche quand l'angle devient nul : et c'est plus loin que tous vos voyages. Mais il ne s'agit pas de voyages; il ne s'y passe rien que selon ce que vous avez dit. Ne confondez pas le tracé et l'idée. Au reste, rien n'empêche de dire qu'il y a plusieurs parallèles et on l'a tenté, sans trouver ensuite la moindre contradiction dans cette géométrie contre Euclide. Et je le crois bien; il n'y a de contradictions dans le discours que celles qu'on y met. Les choses ne disent rien et ne contredisent rien. Et, du reste, autant que cette géométrie trouvera des objets à saisir, elle est bonne. Sinon ce n'est qu'un jeu.

Notes

I. Ce chapitre consiste en des subtilités qui ne peuvent point former l'esprit; c'est que les *postulats* furent une chose de mode. Ce qu'il y a de mieux à dire sur la géométrie, c'est l'invention même des lignes, qui se fit sans doute par le jardinage. Il n'y a point de lignes dans la nature. Une ligne représente une action; par exemple un sillon est une ligne qui garde la trace du labourage; le cordeau du jardinier règle l'action de planter ou de bêcher. Un geste indique une direction, et la ligne est un geste fixé. La ligne est un projet qui n'indique jamais que la direction d'une action. La ligne n'a donc que la longueur, et, quant à l'épaisseur ou à la largeur, on ne les considère point. La ligne est l'élément du dessin, et agit par l'élan et la légèreté, ce qui fait comprendre qu'un dessin par simples lignes peut être très expressif. L'invention proprement géométrique, c'est la ligne droite, qui ne vise qu'un point. La ligne droite ne s'occupe pas des obstacles ni des moyens; par exemple elle achève d'abord le mouvement; elle porte la marque de l'action et de la pensée. A vrai dire, la ligne ne peut s'arrêter à tous les détails, elle avance, elle est droite en ses parties. Comment on l'a découverte? Il y a bien des métiers où l'on se sert de la droite; le menuisier en trace une pour guider la scie. Le fil à plomb du maçon décrit une ligne verticale qui fut le guide des premières constructions; le jardinier plante par lignes; ainsi le plan ou projet est une chose naturelle qui figure d'avance un jardinage, une construction; un chemin est d'abord une ligne. Quant aux courbes, elles sont la trace des rotations, c'est-à-dire des changements de direction. Les géomètres distinguèrent, dans tous les transports possibles, le transport figuré par une ligne droite et le transport de la droite dont le résultat est un angle. Quand une droite a été transportée, si aucun angle n'est changé, on dit que la droite transportée est parallèle à sa première direction; on voit naître ici la géométrie comme un art de tracer des plans bien clairs. Les découvertes les plus étonnantes de cet art furent sans doute le parallélisme des verticales, c'est-à-dire les perpendiculaires et l'angle droit. Je veux expliquer seulement par là en quel sens la géométrie est une des sciences naturelles. Ce qui est géométrique, c'est la ligne sans corps, c'est-à-dire droite, qui à la fin ne compte plus que deux points et les joint hardiment comme on fait un pas; cela veut dire que la géométrie fut d'abord ce qu'indique son nom, c'est-à-dire une mesure de la terre. La chaîne d'arpenteur figure une droite et comment toutes les lignes sont faites de telles droites. La direction constante fut d'abord indiquée par le fil à plomb, et bien plus tard par la boussole, ou bien par l'attention de l'homme qui marche et qui ne regarde que le but. Il est moins important de savoir que la géométrie a été inventée que de comprendre qu'elle l'a été par l'action, par les partages, par les constructions, par les murs. Quant à l'angle, qui, selon la remarque de Comte, est bien plus facile à mesurer qu'une longueur, l'invention de l'équerre fut de première importance et vint après l'invention de la règle qui compte aussi parmi les découvertes décisives. La règle est le moyen de tracer une droite; l'équerre est le moyen de tracer une perpendiculaire, et même combinée avec la règle, des parallèles, comme on l'apprend dès les premières leçons de dessin. La règle sert aussi à orienter l'écriture. Et l'écriture est la partie durable du langage. Ce fut sans doute un alignement de dessins.

II. L'intuitif s'oppose au discursif. Et l'espace est une occasion d'illustrer cette opposition. Car chacun conviendra que l'on voit (*intueri*) l'espace; et ces propriétés sont souvent dites évidentes; par exemple un triangle a trois côtés. Toutefois le géomètre se défie toujours de l'intuition. Par exemple il est évident qu'une courbe qui se rapproche sans cesse d'une droite finit par la toucher (*asymptote*); néanmoins on prouve que cela n'est pas par une suite de raisonnements subtils. Exactement, la courbe, qui représente les carrés des nombres plus petits que l'unité, ne peut jamais toucher l'axe, quoiqu'elle s'en rapproche toujours. Ces exercices sont difficiles justement parce que nous nous fions à l'intuition, qui est l'évidence sensible, au lieu de rechercher l'évidence de l'entendement, qui, elle, *est faite* par le raisonnement (discursif). De même on résiste à la géométrie non euclidienne, parce que l'on se refuse à un quadrilatère qui a deux angles droits. Toutefois le raisonnement est correct. Ces paradoxes ne doivent point occuper trop l'esprit. C'est une partie de la philosophie de juger si on doit passer son temps à de telles discussions. L'entendement procède par combinaisons, parmi lesquelles il y en a qui n'ont point d'objet dans le monde. C'est un principe de la raison que l'entendement ne se justifie qu'autant qu'il saisit quelque chose.

Chapitre VII

DE LA MÉCANIQUE

Il faut dire quelque chose de la mécanique, que l'on considère communément comme la première application de la géométrie à l'expérience. On oublie en cela que la géométrie et même l'algèbre, comme aussi l'arithmétique, et comme toutes les sciences, sont des sciences de la nature. Mais pour la mécanique, c'est encore plus évident. C'est pourquoi il faut montrer ici encore cette même méthode de reconstruction en partant des simples. Je considérerai des exemples connus, mais bien frappants. Je lance une pierre en l'air verticalement; elle retombe selon la même ligne; il ne s'agit que de décrire correctement ce qui s'est passé. Et voici ce que c'est, selon la pure mécanique; je négligerai seulement la résistance de l'air, afin que mon exemple ne soit pas surchargé. Premièrement j'ai communiqué à la pierre un mouvement vers le haut d'une certaine vitesse, soit vingt mètres par seconde. Par l'inertie, qui est négation de force simplement, cette pierre ira tout droit sans fin, toujours avec cette vitesse. Bon. Mais tous les corps tombent; ce mouvement de la pierre n'empêche point qu'elle tombe, ainsi que tout corps libre au voisinage de la terre. Elle tombe, cela veut dire qu'elle parcourt verticalement d'un mouvement accéléré près de cinq mètres dans la première seconde; ainsi en même temps elle a monté de vingt mètres et elle est descendue de cinq; la voilà à quinze mètres en l'air. A la fin de la deuxième seconde, toujours courant, elle serait à trente-cinq mètres, car elle a toujours sa vitesse de vingt mètres; oui, mais en même temps elle a tombé, pendant cette deuxième seconde, de quinze mètres environ. Au total, la voilà à vingt mètres en l'air seulement. Suivez cette analyse, vous verrez la pierre redescendre et rencontrer enfin le sol, ce qui met fin à son mouvement. J'ai analysé ce cas si simple avec rigueur et paradoxalement, comme il le faudrait absolument pour d'autres exemples, afin de faire apparaître le principe de la composition des mouvements, dont on voit clairement que ce n'est pas l'expérience qui le suggère, mais au contraire qu'il fait passer les apparences à l'état d'expérience ou d'objet. Et l'on voit bien aussi que si la résistance de l'air a été négligée, il serait aisé de l'introduire comme une force accélératrice, si je puis me permettre ce pléonasme, mais dirigée en sens inverse du mouvement. Le mouvement d'un obus s'analyse de même; le mouvement d'une planète, de même.

Je veux rappeler ici encore un bel exemple de cette composition des mouvements, dû à Descartes, et livré depuis aux critiques des hommes du métier, ce qui fait voir que science et réflexion sont deux choses. Descartes, donc, analyse le mouvement d'une bille supposée élastique et qui rencontre un plan dur; je laisse ces définitions. Il examine d'abord le cas le plus simple, où la balle tombe normalement sur le plan; elle rebondit selon la même route, car, par les définitions, tout est identique autour de la normale. Mais voici l'analyse audacieuse. Je lance la balle obliquement; il me plaît de considérer ce mouvement comme résultant de deux autres que ferait la bille en même temps, l'un normal au plan, et l'autre parallèle au plan. Le premier est renvoyé normalement, le second se continue sans obstacle, ce qui donne, par une construction simple, l'égalité de l'angle de réflexion à l'angle d'incidence. Rien n'éclaire mieux que la peur des esprits faibles devant cette hardie décomposition. Ils n'ont pas vu ce que c'est que plan, et qu'une rencontre oblique n'est rien, le plan ne définissant que la direction normale à lui. Ainsi cette analyse ne fait que maintenir l'idée, en rejetant les preuves d'imagination que donne le jeu de billard. Telle est la sévérité du jugement, sans laquelle il n'y a point de chemin véritable vers la haute analyse, où l'esprit ordonne lui-même tous ses objets.

L'idée de travail est encore une de ces idées simples, et qui a illuminé la mécanique moderne sans qu'on sache au juste quel est le Thalès observateur à qui elle s'est montrée dans sa pureté. Un seau d'eau est élevé d'un mètre, voilà un travail; deux seaux d'eau sont élevés d'un mètre, voilà un travail double qui a à vaincre un poids double. Mais j'élève un seau d'eau de deux mètres; voilà encore un travail double. D'où l'idée que, d'après cette unité de travail, un seau d'eau élevé d'un mètre, le travail pour dix seaux, élevés de quinze mètres, s'obtiendra en multipliant le poids ou la force par la longueur. Et si tous ces seaux retombent sans obstacle, leur choc au sol se mesurera par ce travail même, qui s'appellera alors force vive. Mais voici des applications bien plus étonnantes. En général, lorsque l'on met un corps solide en mouvement, toutes ses parties vont du même train; ce n'est que translation. Mais dès qu'un des points du corps est fixé, on peut obtenir une rotation, dans laquelle il est clair que toutes les parties ne font pas le même chemin dans le même temps. Ainsi sont les leviers et les roues. Les poulies montées en moufle donnent aussi un mouvement plus rapide de certaines parties; et la presse hydraulique aussi. Décidant que ces arrangements, qu'on appelle machines, ne peuvent rendre d'autre travail que celui qu'on dépense à les mouvoir, on écrit dans tous les cas $FL = F'L'$, d'où il suit que les forces sont entre elles inversement comme les chemins parcourus. Ainsi je saisis d'un coup la puissance d'une grue à engrenages, ou hydraulique, sans regarder seulement comment le mouvement se communique. Mais j'avoue qu'une analyse, dans chaque cas, des poulies, des engrenages qui sont leviers, ou des pressions, éclaire mieux l'esprit que cette opération presque machinale. Et cet exemple nous conduit à l'algèbre, étonnante machine à raisonner.

Chapitre VIII

DE L'ARITHMÉTIQUE
ET DE L'ALGÈBRE

Pour les fins que l'on se propose ici, il n'est pas nécessaire de séparer ces deux sciences, ni d'en décrire l'étendue et les profondeurs. Il faut seulement les considérer comme sciences des choses encore, et rechercher toujours dans un objet bien perçu la source de ces combinaisons transformables dont les réponses sont souvent aussi étonnantes pour le calculateur lui-même que les merveilles de la nature. Réellement, il ne s'agit ici que d'expériences sur les nombres, expériences impossibles dans la perception commune.

Une multitude accable bientôt l'esprit, si elle n'est pas rangée; et tout rangement est géométrique. Distribuer une boule de pain à chacun des hommes d'un bataillon, c'est déjà compter, mais machinalement. Vérifier en rangeant les hommes, et les boules de pain devant eux, c'est déjà penser le rapport d'égalité. Mais l'industrie la plus simple impose des groupements qui sont de meilleurs objets pour l'observateur. Le jardinage conduit à des distances selon une règle et à des alignements où l'entendement peut lire les lois des produits de deux facteurs. Les boîtes où l'on range d'autres boîtes et les piles de boulets conduisent plus loin. Il ne faut pas mépriser le boulier compteur et les jeux de cubes. L'entendement trouve ici le rapport de nombre à l'état de pureté, autant qu'il perçoit bien la chose. Par exemple, concevoir qu'une arête de cube doublée entraîne huit fois le premier petit cube, c'est reconnaître l'équivalence numérique entre une suite de cubes alignés et un empilement formant lui-même un cube. Ceux qui craignent de faire sortir une science si étendue de si petits commencements n'ont pas bien saisi l'œuvre de l'entendement dans la perception des objets. Il n'y a pas plus de confusion dans le ciel perçu par un petit pâtre que dans ce cube fait de cubes perçu par un enfant qui n'a pas encore fait trois et un avec deux fois deux.

Il se fait naturellement une vigoureuse réaction des algébristes contre ces vues trop simples, et un effort pour démontrer ces premières propositions sans aucune représentation d'objet. Ce qui n'a de succès que parce qu'on oublie que les chiffres, les lettres et les signes sont aussi des objets distribués, rangés et transposés par la plume. Et toute la puissance de l'algèbre vient justement de ce qu'elle remplace la considération des choses mêmes par le maniement de ces symboles, dont la disposition finale, traduite en langage commun, donne enfin une solution, bien plus pénible et souvent impossible par une méthode plus naturelle. Une problème scolaire d'arithmétique, traité par l'algèbre, donnera assez l'idée de cette machine à calculer, qui réduit le travail de l'entendement à reconnaître la disposition des symboles sur le papier, et à ne le point changer témérairement, par exemple à changer le signe, s'il transporte un terme d'un membre à l'autre.

J'invite ici le lecteur à retrouver ces rapports si simples, et gros de tant de combinaisons, dans le développement de la formule bien connue dite binôme de Newton. Il y verra, notamment, comment l'on calcule les combinaisons et permutations toujours par des groupements simples, qui font voir que, par rapport aux symboles juxtaposés $a\ b$, il y a trois places pour le symbole *c* et seulement trois. Mais surtout, quand il aura formé un certain nombre des termes de la somme *a* + *b* multipliée plusieurs fois par elle-même, il verra apparaître des lois de succession des exposants et une symétrie des coefficients qui lui feront entrevoir la fonction de l'objet comme tel dans l'expérience apprêtée de l'algébriste. Les déterminants offriraient un exemple peut-être plus frappant encore de ce retour des naïves figures propres à vérifier les comptes. Mais ces rapports sont partout dans l'algèbre, et bien frappants dès qu'on est averti. Comme les courbes géométriques peuvent représenter des rapports physiques jusqu'à en proposer souvent des conséquences non encore essayées, ainsi l'algèbre peut représenter la géométrie et toutes choses, mais par des rapports de même espèce, quoique plus simples et plus lisibles, qui sont des rapports d'objets artificiels groupés et rangés par la plume, et dans lesquels éclatent aussi des surprises et des orages.

Note

Je crois utile de parler ici des nombres, qui forment une des plus belles inventions de l'esprit. Les amas ne sont point des nombres, car il reste à les compter. L'opération de compter consiste à épuiser un amas par des mouvements comparés à ceux qui épuisent un amas connu. Ensuite le langage des nombres permet de compter directement les actions; mais l'idée d'égalité dans les nombres semble dépendre d'une correspondance entre les objets alignés et comptés; par exemple, autant de soldats, autant de boules de pain, etc. On découvrit des axiomes, par exemple que deux nombres égaux à un troisième sont égaux entre eux, et bien d'autres principes concernant le plus grand et le plus petit. Les avares furent naturellement artistes en cet art de compter et de ranger. Les grands comptes se font alors par rangements, comme on faisait en empilant les pièces d'or;

alors fut découverte la multiplication qui est une méthode
abrégée de compter des pièces empilées et rangées, ce qui est
le commencement du calcul. Quand on eut nommé la suite
des nombres, on fit alors de grandes découvertes dans cet
objet nouveau, par exemple que la somme des deux nombres
est toujours un des nombres de la série. Ainsi considérée, la
proposition deux et deux font quatre est étonnante et neuve
chaque fois qu'on la découvre; car deux et deux pourraient
bien faire un nombre qui ne serait pas dans la suite des
nombres. Ce qui importe à comprendre, c'est que les découvertes dans ce genre furent faites par les comptables, qui
alignaient les signes, comptaient les rangées, et inventaient
les manières rapides de vérifier les comptes. J'ai pu voir et on
verra sans doute encore un garçon de caisse peser les piles
de pièces d'or au lieu de compter les pièces. La grande
densité de l'or permet une telle vérification. La numération
est un exemple de langue bien faite, et qui propose des
grandeurs sans fin d'où des problèmes métaphysiques, par
exemple, y a-t-il un nombre infini? Cela semble impliquer
contradiction, car tout nombre compté est fini; on peut
l'augmenter et le diminuer et même l'épuiser par l'opération
de retirer une pièce et puis une autre. La règle du sage est de
ne jamais penser l'infini et le fini sans penser aux nombres et
à la numération, hors desquels ces expressions n'ont plus de
sens. La science des nombres forme comme le ciel des
sciences, où s'élaborent les méthodes et les combinaisons.
Tirer une droite, compter un nombre sont des méthodes de
construction qui forment l'esprit.

Chapitre IX

DE LA VAINE DIALECTIQUE

La mathématique a toujours inspiré à l'esprit
humain de grandes espérances. Puisqu'il était évident
que l'on pouvait, par des raisonnements, devancer
l'expérience, et même découvrir des rapports de nombre très certains, comme entre les grandeurs dites

incommensurables, et que l'expérience est hors d'état de jamais vérifier, il l'était aussi que le pouvoir de penser s'étend bien au-delà de ce que les sens perçoivent. Il s'ajoutait à cela que la vraie philosophie arrivait toujours, et non sans raisons assez fortes, à nous mettre en garde contre les sens et à en appeler de leurs décisions à quelque autre juge. Aussi que la matière, toujours réduite à un mécanisme abstrait ainsi qu'on l'a vu, était bien incapable de se juger et de se comprendre elle-même. Enfin les recherches de l'ordre moral, sur une justice, une franchise, une amitié que nul n'a jamais rencontrées dans l'expérience, semblent pourtant contenir quelque chose de plus respectable et de plus solide que la sagesse des proverbes, toujours attentive aux conséquences. Voilà plus d'une raison de ne point mépriser d'avance les raisonnements abstraits. Mais il y a quelque chose de plus dans l'apparence logique, qui fait qu'elle est aimée sans mesure.

Sans entrer encore dans l'étude des passions, on peut comprendre que l'expérience naïve est très loin de ressembler à l'expérience purifiée. Les rêves, qui laissent des souvenirs si frappants, et complétés encore par les récits qu'on en fait, qui nous représentent des voyages où le corps n'a point de part, des résurrections, des apparitions, sans compter les présages que les passions vérifient si souvent, devaient donner et ont donné en effet aux hommes l'idée d'un monde désordonné, sur qui les désirs et les prières avaient plus de puissance que les outils et les machines simples. Et, comme la persuasion et même la simple affirmation ont grande prise sur les humeurs et la fantaisie, comme aussi les prédictions sur la destinée, les accords et les oppositions de paroles ont toujours su émouvoir. La consonance même, qui fait si bien empreinte, semble encore répondre à notre attente et terminer nos doutes. Disons aussi que le rythme et le chant, surtout en commun, nous éveillent beaucoup plus profondément que le sens ordinaire des paroles ne le voudrait. D'où vient que la poésie et l'éloquence soutiennent si bien les preuves. Mais le jeu de mots, la réponse imprévue et attendue en un sens, ce que l'on appelle enfin l'esprit et le trait, comptent encore beaucoup dans les discussions les plus serrées, et bien plus même qu'on n'ose l'avouer. Que dire alors de ces éclairs de logique, de ces formes entrevues, de ces imitations et symétries, premières parures de toutes les religions, premières esquisses de toute théologie? Tout s'unit ici, le jugement et les passions, pour chercher avidement un sens à cette musique plus subtile, dont les sophistes dans Platon nous donnent assez bien l'idée. Et le style plus sévère en garde quelque chose, plus émouvant par la surprise. Oui, plus la forme est nue, plus ces rapports de mots sont frappants.

Le portrait d'un homme lui ressemble; si vous frappez le portrait vous blessez l'homme, par cette ressemblance. L'épée du roi est la reine des épées. Ce n'est pas au hasard que Goethe fait dire à Méphisto-phélès : « Vin vient de raisin, raisin vient de vigne, vigne est bois; le bois peut donner le vin. » C'est le thème de toutes les incantations. Les croyances de coutume sont plutôt animales; ce qui est humain c'est la preuve parlée. Toutes ces étranges superstitions des primitifs, si amplement étudiées, ressemblent plutôt à la théologie abstraite et déductive qu'à des inductions précipitées. Toute magie est une dialectique. Il ne faut donc pas s'étonner si toute dialectique est magie encore. Je lisais hier ce vieil argument, pour les peines éternelles, que Dieu étant infini, l'offense l'est aussi, et

que donc la peine doit être infinie. Ce trait a terminé
plus d'une discussion; ce n'est pourtant qu'un jeu de
mots. En suivant cette idée, si l'on peut dire, on trouve
qu'il fallait le supplice d'un Dieu pour racheter nos
péchés. Ce sont de naïves équations. Quoi que vaille
l'idée, voilà une plaisante preuve. Mais ces preuves
plaisent. Le talion était fondé sur plus d'une raison,
mais il plaisait d'abord par la ressemblance du crime
et de la peine, et aussi par le retour des sons. Raisonner est souvent comme rimer.

Qu'on mesure d'après cela la puissance de raisonnements bien mieux conduits qui, sous les titres de
métaphysique ou de théologie, font comparaître les
mots les plus riches, les plus émouvants, les plus
ambigus de tous. Contre quoi une étude exacte de la
logique pure, et une réflexion attentive sur les preuves
du mathématicien est la meilleure précaution. Car,
pour trouver le faible d'un argument un peu subtil, il
faut d'abord n'être pas pressé, formons plutôt un
préjugé raisonnable contre tous les arguments. Mais il
n'est pas inutile pourtant d'en examiner quelques-uns,
en vue de vérifier les principes.

Note

Les antinomies, qui sont un point de la doctrine kantienne,
obscur et disputé, sont des exemples de vaine dialectique. Ce
sont des contradictions inévitables qui résultent de combinaisons sans objet. Comme j'ai dit souvent, on échappe à ces
pièges en s'imposant de penser un objet. Exemple : on
prouve, par la chaîne des causes, qu'il n'y a point de cause
première, justement d'après le principe de causalité. Mais on
prouve aussi qu'il y a une cause première sans quoi aucune
suite de causes ne serait suffisante; et la cause première,
comme j'ai dit ailleurs, est ou bien Dieu, ou bien une cause
libre, c'est-à-dire une volonté. Pourquoi tel état des choses

maintenant? Nécessairement cela suppose un autre état
antérieur très voisin; telle est la cause seconde. Ce raisonnement semble sans fin; s'il est sans fin, cela revient à dire qu'il
n'y a pas de cause suffisante de cet état des choses maintenant. La nature ainsi va s'évanouir; notre fonction est de la
maintenir en acceptant les conditions nécessaires de cette
existence. Comme je disais, il y a deux solutions : Dieu et une
volonté, c'est-à-dire Dieu et l'âme, et Leibniz en sa *Monadolo-
gie* a brillamment prouvé qu'il n'y a que des âmes. Il faut
penser attentivement à ces rêveries, surtout afin de ne pas
prendre comme suffisantes les négations de ce que l'on
nomme le matérialisme qui est, lui aussi, fondé en raison. (Le
mécanisme est un être de raison.) Et voilà une autre forme de
notre antinomie; car ces jeux dialectiques reviennent dans
nos pensées; ce sont des avertissements qui nous ramènent à
l'expérience. Un esprit équilibré se meut entre l'expérience et
la dialectique, avec le souci de faire tenir l'une avec l'autre.

Chapitre X

EXAMEN
DE QUELQUES RAISONNEMENTS
MÉTAPHYSIQUES

J'ai trouvé dans Hume, qui l'a pris de quelque
théologien, un beau raisonnement sur les causes. Il
s'agit de prouver que tout a une cause; et voici
comment raisonne le théologien. Supposons qu'un
être existe, qui n'ait point de cause; il viendrait donc
du néant; et le néant, qui n'est rien, ne peut rien
produire. Mais, dit Hume, supposer qu'une chose qui
n'aurait point de cause vient alors du néant, c'est
justement supposer que tout ce qui arrive vient d'autre chose; et c'est justement ce qui est en question.
J'ajoute que, pour l'auditeur naïf, l'attention est

détournée de ce passage par l'argument du néant qui ne peut rien produire; et ce morceau ne me paraît pas meilleur que l'autre, car je n'ai du néant aucune espèce d'idée et je n'en pense rien; comment pourrais-je en dire quelque chose? Mais les mots permettent tout. On peut lire Hume pour s'assurer qu'un grand démolisseur est le plus utile des hommes si l'on veut bâtir proprement. J'y ai trouvé cette remarque d'importance que l'imagination peut lier toutes les images n'importe comment, ce qui écarte les petits systèmes du modèle anglais où la machine produit des chaînes de pensées à l'image de l'univers. Peut-être saisirez-vous bien, au sujet des causes, la position intermédiaire du philosophe, si difficile à tenir, et qui rend la lecture de Kant si pénible au commencement. Car il faut pourtant bien que ce mécanisme des physiciens soit fondé de quelque façon. En sorte que notre théologien conclut bien, quoiqu'il raisonne mal. Tout état de choses dans l'expérience est un changement d'un état antérieur selon des lois; mais cette liaison, sans laquelle il n'y aurait point d'expérience de la succession, n'est pourtant rien du tout hors de toute expérience; la logique pure ou rhétorique ne peut rien pour l'établir.

Ces remarques ne sont pas inutiles à méditer si l'on veut surmonter l'argument célèbre de la cause première, si imposant qu'il faut avoir pris fortement position dans la logique stricte si l'on veut le repousser tout à fait. Voici l'argument. Un état de choses n'aurait pu exister si un autre état de choses ne l'avait précédé, et si un autre état n'avait précédé celui-là. Ainsi sans fin. Bon. Mais dès qu'un état de choses existe, toutes ses conditions d'existence, entendez bien toutes, sont données ou ont été données; le compte en est fait, achevé, terminé par l'existence même de la chose.

C'est donc dire oui et non à la fois que de dire que ces conditions sont un infini, ce qui veut dire un inachevé. L'idée qu'avant une cause il y en a une autre, et ainsi sans fin, ne suffit donc pas. Ce qu'on exprime aussi en disant que l'infini actuel ou réalisé implique contradiction. Il faut donc une cause, elle-même sans cause; c'est-à-dire première, qui achève la série des conditions; car enfin l'état actuel existe, il n'attend pas. Il porte avec lui ses causes suffisantes. A partir de là les conclusions s'enchaînent, soit que l'on admette la cause sans cause comme unique et divine, soit que l'on réserve simplement la place pour une cause non causée qui serait liberté, et vraisemblablement multiple comme la morale le veut. Mais laissons les conséquences; voyons l'argument.

Première remarque, on arrive ainsi, par le principe même que tout a une cause, à nier ce principe, puisqu'on arrive à une cause elle-même sans cause; preuve qu'il y a ici quelque piège des mots. Deuxièmement, si l'on prend la relation de cause dans la représentation des changements, on s'aperçoit que l'état des choses qui suit résulte d'un état immédiatement précédent, aussi voisin de l'autre qu'on voudra, ou, autrement dit, qu'il y a continuité dans le changement, comme il apparaît pour le système planétaire où, bien clairement, tout état de ces corps gravitant dépend d'un autre état infiniment voisin, et celui-là d'un autre. Voyez comme le langage ici nous trompe. Je dis un état et un autre, mais entre les deux j'en trouverai de différents autant que je voudrai. Quand je parle de toutes les causes, je n'entends donc pas un nombre de causes. Et, dès qu'il n'y a plus de nombre, l'impossibilité logique de l'infini actuel disparaît. Le plus petit intervalle enfermera aussi bien autant de causes que je voudrai; mais ce nombre, si je compte les causes, n'est pas hors de moi qui compte; et c'est moi-même que je prends au piège dans mon propre compte, au lieu de saisir la nature. Troisièmement, il y a une ambiguïté presque effrayante dans le terme d'infini, dès que la formation des nombrs n'est plus considérée; car il désigne aussi bien l'achevé et le parfait que l'inachevé et l'imparfait. En sorte que je pourrais bien dire que ce devenir infini suffit à expliquer la chose, parce que l'infini suffit à tout. Mais un mot ne suffit à rien.

Leibniz nous a laissé un argument métaphysique encore plus frappant, en ce que l'infini ne se forme plus dans le passé, mais porterait présentement la chose. Un composé, dit-il, n'existe que si ses composants existent. Si ces composants sont eux-mêmes composés, nous sommes renvoyés à d'autres composants et ainsi sans fin. Mais si la chose composée existe, dès maintenant ses composants existent; ils sont donc simples, mais absolument simples; ce sont des âmes. Le jeu logique n'a rien produit de plus brillant. Toutefois, sans demander comment des composants simples peuvent ensemble donner la grandeur, ce qui n'est qu'un autre jeu, je remarque seulement que les choses, si l'on veut être logique, peuvent bien n'être réellement ni composées ni simples; car ce dilemme est de nous; et il n'est ni prouvé ni vraisemblable que le langage soit aussi riche que la nature. En voilà assez pour mettre le lecteur en défiance à l'égard des raisonnements sans perception. Cette précaution est contre les passions qui prouvent si bien ce qu'elles veulent.

Chapitre XI

DE LA PSYCHOLOGIE

C'est ici qu'il faut traiter de cette science mal définie, car elle est dialectique dans toutes ses parties. L'une, qui traite de l'âme et d'une vie après la mort, est bien clairement métaphysique; mais l'autre, qui traite de nos pensées et de nos affections en se fondant sur l'expérience, est dominée par les mots bien plus qu'on ne croit.

Le mot Je est le sujet, apparent ou caché, de toutes nos pensées. Quoi que je tente de dessiner ou de formuler sur le présent, le passé ou l'avenir, c'est toujours une pensée de moi que je forme ou que j'ai, et en même temps une affection que j'éprouve. Ce petit mot est invariable dans toutes mes pensées. Je change, je vieillis, je renonce, je me convertis; le sujet de ces propositions est toujours le même mot. Ainsi la pro-position : je ne suis plus moi, je suis autre, se détruit elle-même. De même la proposition fantaisiste : je suis deux, car c'est l'invariable Je qui est tout cela. D'après cette logique si naturelle, la proposition Je n'existe pas est impossible. Et me voilà immortel, par le pouvoir des mots. Tel est le fond des arguments par lesquels on prouve que l'âme est immortelle; tel est le texte des expériences prétendues, qui nous font retrouver le long de notre vie le même Je toujours identique. Ainsi ce petit mot, qui désigne si bien mon corps et mes actions, qui les sépare si nettement des autres hom-mes et de tout le reste, est la source d'une dialec-tique dès qu'on veut l'opposer à lui-même, le séparer de lui-même, le conduire à ses propres funérailles.

Cette idée de l'éternité de la personne, comme de l'identité par-dessus tous changements et malheurs, est, à dire vrai, un jugement d'ordre moral, et le plus beau peut-être. J'ajoute que cette forme de l'identité est ce qui fait que nos pensées sont des pensées; car on ne peut rien reconnaître sans se reconnaître aussi, ni rien continuer, quand ce ne serait qu'un mouvement perçu, sans se continuer soi-même aussi. Mais cette remarque fait voir que ce Je, sujet de toute pensée, n'est qu'un autre nom de l'entendement toujours un, et toujours liant toutes les apparences en une seule expérience. L'investigation s'arrête là. Car supposer que je perçois deux mondes séparés, c'est supposer aussi que je suis deux, ce qui, par absurdité, termine tout. Seulement ceux qui ne font pas attention aux mots se croient en présence réellement d'une chose impalpable, une, durable, immuable, d'une substance, enfin, comme on dit. De là des formules comme celle-ci : je ne me souviens que de moi-même, qui sont de simples identités; car dire que je me souviens, c'est dire autant. Ici les mots nous servent trop bien; par réflexion nous sommes trop sûrs du succès; l'objet manque, et la pensée n'a plus d'appui. Une des conditions de la réflexion, c'est qu'il faut trouver la pensée dans son œuvre, et soutenant l'objet; mais cette condition est bien cachée; le premier mouvement est de se retirer en soi, où l'on ne trouve que des paroles. C'est pourquoi je n'ai pas de chapitre sur la connaissance de soi; tout ce livre y sert, mais par voie indirecte, par approches, ou par éclairs, comme on se voit dans une eau agitée. La question qui nous intéresse le plus n'est pas la plus simple; je ne puis que le regretter. En dépit de ce Je qui ne change point, ce n'est pas un petit travail que de rester soi.

Ce qui est ici à noter surtout, c'est que la psychologie dite expérimentale et même la psychologie physiologique ont tout rattaché à cette frêle armature. Il n'est point peut-être de méprise plus instructive que celle-là. « Le moi n'est qu'une collection d'états de conscience »; cette formule de Hume fait voir les limites de cet esprit, si vigoureux pour détruire, si naïf dès qu'il rebâtit; car ne dirait-on pas que les états de conscience se promènent comme des choses? Cet empirisme prétendu est dialectique jusqu'aux détails. Il dit une sensation, une image, un souvenir, comme on dit une pierre, un couteau, un fruit; et il vous compose de tout cela une âme bien cousue; mais il n'existe point d'âme bien ou mal cousue. Lagneau, homme profond et inconnu, était soucieux de prouver que Dieu n'existe pas, car, disait-il, exister, c'est être pris avec d'autres choses dans le tissu de l'expérience. Et que dire de ce qui pense en moi et tout autour, aussi loin que le monde veut s'étendre? Cela saisit et n'est point saisi. Toujours est-il qu'une mécanique ingénieuse peut bien remuer comme une fourmi, mais non penser. Encore bien moins peut-on dire que les parties de cette machine seront perception, mémoire, sentiment. Toute perception a les mêmes dimensions que le monde, et elle est sentiment partout, mémoire partout, anticipation partout. La pensée n'est pas plus en moi que hors de moi, car le hors de moi est pensé aussi, et les deux toujours pensés ensemble.

Vous jugerez après cela sans indulgence ces jeux de paroles qui recomposent le moi substance comme un long ruban au-dedans de nous; et encore plus sévèrement jugerez-vous cette physiologie de l'âme qui va cherchant un casier pour la mémoire, un autre pour l'imagination, un pour la vision, et ainsi du reste, et interprétant d'après cela des expériences ambiguës. Il est assez établi, par l'exemple des sciences les moins compliquées, que tout le difficile est de constituer des faits. Le cerveau pensant est ainsi modelé d'après l'âme pensante et à son image. Et ce beau travail nous ramènerait à l'âme voyageuse, si les spirites étaient plus adroits. Mais laissons ce matérialisme sans géométrie. Il est bon de savoir que l'étude de ce que l'on nomme les *maladies du moi* a perdu beaucoup de son intérêt, et cela d'après une critique serrée des réponses du malade. Un psychiatre y reconnaît aisément les signes de la démence, ce qui frappe de suspicion toutes les réponses du malade. Ainsi la psychologie expérimentale n'a pas avancé sur ce point autant qu'elle l'espérait.

Chapitre XII

LA PERSONNALITÉ

Une description mal ordonnée manque ici son objet, par la richesse et variété du contenu. Une colère que j'ai, c'est moi; et l'opinion que j'ai de cette colère, c'est encore moi, mais autrement; ma profession ou ma fonction, qui discipline toujours un peu l'humeur et dissimule souvent le caractère, c'est encore moi; il n'est pas indifférent que je sois paysan, ouvrier ou commerçant, cantonnier, geôlier ou préfet. Finalement, dans un homme complet, tout cela, que je viens de dire sommairement, est non seulement connu, mais jugé et surmonté, soit que, méprisant ma fonction, je la subordonne à des maximes proprement humaines, soit qu'au contraire je décide de faire céder tout devant le devoir d'obéir; soit que, considérant l'une et l'autre vie comme des costumes de politesse, je fasse amitié plus profonde avec ce moi aimant, souffrant et inquiet que je suis seul à connaître, et que je ne veux point subordonner, soit qu'enfin, comme il arrive, je ne veuille me reconnaître qu'en des mouvements vifs et capricieux, ce qui est une manière de rester enfant, toujours est-il que ce jugement supérieur par lequel je réforme, je redresse ou je diminue quelque élément de ma propre vie, est bien de moi aussi. Il faut même dire que ce refus de vivre naturellement et spontanément, et l'idée qu'il dépend de moi de m'accepter, de me refuser ou de me réformer, est justement ce qui achève la personne, par la conscience que j'en prends dans cette opposition, dans ce refus, dans ce jugement. Là se trouve le secret de toute investigation, même descriptive, concernant la conscience de soi; car celui qui cède tout à fait à la peur ne sait plus qu'il a peur; et l'on ne se connaît que dans le moment où l'on se redresse, ce que le sens vulgaire du mot conscience exprime fortement. Mais afin d'aider l'attention descriptive devant ce mouvement toujours ascensionnel, familier à l'homme le plus simple, je crois utile de marquer ici des degrés, afin de tracer comme une esquisse ou un canon de l'homme moyen, d'après quoi chacun pourra ensuite remarquer des différences et approcher un peu de l'individu. C'est la faute ordinaire des apprentis qu'ils commencent par décrire, sans avoir dressé un tableau convenable des mots que l'usage leur offre. Et le paradoxe de l'art de penser, qui est qu'il faut aller de l'idée au fait, se retrouve dans l'art d'écrire, puisqu'il faut exprimer l'individuel dans le langage commun. Mais ces maximes seront plus claires par l'application.

Je propose d'appeler humeur ce qui est proprement

biologique, j'entends la forme, la vigueur, le tempérament, l'âge, et en même temps les actions du milieu
qui modifient tout cela, comme climat et régime. Ceux
qui y portent quelque attention sont souvent disposés
à croire que l'humeur est tout l'homme; mais je ne
m'engage pas volontiers en ces chemins de dialectique,
car le langage commun m'avertit qu'il y a autre chose
à dire de l'homme; et quand je dis que la volonté c'est
l'humeur, je trouve une notion au lieu de deux qui me
sont proposées. Or c'est une bonne règle de sagesse,
de suivre ce préjugé que des mots différents signalent
toujours une variété réelle, et, en bref, qu'il n'y a point
la moindre erreur dans le vocabulaire commun. Je ne
vois point d'autre règle assurée en des matières où
tout est vraisemblable et tout contestable.

J'appellerai caractère l'humeur reconnue et jugée
comme telle; ce qui ne veut point dire que le caractère
ne soit rien de plus que l'humeur; car, d'un côté, le
caractère est toujours une humeur simplifiée, et dont
les vraies causes sont fort mal connues; un homme
peut savoir qu'il est jaloux et ne pas bien savoir en
quoi cette disposition dépend du tempérament, du
climat, et même du régime; le passionné ne trouve
presque jamais de lui-même qu'il devrait se priver de
café ou faire un voyage; et de l'autre côté il ne se peut
pas que cette idée imparfaite qu'il forme de sa propre
nature ne le modifie pas beaucoup; savoir qu'on est
paresseux est autre chose qu'être paresseux. Quand on
dit qu'un homme a un certain caractère, qu'on peut
craindre, ou sur quoi aussi l'on peut s'appuyer, on
exprime que cet homme a des maximes et des opinions sur lui-même, qu'il croit vraies, et auxquelles il
se conforme, comme on voit même souvent chez les
fous. Le langage commun relève toujours la folie vers
le préjugé; et c'est là une grande idée trop oubliée, car

les écarts de l'humeur et la force des instincts ne sont point du tout des signes de folie; j'ai trouvé dans les œuvres d'un médecin inconnu cette maxime pleine de sens : « Plus les instincts sont forts, plus est loin de la folie; plus la raison les modifie, plus on en est près. »

Au-dessus du caractère se place, il me semble, tout ce qui dépend de l'opinion des autres et enfin de la vie publique. Non que l'opinion des autres n'ait pas d'empire sur le caractère; il s'en faut de beaucoup; avoir l'opinion qu'un homme est méchant, paresseux ou poltron, et le lui dire ou signifier, cela le change beaucoup. Mais ces opinions privées, qui s'exercent surtout dans le cercle des parents et des amis, n'agissent point de la même manière que l'opinion publique, qui se détermine surtout d'après les actions publiques, c'est-à-dire d'après le métier ou la fonction. Tout homme est ainsi défini, modifié, souvent redressé et confirmé, toujours soutenu et porté par ce qu'on attend de lui. Et cette action de société se compose avec l'humeur et avec le caractère pour former ce qu'il faut appeler l'individualité. Ce mot paraîtra être un peu tiré hors de son sens naturel; mais si l'on pense à la corrélation familière à tous entre individu et société, on reconnaîtra qu'il n'en est rien. Un caractère est encore quelque chose d'incertain, d'errant et d'abstrait; l'individu s'établit et se fixe par le métier public qu'il fait; ainsi apparaissent les différences, comme entre deux prêtres, ou entre deux capitaines, bien plus nuancées, qu'entre deux hommes.

J'appellerai enfin personnalité ce qui surmonte et juge toutes ces choses, et dont il y a toujours plus d'un éclair en chacun. Je ferai seulement cette remarque qu'une personnalité forte incorpore au lieu de nier. D'où je conjecture d'abord qu'il n'y a point de personnalité forte si l'humeur ne se montre encore dans les pensées; l'originalité se trouve là, et cette parcelle de génie sans laquelle il n'est point d'homme. Cherchez autour de vous des exemples, ils ne manqueront pas. Mais je conjecture aussi que nul ne peut s'élever directement de l'humeur à la personnalité. En ceux auxquels manquerait le caractère, au reste dominé, la personne serait comme sauvage, sans scrupules, ni finesses, ni retenue; mais ceux qui, faute d'un métier ou d'une fonction, travailleraient directement sur leur humeur et sur leur caractère manqueront toujours d'assiette ou d'armature, et, même avec une forte volonté, manqueront souvent de consistance.

Note

J'appelle série une suite de mots bien ordonnés d'après leur sens usuel, c'est-à-dire de façon qu'on retrouve le même rapport de contenant à contenu, de supérieur à inférieur, de pensée à nature, entre un terme et son voisin. Comte nous a laissé une série des sciences fondamentales qui donne occasion à beaucoup de belles remarques, sans compter celles, que lui-même a faites, et qui tiennent en six gros volumes. Et ce qui est un signe favorable, la série des quatre termes, humeur, caractère, individualité, personnalité, y correspond assez exactement; car l'humeur est biologique, le caractère est psychologique, l'individualité est sociologique, et la personnalité est morale. Or le biologique est subordonné au physique et au chimique autant que le supérieur dépend de l'inférieur; plus précisément les mouvements de l'humeur, la structure, la santé sont dans la dépendance du milieu, qui est mécanique physique et chimique. Quant au psychologique, que Comte a voulu trop confondre avec le biologique, il s'intercale de toute façon entre le biologique et le sociologique. Notre série se trouve donc solidement appuyée. Peut-être ces tableaux bien ordonnés fourniront-ils aux penseurs des preuves d'un tout autre genre que les preuves dialectiques, seules recherchées jusqu'à présent en des questions qui sont ainsi livrées aux disputeurs. Et ces vaines difficultés résultent de ce que l'on croit qu'il y a des idées vraies ou fausses, au lieu que les idées ne sont que des moyens; une idée ne vaut qu'autant qu'elle aide à saisir le vrai de chaque chose. Mais cette marche de l'abstrait au concret, que le moindre arpenteur applique, reste ignorée des discoureurs, formés à un autre genre de preuves par les exercices du prétoire.

Pensons donc sur notre série, en remarquant que l'ordre des termes y correspond à la dignité croissante. L'humeur n'est qu'animale si elle ne prend forme dans un caractère; et il n'y a guère que de l'humeur chez un tout petit enfant. Le caractère est l'humeur pensée, et donc quelque chose de plus que l'humeur; car ce n'est pas peu de chose de juger au sujet de soi-même que l'on est et que l'on sera jaloux, vindicatif, triste ou poltron. Ainsi le caractère réagit déjà sur l'humeur. Toutefois le caractère retombe à l'humeur s'il n'est soutenu et comme sacré, c'est le mot propre, par la fonction sociale. Ainsi d'un côté l'inférieur porte le supérieur, en ce sens qu'il lui donne contenu et matière; mais c'est le supérieur qui donne à l'inférieur forme et consistance. Un homme isolé, tel qu'on a voulu peindre Robinson, n'est même plus un homme; j'ai vu dans Darwin qu'un naufragé retrouvé dans une île après deux ou trois ans ressemblait plus à un animal qu'à un homme. Seulement considérons des cas plus ordinaires et mieux observables. Un homme qui est trop peu engagé dans les actions et réactions de société, peut avoir un caractère; il est même borné là; mais dans ce continuel essai de notre personne au-dessus d'elle-même, qui ne dépasse plus retombe et descend, parce que le mécanisme extérieur le guette toujours et le reprend. Comparez à ce sujet Gobseck et Grandet dans Balzac. Je ne puis proposer que des exemples de ce genre, communs à tous les observateurs de bonne volonté; mais ils nous approchent eux-mêmes des individus véritables. Gobseck vit seul, méprise tout, et finit comme un sauvage dans Paris. Grandet se rattache à l'humain, par les affections domestiques, par les amitiés, et par le genre de commerce qu'il fait, qui suppose des échanges et une certaine confiance. Gobseck, comparé à lui, n'est qu'un pilleur d'épaves. La loi de ces existences détachées des relations de société, est que le biologique domine toujours le psychologique, en dépit de vains discours à soi-même; et cela pourrait être observé aussi chez un curé et chez un moine; on dirait que le gouvernement moral est comme séparé d'eux et n'y trouve pas prise, par l'absence de l'individualité intermédiaire. Chez Grandet moins, mais encore assez, toutefois il s'approche de l'individualité par ces jugements saumurois qui lui renvoient une forte image de lui-même, et qu'il ne peut changer aisément quand il le voudrait. Dans l'obstination de Grandet entre aussi ce qu'il doit à l'opinion; il lui doit d'être Grandet. De Marsay est une individualité forte; mais l'indulgence à soi, qui est ici comme un principe anarchique en lui-même, fait qu'il ne s'élève pas à la personnalité; aussi, dans les crises, on voit qu'il retombe à l'animal. Luther, Calvin, Pascal sont des personnes, par l'individualité surmontée, par le caractère surmonté, par l'humeur surmontée; non pas supprimés, mais incorporés, comme on voit au style. En Montaigne aussi, mais avec moins de peine, et un retour souvent au caractère et enfin à l'humeur nue. Les trois autres sont d'humeur difficile. L'humeur égale d'un Socrate, d'un Platon, d'un Marc Aurèle, autant qu'on peut le deviner, marque sans doute une personnalité moins puissante. Dans l'idée complète de personnalité est comprise une vertu difficile, comme celle de l'abbé Pirard. Mais Julien, faute d'individualité, n'est peut-être qu'un caractère, et même encore moins; un charmant animal, voilà toujours à quoi il retombe. Et l'idée qui peut être retenue de ces remarques est que le psychologique, qu'ils appellent le Moi, est sans doute ce qu'il y a de plus abstrait et de moins consistant; d'où vient que les analyses qui se bornent là sont toujours pauvres.

Chapitre XIII

DE L'HUMEUR

Un fantassin disait : « On n'a plus peur; on n'a plus que des transes. » Il voulait dire qu'après avoir pensé à cet avenir menaçant, sans arriver à prévoir ni même à espérer, les malheureux hommes en étaient arrivés à ne plus rien considérer hors de la chose présente; la peur n'était plus alors que le saut, l'effacement ou l'aplatissement du corps, ou bien la pression vive ou

courte de l'explosif. L'humeur est située à ce niveau, et
même encore au-dessous; en cela impossible à saisir
comme telle, car la saisir, c'est la penser et la remonter; c'est par ce mouvement que l'irritation devient
colère, ou que l'effervescence devient anxiété; et l'on
jugeait très mal de l'humeur d'après les opinions, et
telle que le caractère la façonne d'après des préjugés
forts; un pressentiment comme humeur est encore
bien au-dessous d'une tristesse indéterminée ou d'une
anxiété sans objet; toujours nous pensons l'humeur; et
non pas selon la vraie méthode, mais plutôt en cherchant un contenu d'opinions qui y convienne. La
sagesse doit reprendre l'humeur autrement, et d'abord
par théorie, de façon à comprendre que l'humeur
n'enferme nullement telle pensée ou telle autre, mais
s'accommode de toutes.

Pour y parvenir, il faut saisir l'humeur sous l'autre
aspect, comme mouvement seulement ou plutôt
régime de mouvement; et voici la différence. Le mouvement que je fais pour écarter un coup n'est que
mouvement mais la préparation, l'esquisse du mouvement devant la menace, la contracture ou l'agitation
qui suivent, la respiration courte, les battements du
cœur sont de régime et déterminent déjà l'humeur. On
comprend sans peine que l'âge, la force, la santé, la
fatigue, la structure d'un côté et le savoir-faire de
l'autre changent le régime et l'orientent pour l'un vers
l'irritation, pour l'autre vers l'anxiété; en quoi l'humeur dépend du tempérament, du climat et du métier.
Mais on peut former préalablement une idée abstraite
de divers régimes, ce qui éclaire déjà bien mieux
l'humeur que ne peut faire n'importe quel jugement
sur soi. L'homme ne sait jamais assez comme il est
mécanique, et par conséquent maniable, pour lui-même.

Une toux est maniable si on la juge mécanique; mais

dès qu'on y met une colère pensée, avec souvenir et prévision, elle se développe selon cette loi que l'irritation excite au mouvement, et que le mouvement aggrave l'irritation. Au contraire un autre mouvement qui exclut la toux, comme d'avaler, est directement efficace. Pareillement, contre l'anxiété, qui est une agitation qui s'entretient d'elle-même, ou si l'on veut une préparation sans fin, n'importe quelle action méthodique, comme de fendre du bois ou de bêcher, ou même seulement de filer ou de coudre, est directement efficace. Et, contre la colère, copier; et contre la tristesse, chanter. Mais cela, nul n'arrive jamais à le croire; il faut le savoir. Les promesses du corps vont contre la doctrine, car tout régime de mouvement nous offre un soulagement immédiat qui redouble le malaise, comme de se retourner pour celui qui ne peut dormir. Bref notre pouvoir sur le corps est de gymnastique, j'entends de le mouvoir selon notre volonté, comme marcher, s'arrêter, s'asseoir, se coucher, dessiner, sculpter, danser.

Mais qu'est-ce que l'idée d'un régime de mouvement? Deux caractères y sont à remarquer; d'abord le régime s'entretient; ensuite il s'irradie jusqu'à occuper tout le corps; ce que la toux, exemple simple et familier à tous, fait comprendre assez, puisque d'abord la toux fait tousser, et qu'ensuite on arrive bientôt à tousser de tout le corps. Ce genre de supplice définit l'irritation; et chacun sait ce que c'est que se gratter. L'emportement est un régime non moins tyrannique, qu'on pourrait définir une irritation diffuse; on le saisit aisément dans un enfant oisif qui s'excite de ses propres mouvements; et quelquefois un mouvement répété, comme de frapper par jeu sur la main d'un autre, va à l'emportement, ce qui a fait dire : « Jeux de mains, jeux de vilains. »

L'anxiété est à la fois emportement et irritation mais sans mouvement, par petits éveils contrariés, ce qui réagit sur la respiration et sur le cœur, qui, déréglés à leur tour, continuent d'exciter toutes les parties motrices, d'où un tremblement insupportable. Il faut dire aussi là-dessus, que, par l'absence d'un mouvement décidé, les contractions musculaires ne remédient pas à la constriction des petits vaisseaux par un vigoureux massage, ce qui renvoie le sang dans les parties molles, intestins, estomac et cerveau; et ce dernier effet est remarquable en ce qu'il entretient et réveille une activité percevante sans proportion avec les objets, ce qui nous dispose à attendre quelque chose de terrible sans savoir quoi. Mais ici on aperçoit bien comment l'humeur est relevée et composée par la pensée. La contracture est un régime plus violent, où tous les muscles se tendent selon leur force, pétrifiant tout le corps, ce qui va à suspendre la vie, comme on voit dans l'état de catalepsie. Et cela n'est pas commun; mais sans doute il existe des régimes partiels de ce genre-là, des raideurs et des pétrifications d'épaules, de bras, de jambes, même pendant l'action, et qui sont causes de maladresse et de gaucherie. Ici encore on voit que le jugement s'empare de ces mouvements d'humeur, et en fait pensée et condamnation, dès que l'on prononce : « Je suis gauche, je suis maladroit. » Dont nous délivreraient les mouvements de politesse, qui sont toujours gymnastiques, si nous nous avisions seulement de les faire; et le sourire est l'arme de choix contre tout régime qui s'installe. Mais ces choses sont peu connues; la morale ne sourit point.

Note

Les quatre tempéraments offrent l'exemple d'une idée encore abstraite, mais juste dans son dessin, et qui peut s'enrichir sans être déformée. Ceux qui n'oseraient plus se fier à ces vénérables instruments nous laissent entendre qu'ils en ont d'autres, eh bien, qu'ils les montrent.

Le système moteur, dont le muscle est l'élément, est régi par la loi d'emportement, d'après laquelle l'action précipite l'action; ainsi est la fuite, ou la violence contre une serrure brouillée. L'entraînement et le jeu sont les plus bas degrés de l'emportement, et l'irritation en est le paroxysme. Et, dès que le système moteur domine, ce qui se reconnaît à la masse musculaire, à la richesse du sang, à la puissance de l'appareil respiratoire, alors la pensée suit toujours l'action, et s'endort en même temps qu'elle. Le pragmatisme est la loi de ces natures audacieuses, qui pensent en avant de leur poing fermé. Voilà le sanguin.

Par opposition, il est clair que le système nerveux subordonne toute l'économie aux moindres actions extérieures; car c'est bien peu de chose qu'un pinceau de couleur sur le fond de l'œil, mais en certaines natures ce délicat attouchement efface aussitôt tous les autres intérêts. De même un son harmonieux ou un grincement change toutes les idées. De là cette instabilité de l'humeur qui est le propre du nerveux et qu'il ne faut point du tout confondre avec la constance du bilieux, si bien doué pour se torturer lui-même d'après ses propres ressources. La pensée du nerveux ne s'arrête guère à lui-même, car il est sans mémoire comme le nerf; au contraire elle se porte au-dehors, avide de rechercher et de prévoir les nuances, ce qui conduit aux formes et aux lois. Le nerveux pense le monde et vit d'émotion.

Le bilieux vit de sentiments; mais comme l'humeur est bien au-dessous du sentiment, il faut chercher ce qui, dans l'ordre biologique, correspond à cette agitation de soi par soi, hors de toute action, ce qui excite le rêve, le souvenir, la méditation sur soi et le retour aux mêmes chemins. Ici domine l'imagination, qui, ramenée à ses conditions inférieures, traduit, il me semble, la tyrannie du système nutritif, non pas par la faim et la soif, qui est commune à tous, mais plutôt par les déchets, qui ne s'éliminent point sans irriter un peu toutes les parties, ce qui fait que le bilieux, assez heureusement nommé, se sent lui-même continuellement, et, bien loin de se disposer d'après les impressions qui viennent du dehors, au contraire les modifie et les colore d'après ses propres dispositions. L'inquiétude serait le régime propre à ces natures toujours un peu empoisonnées, et qui vieillissent mal; mais, dans la jeunesse, ce mélange de constance et d'agitation donne aux affections et aux signes humains une puissance démesurée, qui appelle et entretient l'amour. Au lieu que le nerveux n'est sensible qu'à ce qui est beau ou nouveau. Dans le bilieux habite ce riche amour de soi qui rend aimable, et qui fait la puissance de ce regard noir.

L'équilibre et le repos caractérisent le lymphatique, dont l'enfant, dans sa croissance, est le modèle parfait, et la mère aussi, tant qu'elle nourrit. C'est encore le système nutritif qui domine ici, mais par sa fonction principale, qui est de s'enrichir aux dépens du milieu extérieur. C'est pourquoi la croissance définit mieux le lymphatique que ne ferait la somnolence et l'obésité, qui ne sont que croissance continuée et maladive. De même l'atrabilaire est une image grossie du bilieux. Et, pour mieux concevoir le lymphatique, il serait bon peut-être de le considérer le premier. Car ce n'est point essentiellement mollesse ni paresse, c'est l'heureuse enfance, qui prépare tout et qui porte tout, qui se console et qui dort. La somnolence est le régime propre au lymphatique; mais toute nature y redescend, s'y plonge, s'y nettoie et s'y renouvelle.

Tels sont les quatre visages qui se mêlent en toute humeur, de façon que dans ce mélange des quatre, quelque mélange de deux se montre, par la couleur, la forme, l'attitude et le mouvement. Mais du dehors toujours, et chez l'autre; car de moi je connais mal l'humeur nue; je n'y crois point. Mes pensées sur moi-même se tendent, se déroulent et font jouer leurs mirages entre mon humeur et moi. C'est au-dessous de moi-même, et d'après ce que je sais des autres, que je dois prendre ma propre humeur et ma propre nature, constante, résistante et maniable. Tant que je n'ai pas rejoint ces solides ressorts, je ne puis rien faire de moi. Défie-toi de ce qui consent.

Chapitre XIV

L'INDIVIDUALITÉ

Il est bien aisé d'apercevoir en chacun les signes du métier et de la fonction, et comme ils se composent avec la nature biologique. Le maçon montre, même, en son repos, le geste lent et assuré, formé par la masse de l'objet sur lequel il travaille; le juge montre l'ennui et la défiance; l'officier se donne importance. Ces développements sont faciles à suivre; mais il est un peu plus difficile de passer de l'extérieur à l'intérieur en suivant en quelque sorte l'action et l'attitude. Aussi, afin de ne pas tomber dans les petites remarques, qui souvent terminent tout par le rire, il est à propos de considérer la vie sociale en son action continuelle, qui est éducation, et à laquelle nul homme n'échappe.

Il est bon de redire que l'homme ne se forme jamais par l'expérience solitaire. Quand par métier il serait presque toujours seul et aux prises avec la nature inhumaine, toujours est-il qu'il n'a pu grandir seul, et que ses premières expériences sont de l'homme et de l'ordre humain, dont il dépend d'abord directement; l'enfant vit de ce qu'on lui donne, et son travail c'est d'obtenir, non de produire. Nous passons tous par cette expérience décisive, qui nous apprend en même temps la parole et la pensée. Nos premières idées sont des mots compris et répétés. L'enfant est comme séparé du spectacle de la nature, et ne commence jamais par s'en approcher tout seul; on le lui montre et on le lui nomme. C'est donc à travers l'ordre humain qu'il connaît toute chose; et c'est certainement de l'ordre humain qu'il prend l'idée de lui-même, car on le nomme, et on le désigne à lui-même, comme on lui désigne les autres. L'opposition du moi et du non-moi appartient aux théories abstraites; la première opposition est certainement entre moi et les autres; et cette opposition est corrélation; car en l'autre je trouve mon semblable qui me pense comme je le pense. Cet échange, qui se fait d'abord entre la mère et l'enfant, est transporté peu à peu aux frères, aux amis, aux compagnons. Ces remarques sont pour rappeler qu'en toutes les recherches sur la nature humaine, il faut se tenir très près de l'existence collective, si naturelle à tout homme, et en tout cas seule possible pour l'enfant.

Les auteurs ont analysé souvent l'expérience selon eux décisive, qui fait connaître à l'enfant les limites de son propre corps. Je frappe ma main, et je frappe la table. Mais l'enfant touche d'abord le corps humain avant de toucher n'importe quel corps étranger. Aussi je vois une expérience bien plus frappante dans ces rixes d'enfants d'où sort l'idée d'un être semblable et opposé auquel je ne fais point mal de la même manière qu'à moi, et qui me rend coup pour coup. Action indirecte sur moi-même; expérience vive de mes frontières et de celles d'autrui. La fureur, dans ces rixes, sans compter les autres causes, vient sans doute d'un effort pour faire souffrir l'autre comme je souffre moi-même, et obtenir des signes; or ces signes sont des coups. Il suffit de signaler ces expériences singulières concernant l'ordre humain, d'où l'on tire inévitablement la notion d'une puissance antagoniste, souvent invincible, mais toujours flexible par offrandes, prières ou menaces. Au reste nous voyons que les hommes les moins avancés ne semblent pas avoir d'autre objet de pensée que la vie publique et cérémonieuse; et toutes les relations de société, castes, fonctions, métiers, ont

pour eux valeur de religion. Il suffit de comprendre
que les religions sont des faits universels, à caractères
constants, pour conclure que les premières idées, qui
naturellement déterminent en partie toutes les autres,
sont toujours prises du milieu humain. Ajoutez à cela
que toute idée est d'abord commune, et entre d'abord
en moi comme opinion, et non comme vérité. Par ces
remarques vous commencerez à comprendre la puissance que prend naturellement pour chacun de nous
l'idée qu'il se fait du jugement d'autrui. Ce n'est pas
peu, dans la conduite de ma vie, que de me sentir
obligé à faire, à dire et même à penser ce que je crois
que les autres attendent de moi, vengeance ou pardon.

Chapitre XV

LE MOI

Tout change en moi sous mon regard et par mon
regard. Et l'on voudrait maintenant expliquer comment je me saisis et comment je me reconnais, en ce
contenu où le rêve le plus absurde peut rester attaché
aux perceptions les plus raisonnables, où la superstition résiste autant que les idées, où tant de souvenirs
sont oubliés, tant d'autres décolorés, où tout change
enfin par le temps et l'âge. Mais il se trouve que le
problème n'a point de sens, et que je n'ai pas à me
retrouver, parce que je ne puis me perdre moi-même
un seul instant. Toute pensée, confuse ou claire, de
doctrine, de sentiment, de chose, de vision, de résolution, d'hésitation, de négation, de doute, de souvenir,

de remords, d'espérance, de crainte, vraie ou non, durable ou non, en rêve ou non, a pour sujet constant le Moi, ou pour mieux parler le Je. Quand je voudrais feindre quelque nébuleuse inconnue où je ne sois pas, quelque autre monde séparé, quelque passé avant moi, quelque avenir après moi, le sujet de ces pensées est toujours moi. Je pense tout ce qui est pensé, tout ce qui est et tout ce qui peut être, tout le possible et l'impossible; c'est pourquoi je ne puis penser que « *je ne suis pas* », comme Descartes a su le mettre au jour. Telle est sans doute la loi suprême de toute logique, puisque n'importe quelle pensée, même absurde, la suppose. Je ne suis qu'un; car si je suis deux, l'un et l'autre c'est toujours moi; et quand je me dédouble, il m'apparaît encore mieux que je ne suis qu'un; car l'un est moi, et l'autre est moi. Je reste le même; car si je suis tel, et puis autre, c'est toujours moi qui suis tel, et puis autre. Je ne saurai jamais que je suis autre, si ce n'est point moi, le même, qui suis autre. De toute pensée je suis le sujet. Toute connaissance, toute expérience forme ainsi un tout avec toute connaissance et toute expérience; que ce soit passé ou imaginaire il n'importe; c'est d'abord et ensuite de moi et pour moi. Cette forme liante m'interdit de couper l'expérience, d'interrompre le temps, de penser deux univers. Aussitôt les deux temps sont parties d'un seul temps, et les deux univers sont parties d'un seul univers. Après avoir considéré cette nécessité de logique, au-delà de laquelle on ne peut remonter, puisque l'extravagante pensée de deux Moi fait aussitôt paraître le Moi unique en qui et pour qui ils sont deux, l'illustre Kant pouvait écrire : « A ce principe est suspendue la connaissance humaine tout entière. » Et certes, en partant de là, l'esprit le plus scrupuleux trouve une merveilleuse assurance à décrire cette

unité formelle de l'expérience qui ne permet jamais
que rien soit séparé, soit de ce qui est en même temps,
soit de ce qui précède, soit de ce qui suit. Seulement
ces belles spéculations sur les principes ne sont pas
directement mon objet. Je m'en tiens au Moi lui-
même, et je le tiens bien. Mais réellement je ne tiens
rien. Cette forme abstraite et inflexible du *Je pense* est
indifférente à son contenu; elle lie tout. Le rêve le plus
étranger à moi est de moi puisque je m'en souviens.
Que mon rêve s'ajuste à mes perceptions comme il
pourra; il est d'abord de moi, sans quoi je n'en
penserais rien. C'est pourquoi il faut dire que le Moi
psychologique est abstrait et sans puissance. Il peut se
contredire ou se jouer de lui-même; l'unité formelle
n'est jamais menacée un seul moment; si différent de
moi-même que je sois, c'est moi-même qui suis ce
Moi-là et L'Autre. Le vrai Moi les reprend aussitôt tous
deux. L'unité est faite avant d'être comprise. Cette loi
suprême, si on la considère avec suite, explique assez
l'Idée, qui lie toujours les choses malgré les choses, et
tend d'abord son fil, donnant loi à l'entre-deux de
s'ordonner comme il pourra. Mais puisque le Moi est
ainsi impossible à rompre, d'avance impossible à rompre, étendu d'avance au-delà du possible, on voit bien
qu'il y a beaucoup de différence entre un Moi et une
Personne. Car il me semble que celui qui s'efforce de
rester d'accord avec soi, exige de lui-même quelque
chose de plus que l'identité abstraite du *Je pense*.

« Je suis ainsi; telle est ma nature », voilà une
pensée qui est toujours vraie, quelque fantastique
qu'en soit le contenu. Comme on voit dans les passions, où l'on réalise en parlant, où l'on change par les
discours. Et telle est la vérité du théâtre, que les
personnages, après qu'ils ont dit, sont autres.

Note

Il faut saisir la personnalité dans son réduit, d'où elle juge tout et domine tout. A quoi peuvent servir trois penseurs, Platon, Rousseau, Kant, parmi lesquels Rousseau est particulièrement méconnu. Rousseau est éloquent, émouvant, persuasif, sincère. Il a l'expérience de la faute et du remords; il s'arme et se rassemble contre lui-même, sans chercher aucun secours extérieur. Il a retrouvé la conscience et la liberté ensemble, et le vrai mouvement de la foi. Brillante affirmation, aussitôt populaire devant les négations de son siècle et de l'esprit naturaliste abstrait. Mais il est sans preuves et aisément réfuté. Que la conscience soit donnée comme infaillible en tout homme qui veut sincèrement se juger, voilà qui fait rire les docteurs. Quoi? Quand presque tous les devoirs sont obscurs, ambigus, discutables? L'idée est juste et forte pourtant. Mais pour arriver au centre de l'idée, et ne point la manquer, il faut suivre quelques notions communes, et sans se laisser détourner. D'abord qu'on ne peut exiger d'un homme qu'il soit savant ou même subtil, et qu'erreur n'est pas crime; aussi qu'il est étonnant, et même scandaleux pour les simples, que les plus savants n'aient pas toujours une droite conscience; aussi que l'homme est seul juge de lui-même parce que les actions sont ambiguës; car on peut être tempérant par faiblesse et honnête par lâcheté. Qu'ainsi le problème moral est entre l'homme et lui-même, entre sa volonté et sa nature; que la vertu consiste seulement à vaincre les passions, et le vice à céder aux passions. Que nul ne saisit du dehors ni ces luttes, ni ces défaites, ni ces victoires, mais qu'en revanche celui qui en est le sujet les sent immédiatement et intimement dès qu'il n'est pas tiré au-dehors par le divertissement; car rien ne nous est plus sensible que notre propre esclavage. On me loue de mon courage; mais je sais que j'ai trop suivi la peur. On me dit honnête homme; mais telle envie méprisable, je la connais. Le trouble des passions est goûté, si l'on peut dire, en toutes ses différences. Le remords et la honte ne s'usent point. Le vrai est que les hommes n'y veulent pas penser et que l'on ne pense que si on veut bien. Ici est la vérité du divertissement, vue profonde de Pascal, mais en lui détournée par une mythologie prise à la lettre. L'homme, donc, se réfugie dans l'opinion des autres, s'étourdit de l'éloge et fuit sa propre conscience. Qu'il veuille seulement être éclairé, et il le sera.

Nous tenons ici l'idée morale essentielle. L'*Emile* marque une renaissance du sentiment moral; c'est que le *Vicaire savoyard* a bien visé. Mais aussi il y a quelque chose d'effrayant dans ce solitaire, et je comprends la fureur de Diderot, et des autres moralistes de société. L'idée qui leur fait peur c'est l'autonomie. Et il est difficile de former et de soutenir cette idée que tout ce qui est volontaire est bon et que l'esclavage intérieur est le seul mal. Quoi? Si le jeune homme à moi confié me dit : « Je veux être ignorant et rebelle », il faut donc l'approuver? La réponse est pourtant celle-ci : « Il s'agit de savoir si tu veux, et ce que tu veux; toi seul tu le sais, et si tu veux, tout va bien ». Mais on n'ose pas défaire les liens; on craint les actions. C'est manquer de foi. Et convenons que ce système d'éducation peut conduire à de grands changements; de cette crainte vient sans doute cette fureur si commune contre ceux qui croient que la conscience est le dernier et souverain juge. Mais je crois que la crainte des révolutions est moins puissante dans la plupart des hommes que cette peur qu'ils ont de leur propre jugement, après que le respect de l'opinion les a conduits pendant des années. Par exemple, ce qui détourne beaucoup d'hommes d'aimer la paix, c'est qu'ils ont renoncé à leur conscience devant le visage de la guerre. Si l'on ne pousse point l'idée jusque-là, en considérant quelles sont en notre temps les opinions obligatoires, on ne comprendra point cette longue suite de persécutions, ni de quoi Rousseau fut puni. L'intolérance est souvent mal comprise, et Voltaire visait à côté; l'intolérance est premièrement une fureur contre soi.

LIVRE QUATRIÈME

De l'action

Chapitre premier

DU JUGEMENT

Que l'esprit reçoive la vérité comme la cire reçoit l'empreinte, c'est une opinion si aisée à redresser que le lecteur la considérera avec mépris peut-être. Elle règne pourtant sur presque tous les livres, et sur tous les esprits qui n'ont pas assez inventé en s'instruisant. La faute en est au premier enseignement, qui n'a jamais assez d'égard pour ces erreurs hardies que l'esprit enfant formerait par ses démarches naturelles. Le plus ferme jugement, dès qu'il s'essaie, se trouve pris dans des preuves irréprochables, jusqu'à ne pouvoir même en changer la forme, par l'impossibilité de mieux dire. L'esprit en reste accablé, au lieu de cette forte prise que l'on voit chez ceux qui ont appris seuls; mais ceux-là s'empêtrent souvent, par la difficulté des choses et la puissance des passions. Les plus heureux sont ceux qu'une folle ambition de tout savoir ne travaille pas quoiqu'ils aient tout loisir pour s'instruire comme il faut; ceux-là considèrent naturellement, et il n'est pas de mouvement d'esprit plus juste, que la preuve d'autrui est comme indiscrète; ils la connaissent assez, ils la devinent aux préliminaires. Même importunés, même écoutant et comprenant les parties, ils savent ne pas les lier et faire tenir debout par cette attention décisive que le marchand de preuves guette dans leurs yeux. Tous les éléments de ce monde qui allait naître retombent au chaos, faute d'un créateur. Semblable à ces lutteurs, toujours prudents à saisir ce qu'on leur offre. On réfléchit mal dans une prison de preuves. D'autres craignent les fausses preuves, eux la vraie. Jeu de prince.

On ne juge pas comme on veut, mais on ne juge que si on veut. Les naïfs se demandent comment on peut se refuser aux preuves; mais rien n'est plus facile. Une preuve ou une objection n'ont pas même assez de mon consentement; il faut que je leur donne vie et armes. Les consentements faciles nous trompent là-dessus. Pour moi, j'observe souvent qu'une preuve connue, reçue même en son entier, recopiée même, je dis une preuve des sciences exactes, reste comme un corps mort devant moi. Je la sais bonne, mais elle ne me le prouve point; c'est par grand travail que je la ressuscite; plus je me laisse aller, moins elle me prend. Mais aussi elle est neuve à chaque fois qu'elle renaît. Naïve à chaque fois. Si vous n'êtes pas ainsi, prenez Platon pour maître.

Les preuves sont œuvre d'homme; l'univers du moins est ce qu'il est. Bon. Mais il ne se montre pas comme il est. Ouvrez les yeux, c'est un monde d'erreurs qui entre. Ici tout veut être redressé. L'expérience ne corrige que les plus grosses erreurs, et bien mal. Dès que les choses ne peuvent plus nuire ni servir, il est bien aisé de les ignorer. Un homme de lettres s'étonnait d'entendre dire que les étoiles tournent d'Orient en Occident. « Si elles tournaient, on le saurait », disait-il. Mais c'est peu de chose que de voir tourner les étoiles. Le mouvement des planètes est bien plus caché. Nos passions, nos souvenirs, nos rêves embrouillent encore ce tableau. La variété des erreurs et des croyances suffit à nous rappeler que l'erreur est notre état naturel, l'erreur, ou plutôt la confusion, l'incohérence, la mobilité des pensées. D'où l'on ne sort que par un décret qui est d'abord refus, doute, attente. « Supposant même de l'ordre entre des choses qui ne se précèdent point naturellement les unes les autres. » Ainsi parle Descartes.

Les prêcheurs de toute foi ont bien compris ces choses, mais sur d'autres exemples. Dès qu'il s'agit de vertu ou de perfection, ceux qui y pensent un peu ont bientôt compris que ces choses-là, qui justement ne sont point, ne sont point pensées si elles ne sont voulues, et, bien mieux, contre les leçons de l'expérience. Aussi disent-ils bien que la bonne volonté doit aider les preuves et que Dieu ne se montre qu'à ceux qui l'en prient. Mais ils ne le découvrent que par les effets extérieurs, voulant toujours un Dieu qui existe à la manière du monde, mais caché. Il est pourtant assez clair que la justice entre les hommes n'existe pas, et qu'il faut la faire. Et, par une rencontre assez ordinaire, il se trouve que le double sens du mot jugement nous instruirait assez, si nous savions lire. Mais de quelles profondeurs humaines est sorti ce troisième sens, qui lie si bien les deux autres, et d'après lequel le jugement est cette décision prompte qui n'attend point que les preuves la forcent, qui achève et ferme un contour par un décret hardi, tenant compte aussi de ce qu'on devine, de ce qui est ignoré, de ce que l'homme doit à l'homme, mais sans peur, et prenant pour soi le risque? Ce sont des dieux d'un moment.

Note

Voici donc la loi suprême du jugement; dès que l'ordre humain est pris comme objet, c'est que c'est le meilleur qui éclaire tout. Découronnez l'homme, il retombe au plus bas. Vous-même d'abord. Jugez-vous animal, et vous êtes tel; déterminé, et vous êtes tel; timide, et vous êtes tel. Aussitôt. Mais pour les autres aussi bien. Ici il apparaît en clair pourquoi l'expérience non redressée nous trompe inévitablement. C'est donc le meilleur qui nous instruit, et il faut gouverner, conseiller, instruire d'après les modèles. Rares et mélangés dans l'expérience directe; choisis au contraire et purifiés dans l'expérience littéraire, qu'il vaudrait mieux appeler esthétique, parce que la beauté de l'expression est ce qui nous enlève le désir et le moyen d'altérer les sentiments composés et les courageuses pensées d'un Socrate, d'un Marc Aurèle, d'un Virgile. Car ce qui n'est point beau est livré aux médiocres qui le divisent et le recomposent à leur niveau. Mais ce qui est beau revient toujours le même, et intact; c'est l'objet qui convient si l'on veut penser la nature humaine, toujours humiliée sans ce secours. Les grands auteurs sont donc le seul miroir où l'homme puisse se voir homme. Et l'admiration est la stricte méthode pour la formation de l'esprit.

Chapitre II

L'ESPRIT JUSTE

On dit un esprit juste, on ne dit pas un esprit injuste, mais ce sens est pourtant supposé par l'autre. La connaissance des choses n'est pas ce qu'il y a de plus difficile; et Socrate osait dire que ce n'est pas ce qu'il y a de plus pressant. Je puis remarquer aujourd'hui que depuis un demi-siècle les générations se sont adaptées à un esprit strictement positif, et dominent aisément ce genre de connaissances qui nous rend maîtres des choses. L'erreur serait de croire que cette formation suffit à faire un esprit juste. L'esprit est toujours juste à l'égard des choses dès qu'il les connaît; et ajoutons

qu'il les connaît toujours dès que son métier l'y oblige;
mais cette connaissance est bien loin d'épuiser le sens
de ce beau mot, l'esprit juste. Il faut juger de l'humanité d'après d'autres principes. Voir les hommes sous
l'idée de nécessité, cela est court, cela n'est pas juste.
D'autant qu'ils y descendent dès qu'ils se sentent pris
ainsi. L'idée que les commerçants volent autant qu'ils
peuvent les rend tous voleurs en effet; voleurs mais
non point contents. Ce sont des poètes et des moralistes. Quand on lit dans Marc Aurèle : « Garder le génie
intérieur exempt de souillure », on le croit bien loin
du commun. Mais enfin c'était un homme, ce n'était
qu'un homme. Non pas si loin du commun. Beaucoup
de rois abdiquent sans y penser; mais l'abdication
signifiée, personne n'y consent, ou presque personne;
de là les guerres. L'idée de subir et de suivre la peur à
la manière des animaux n'est pas supportée. Terribles
redressements. Il est vrai que le misanthrope et le
géomètre ne sont nullement éclairés par là, l'un disant
que la férocité animale n'est qu'endormie, ce qui n'est
même pas une demi-vérité, l'autre disant que la guerre
est nécessaire, et au fond fatale, et que nulle volonté
n'y peut rien. Jugements profondément injustes, et qui
font l'esprit faux. La guerre est plutôt une crise de
peur, dominée en beaucoup par un sursaut de liberté.
Ce sursaut dépasse seulement le but; il ne faudrait,
pour assurer la paix, que croire ferme à l'héroïsme
humain. Mais c'est ici comme dans la recherche technique, où l'homme aime mieux essayer que juger. Car
le commencement de l'essai n'effraye point; au lieu
que si on jure de soi, c'est autre chose. L'esprit faux est
donc ici comme partout un esprit sans courage.

L'objet se charge de nous apprendre la nécessité;
n'ayons crainte. Mais comment apprendre foi, espérance, et charité? Comment, sinon par l'admiration et

imitation des meilleurs types humains? L'enfant va
droit là, fort de son ignorance; voilà le mouvement
humain. La faute de jugement est donc de ne pas
croire à l'humanité. Le plus beau mythe est celui
d'Hercule; voilà le modèle que l'homme s'est donné; et
ce compagnon rassure dans le sens plein du mot. Je
dis donc qu'il faut de la grandeur d'âme et même de la
hauteur pour bien juger. Non sans sévérité; j'ai remarqué que qui méprise beaucoup pardonne beaucoup;
mais inversement qui estime beaucoup exige beaucoup; négligeant toutefois les choses de peu, et, pour
les fautes d'importance, y cherchant toujours la vertu
cachée et l'erreur explicable, ce qui est une manière
d'être indulgent sans la moindre complaisance. Je ne
parle ici que du jugement nu; je laisse les punitions,
qui sont d'un autre ordre. Je puis appeler sévère en un
sens l'homme qui condamne l'homme à rester ignorant, menteur et brutal par la nécessité de sa nature;
mais beaucoup appelleront sévère en un tout autre
sens, celui qui frappe toujours au sommet de l'âme et
qui attend.

Chapitre III

DE L'INSTINCT

L'instinct des animaux ne propose qu'un problème
de physique, à la vérité fort difficile dans le détail,
mais assez simple quant aux principes. Il faut seulement considérer l'élément moteur qui est le muscle,
dans lequel, lorsqu'il est nourri, il se fait comme une
explosion diffuse, avec transformation pour une petite

partie en chaleur, pour le principal en mouvement. Ce mouvement est un changement de la forme fuselée en la forme arrondie, changement que l'on appelle contraction. Sans que l'on connaisse le mécanisme intime de cette décomposition explosive, on peut déjà écrire que l'énergie retrouvée en chaleur et mouvement ne dépasse jamais le travail accumulé que représentent, aux yeux du chimiste, les aliments et les éléments musculaires qui s'en sont nourris. L'occasion de cette décharge est, soit dans une excitation extérieure directe, soit dans l'action d'un courant ou d'une traînée de réactions chimiques, comme on voudra dire, qui se transmet le long d'un nerf. Un animal, considéré comme moteur de lui-même, se compose, chez les vivants les plus parfaits, d'une carcasse à articulations, interne ou externe, sur laquelle sont attachés des muscles extenseurs et fléchisseurs; et les nerfs font communiquer toutes les parties motrices entre elles par des centres subordonnés et enfin par un centre principal qu'on nomme cerveau. Le détail est fort compliqué. Ajoutons, pour compléter l'esquisse, les organes des sens qui sont des parties plus sensibles que d'autres aux faibles actions du milieu extérieur.

Si l'on se délivre maintenant, par précaution de méthode, de l'idée d'un pilote logé au centre principal, recevant des messages et envoyant aux muscles des instructions, il reste un moteur à explosion, fort compliqué et capable d'une grande variété de mouvements. Ces mouvements sont limités par l'armature articulée, par l'action de la pesanteur, par la puissance des muscles antagonistes; et cette puissance elle-même dépend du travail immédiatement antérieur, de l'élimination des déchets, et de la nutrition ordinaire, laquelle est excitée, ainsi que l'élimination, par le mouvement même de chaque partie. Il faut dire aussi qu'une excitation en un point ne se transmet pas aussitôt partout, ni aussi forte; cela dépend du trajet nerveux, et vraisemblablement du travail déjà fourni immédiatement auparavant par les éléments transmetteurs. Cela posé et retenu, il est naturel de supposer que toute excitation s'irradie en tous sens par mille chemins, de façon que l'animal agit toujours en se contractant tout, comme on voit assez si l'on remarque que le premier éveil met d'abord en mouvement les parties les plus légères, et les plus libres, oreilles ou queue, comme Darwin l'a montré. Et ces premiers mouvements sont les signes de ceux qui suivront. Il est clair qu'un animal excité ne fera pas pour cela n'importe quel mouvement, par exemple qu'un cheval ne se mettra pas à ruer s'il ne peut baisser la tête. Disons que l'explosion se fera jour selon la ligne de moindre résistance, d'ailleurs fort difficile à déterminer. Remarquez seulement qu'en posant que les actions d'un animal dépendent de sa forme, de son attitude et des objets résistants qui l'entourent, on circonscrit déjà le problème. L'huître ne fait guère qu'un mouvement; l'écureuil, qui est comme une huître composée, en fait beaucoup plus. Le fourmi-lion, qui est entre deux, ne fait guère au fond de son trou qu'un mouvement brusque de la tête, ce qui lui donne déjà l'apparence d'un rusé chasseur; c'est que la pesanteur travaille pour lui.

La structure du corps humain ne diffère pas beaucoup de celle du singe ou de l'écureuil; et les réactions de l'instinct se produisent en lui selon sa forme, sa puissance, son attitude, et aussi selon les obstacles. Mais l'homme pense; j'entends qu'il perçoit son corps et les mouvements de son corps, même les moindres, plus ou moins nettement, sans compter les plaisirs et les douleurs qui résultent de ces mouvements mêmes, ou de l'action des objets. Telle est notre première pensée, et notre constante pensée; ces soubresauts, ces frissons, ce mouvement de la vie nous accompagnent en toutes nos recherches, et à chaque instant nous en détournent, tout l'univers se repliant sur nous en quelque sorte, pour ne plus se distinguer enfin de nos mouvements, soubresauts et frémissements perçus ensemble. Ainsi la tempête, d'abord spectacle au-dehors, puis menace à nos portes, finit par être en nous tempête, mais tempête de muscles seulement, tremblement, horreur, fuite éperdue, chute, effort des mains, toux, nausée, cris. Pour le témoin sans passion, cet homme-là n'est que l'animal-machine, se mouvant comme nous l'avons dit.

En ce sens, il y a une pensée instinctive, ou, pour mieux dire, une pensée qui redescent vers l'instinct, puis s'en sauve, et y retombe, ou bien s'y repose, ou bien s'y jette. Nous touchons ici aux passions; elles seront amplement décrites plus loin d'après ces vues. Il suffit ici de dessiner à grands traits cette suite d'actions mécaniques qui assurent en tout temps la nutrition, la respiration, l'élimination, le salut immédiat. A travers quoi nous arrivons à penser le monde et ce mécanisme même du corps, comme on l'a vu, mais non sans retomber toujours au chaos crépusculaire, jusqu'à cette confusion de toutes choses dont aucun souvenir ne reste, qui est délire ou sommeil. Rien n'empêche, d'après cela, d'inventer par jeu une espèce de mythologie de la pensée animale; mais ce n'est qu'un jeu; car il faudrait la circonscrire bien au-dessous des sentiments et des passions. L'ordre seul, par jugement et géométrie, fait apparaître le désordre. Et qu'est-ce enfin qu'une pensée sans penseur?

Chapitre IV

DU FATALISME

Le fatalisme est une disposition à croire que tout ce qui arrivera dans le monde est écrit ou prédit, de façon que, quand nous le saurions, nos efforts ne feraient pas manquer la prédiction, mais au contraire, par détour imprévu, la réaliseraient. Cette doctrine est souvent présentée théologiquement, l'avenir ne pouvant pas être caché à un Dieu très clairvoyant; il est vrai que cette belle conclusion enchaîne Dieu aussitôt; sa puissance réclame contre sa prévoyance. Mais nous avons jugé ces jeux de paroles. Bien loin qu'ils fondent jamais quelque croyance, ils ne sont supportés que parce qu'ils mettent en arguments d'apparence ce qui est déjà l'objet d'une croyance ferme, et mieux fondée que sur des mots. Le fatalisme ne dérive pas de la théologie; je dirais plutôt qu'il la fonde. Selon le naïf polythéisme, le destin est au-dessus des dieux.

La doctrine de la prédestination, si souvent mal comprise, approche mieux des sources de cette croyance si naturelle, si commune, si funeste. Car ils n'entendent pas, par la prédestination, que Dieu tendra des pièges au condamné qui s'efforce d'être juste, mais au contraire que, quelles que soient les occasions extérieures, les grâces, et même les miracles, le plus intime du caractère ne change jamais et empoisonne de son vice préféré même la pratique de la vertu. Par exemple celui qui est trompeur dans le fond se fera, au mieux, trompeur pour le bien de l'Etat, ou peut-être poète, honoré peut-être des hommes, toujours le même devant le juge. Cette rude doctrine trouve assez de preuves dans l'observation des péchés, des repentirs, et même des expiations. Toutefois ce caractère que l'on suppose est encore une idole abstraite, qui convient assez à la psychologie dialectique. Heureusement les hommes dépendent moins de leur propre fond, et plus de leurs actions, comme les religions ordinaires l'ont discerné. Mais qui ne voit le danger de ces condamnations? Ce sont presque des malédictions déjà. L'enfant et même l'homme ne sont que trop disposés à lire une destinée dans leurs fautes. Si l'autorité du juge y ajoute encore, les voilà à désespérer d'eux-mêmes et à se montrer avec fureur tels qu'on croit qu'ils sont et tels qu'ils croient être. Nous touchons ici le plus secret des passions.

La prédiction d'un devin ou d'une sorcière, si elle dépend de causes extérieures et inanimées, peut se trouver vérifiée soit par hasard, soit par l'effet d'une connaissance plus avancée des signes, soit par une finesse des sens qui permet de les mieux remarquer. Il faut dire là-dessus qu'on oublie presque toutes les prédictions; ce n'est souvent que leur succès qui nous les rappelle. Mais le crédit qu'on apporte aux prophètes tient à des causes plus importantes et plus cachées. Souvent l'accomplissement dépend de nous-mêmes ou de ceux qui nous entourent; et il est clair que, dans beaucoup de cas, la crainte ou l'espérance font alors arriver la chose. La crainte d'un accident funeste ne dispose pas bien à l'éviter, surtout si l'on penche à croire qu'on n'y échappera pas. Mais si c'est la haine d'un homme que je crains, ou seulement l'attaque d'un chien, l'idée que j'en ai s'exprime toujours assez pour faire naître ce que j'attends. Si l'avenir annoncé dépend de moi seul, j'en trouverai bientôt les signes en moi-même; le bon moyen d'échapper au crime, à la folie, à la timidité, au désir de la chair ou simplement à la sottise n'est certainement pas d'y toujours penser. En revanche, croire que l'on est sauvé du mensonge ou de l'envie, ou de la brutalité, ce n'est pas un faible secours. Par ces causes, l'autorité des prophètes n'est pas près de finir.

Mais ces croyances vivent sur un fonds plus riche. Chacun est prophète de soi à soi. Car nos actions d'instinct, par le mécanisme qui a été décrit ci-dessus, commencent d'elles-mêmes, et sont perçues en même temps. Le mouvement hardi s'annonce par allégresse, qui n'est que sentiment de l'éveil des muscles nourris et reposés; la colère s'annonce par crispation en tumulte, chaleur du sang, souffle, cris, paroles; la peur, encore mieux. Toutes les démarches de l'ambition, de l'amour, de la vanité nous sont prévisibles à la manière des mouvements d'autrui, avec cette diffé-rence que nous les prenons en main et les dirigeons et les poussons à l'achèvement à mesure que nous les nommons, ce qui fait que cette prophétie de soi à soi ne manque jamais d'être vérifiée; car le jugement éclairé, qui nie l'âme de ces choses, et les renvoie, comme il faut, à un mécanisme fortuit, veut un long détour de doctrine que l'expérience de l'âge ne rem-place nullement. Ainsi, comme l'instinct est le premier objet de l'esprit, le fatalisme est aussi sa première doctrine. Le héros d'Homère dit naïvement : « Je sens dans mes pieds et mes mains, je sens qu'un dieu me pousse. » L'animal pensant doit passer par cette idée-là.

Chapitre V

DE L'HABITUDE

On met communément l'habitude trop bas. J'y vois une souplesse étonnante, bien au-dessus d'un mécanisme obstiné qui chercherait toujours les mêmes chemins. Par la puissance de l'habitude, on voit le danseur ou l'escrimeur se tirer des embarras soudains avant que le jugement les ait mesurés; mais il y a aussi, dans ceux qui ont pratiqué ces exercices, une aisance et une liberté de mouvements qui font que le jugement est aussitôt suivi d'exécution. A quoi s'opposent souvent les habitudes. Seulement il faut bien remarquer que, si je ne sais pas valser à l'envers, ce n'est pas l'habitude de valser dans l'autre sens qui s'y oppose, et ce n'est pas d'être bon cavalier qui m'empêchera d'être bon tireur au fusil, bon violoniste, bon rameur. Il est clair qu'un acrobate, maître en certains tours de souplesse, en fera bien aisément d'autres. De même l'exercice de la parole ou de la composition écrite finit par délivrer de ces tours de phrase que l'on dit habituels, mais qui ne reviennent si souvent que parce que l'on ne s'est pas habitué aux autres. Ces remarques sont pour arrêter l'improvisateur, au seuil de cette analyse périlleuse. Car on est tenté de décrire une machine humaine qui agirait sans intervention du haut commandement. Mais le musicien, le gymnaste, l'escrimeur se moquent de nos systèmes. J'en appelle ici à tous ceux qui ont appris à faire quelque action difficile. Quand mon maître d'armes distinguait, en jargon alsacien, les tireurs de moyens et les tireurs de jugement, il m'apprenait la philosophie aussi.

C'est une erreur de dire qu'une action que l'on sait faire se fait ensuite sans attention. Le distrait est, il me semble, un homme qui laisse courir ses actions; mais aussi il est assez ridicule, par cette méthode en petits morceaux. L'animal n'est point distrait; il n'est qu'étourdi. Il faut insister là-dessus. Il n'est point vrai qu'un bon cavalier monte bien sans jugement. Il n'est point vrai qu'un bon ouvrier ajuste bien sans jugement. Je dirais plutôt que le jugement ici, par la vertu de l'habitude, est obéi aussitôt, sans mouvements inutiles. Et j'ai ouï dire que la moindre idée ou réflexion de traverse précipite le gymnaste. Preuve que son corps, sans un continuel commandement, ne sait plus où aller; s'il se raccroche, c'est d'instinct. Et je ne crois même pas que cet art de tomber sans mal, qu'ils ont si bien, soit jamais sans jugement.

L'animal montre une souplesse du même genre, mais par l'absence de jugement. Nous sommes communément entre deux. L'instinct, dans notre pensée naturelle, devient passion, contracture, maladresse. La rançon de la pensée, c'est qu'il faut bien penser. Comme nous ne savons pas agir sans penser, nous ne pouvons agir comme il faut sans y bien penser. La peur de mal faire y est le principal obstacle comme on sait; et ce genre de peur est toujours le principal dans toute peur. Mais cette peur n'est que le sentiment d'une multitude d'actions qui commencent et se contrarient. Pour la vaincre, et faire ce qu'on veut, il faut ne faire que ce qu'on veut, par exemple allonger le bras sans que le pied parte, ou bien ouvrir une serrure rebelle sans grincer des dents, ou bien encore tenir l'archet sans le serrer, monter sans retenir son souffle. Le plus simple exercice est un combat contre les passions, surtout contre la peur, la vanité, l'impatience.

Convenons maintenant qu'il y a deux manières d'apprendre, et que l'habitude n'est pas l'instinct, ni le prolongement de l'instinct. L'animal, et l'homme autant qu'il est animal, apprend par contrainte des objets ou par imitation machinale, toujours par répétition. De quoi l'on peut rendre compte d'abord par la nutrition des muscles que le mouvement excite et fortifie, encore, si l'on veut, par les traces qui sont laissées dans les nerfs ou dans les centres nerveux, et qui font que les réactions répétées s'inscrivent par des chemins de moindre résistance. Encore est-il à remarquer que les meilleurs signes par lesquels on puisse faire obéir un cheval sont toujours des pressions ou contraintes, qui gênent certains mouvements et en favorisent d'autres. Cette activité machinale ne ressemble jamais à l'intelligence, et j'ai toujours pensé que le dressage des animaux, bien loin de prouver qu'ils comprennent, suppose au contraire une entière stupidité. L'homme apprend tout à fait autrement, non pas par répétition machinale, mais par recommencement, toujours sous la condition d'une attention soutenue, disons autrement, sous la condition que les mouvements exécutés soient voulus et libres, sans que le corps en fasse d'autres. Il est bien vrai que toute contraction musculaire éveille aussitôt les muscles voisins, et souvent même les muscles antagonistes, de façon que nos membres se raidissent, se fatiguent et n'avancent point; mais je crois que la cause principale de ce désordre du corps est la confusion des idées augmentée encore par la peur de se tromper, si funeste dans toutes les actions. Remarquez que, dans tous les exercices, la victoire est soudaine. Dès que le jugement forme une perception claire et que le corps suit, tout est su. L'attrait des habitudes et leur puissance naturelle viennent de ce bonheur que l'on trouve à faire ce que l'on fait bien, même battre les cartes.

Mais il se joint à cette raison, qui explique déjà assez les récréations des oisifs, un jugement bien trompeur, sous l'idée fataliste, c'est que nos habitudes sont nos maîtresses, et que, dès qu'elles nous tirent et nous appellent par de petits mouvements, nous ne pouvons absolument pas leur résister. Un homme d'âge, et contraint par sa santé de prendre un nouvel emploi, loin de son métier, de ses amis, de ses plaisirs, disait : « On se passe de beaucoup de choses. » Et tous ceux qui ont fait la guerre peuvent dire qu'il est aussi vite fait de changer d'existence que de changer d'habit. Mais d'avance on ne le croit point. La guérison des habitudes funestes consiste à faire voir, par l'expérience, que l'habitude tire toute sa force de ce faux jugement. Mais la guérison ne dure aussi qu'autant que dure le traitement; une seule expérience contraire rétablit l'esprit dans son erreur. Ceux qui ont souffert des passions se reconnaîtront ici. Qu'ils essaient de comprendre, mais par réflexion, pourquoi la guérison fut si aisée, et la rechute si prompte. Mais comprenez bien, c'est de première importance, qu'il suffit de se croire esclave pour l'être en effet. Rien n'éclaire mieux le libre arbitre.

Chapitre VI

DU DÉTERMINISME

On peut prédire ce qui arrivera dans un système clos, ou à peu près clos, par exemple dans un calorimètre, dans un circuit électrique, dans le système solaire, si l'on considère les positions des astres seulement. Non seulement un ensemble de causes ou de conditions détermine rigoureusement un ensemble d'effets, mais encore le travail ou, comme on dit, l'énergie, qui comprend aussi le travail moléculaire supposé, se retrouve dans l'effet en quantité égale, quelles que soient les transformations. Par exemple la chute d'une certaine masse, depuis une certaine hauteur, se traduira toujours par la même vitesse à l'arrivée, et le choc, s'il transforme en chaleur ce travail accumulé, fondra toujours le même poids de glace à zéro. Les vivants n'échappent point à cette loi. Autant qu'on peut isoler un animal, l'énergie qu'il dissipe en mouvement et en chaleur égale l'énergie chimique enfermée dans ses aliments, diminuée de celle qui subsiste dans les excrétions. Voilà ce que l'entendement pose, en prenant pour modèle les opérations mathématiques, qui sont des systèmes parfaitement clos. Pour les systèmes imparfaitement clos, la vérification est toujours ce qu'on peut attendre, d'après le soin qu'on a apporté à exclure des causes étrangères. Il n'y a aucune raison de supposer que des causes encore mal mesurées échappent à cette règle, et même, comme il a été expliqué, une telle supposition ne peut être faite qu'en paroles et que tant qu'on ne sait pas de quoi on parle. Il est donc inévitable qu'un esprit exercé aux sciences étende encore cette idée déterministe à tous les systèmes réels, grands ou petits.

Ces temps de destruction mécanique ont offert des exemples tragiques de cette détermination par les causes sur lesquels des millions d'hommes ont réfléchi inévitablement. Un peu moins de poudre dans la charge, l'obus allait moins loin, j'étais mort. L'accident le plus ordinaire donne lieu à des remarques du même genre; si ce passant avait trébuché, cette ardoise ne l'aurait point tué. Ainsi se forme l'idée déterministe populaire, moins rigoureuse que la scientifique, mais tout aussi raisonnable. Seulement l'idée fataliste s'y mêle, on voit bien pourquoi, à cause des actions et des passions qui sont toujours mêlées aux événements que l'on remarque. On conclut que cet homme devait mourir là, et que c'était sa destinée, ramenant ainsi en scène cette opinion de sauvage que les précautions ne servent pas contre le dieu, ni contre le mauvais sort. Cette confusion est cause que les hommes peu instruits acceptent volontiers l'idée déterministe; elle répond au fatalisme, superstition bien forte et bien naturelle comme on l'a vu.

Ce sont pourtant des doctrines opposées; l'une chasserait l'autre si l'on regardait bien. L'idée fataliste c'est que ce qui est écrit ou prédit se réalisera quelles que soient les causes; les fables d'Eschyle tué par la chute d'une maison, et du fils du roi qui périt par l'image d'un lion nous montrent cette superstition à l'état naïf. Et le proverbe dit de même que l'homme qui est né pour être noyé ne sera pas pendu. Au lieu que, selon le déterminisme, le plus petit changement écarte de grands malheurs, ce qui fait qu'un malheur bien clairement prédit n'arriverait point. Mais on sait que le fataliste ne se rend pas pour si peu. Si le malheur a été évité, c'est que fatalement il devait l'être. Il était écrit que tu guérirais, mais il l'était aussi que tu prendrais le remède, que tu demanderais le médecin, et ainsi de suite. Le fatalisme se transforme ainsi en un déterminisme théologique; et l'oracle devient un dieu parfaitement instruit, qui voit d'avance les effets parce qu'il voit aussi les causes. Il reste à disputer si c'est la bonté de Dieu ou sa sagesse qui l'emportera. Ces jeux de paroles sont sans fin, mais l'expérience la plus rigoureuse semble décider que le Créateur ne change jamais le cours des choses, et reste fidèle aux lois qu'il a instituées. Par ce détour, on revient à dire que l'homme qui sera noyé par des causes ne sera certainement pas pendu. Au lieu d'être attiré par un destin propre à lui, il est pris dans une immense machine dont il n'est qu'un rouage. Sa volonté elle-même suit ses actions; les mêmes causes qui le font agir le font aussi vouloir. Chacun sait qu'une certaine espèce de fous font ce qu'on leur suggère, et qu'ils veulent aussi ce qu'ils font, ce qui fait qu'ils croient faire ce qu'ils veulent. Prouvez que nous ne sommes pas tous ainsi.

Ce qui achève d'engourdir l'esprit, c'est que, par un déterminisme bien éclairci, tout reste en place. Un bon conseil est toujours bon à suivre, que je le suive par nécessité ou non. La délibération n'est pas moins naturelle, soit que je pèse les motifs avant de me décider librement, soit que je cherche à prévoir, par l'examen des motifs, ce que je ferai par nécessité. La décision a le même aspect, soit que je jure de faire, soit que je sois sûr que je ferai. Les promesses aussi. L'action aussi, l'un disant qu'il a fait ce qu'il a voulu, l'autre qu'il a voulu justement ce qu'il ne pouvait pas ne pas faire. Ainsi le déterminisme rend compte des sentiments, des croyances, des hésitations, des résolutions. La sagesse, disait Spinoza, te délivre et te sauve autant, que ce soit par nécessité ou non. Sur quoi disputons-nous donc?

Chapitre VII

DE L'UNION DE L'ÂME
ET DU CORPS

Je ne dispute point. Je contemple avec attention, sans aucun respect, ce vaste mécanisme qui ne promet rien, qui ne veut rien, qui ne m'aime point, qui ne me hait point. L'esprit qui le contemple me paraît au moins son égal, pénétrant même en lui au-delà de ce qu'il montre, et, s'il ne le dépasse point en étendue, l'égalant toujours. Non que l'esprit me semble s'étaler sur les choses, et se diviser et disperser pour les saisir; au contraire, c'est par l'unité de l'esprit, sans parties ni distances, qu'il y a des parties et des distances; car la partie par elle-même n'est qu'elle, et n'est donc point partie; et la distance entre deux parties leur est extrinsèque aussi. Il n'est donc pas à craindre que cette âme sans parties et qui comprend toutes choses, aille s'enfermer dans quelque trou de taupe. Réfléchis un moment; si ton âme était dans ton corps, elle ne pourrait point penser la distance de ton corps à d'autres. L'ouvrier de ce grand réseau, il faut qu'il y soit partout à la fois et tout entier partout; comment y serait-il pris? N'aie pas peur. Fie-toi à ton âme.

Mais tout cela, dit le psychologue, toutes ces distances, cette terre, ces étoiles, tout cela est dans mon âme et mon âme est dans mon corps. Toutefois je trahis ici le psychologue; ce n'est point cela précisément qu'il dit; ce qui le préoccupe, en tous ses discours, c'est qu'il craint de dire cela. Dans ce jeu de l'intérieur et de l'extérieur, du contenant et du contenu, ce serait un scandale en vérité, si l'on venait à dire que ce corps

mien, entouré de corps innombrables, étant dans mon
âme, je sais pourtant que cet univers est à son tour
dans ce corps mien, qui n'en est qu'une faible partie.
Je veux te faire rougir ici, lecteur, si tu as suivi dans
les psychologues cette doctrine cabriolante, d'après
laquelle l'action des choses extérieures produit dans
l'âme une sensation d'abord, sur quoi l'âme se représente en elle cette chose extérieure et toutes les
autres. Mais l'autre extérieur, d'où venait la première
action, où donc est-il? Est-ce lui que l'âme retrouve, et
sort-elle d'elle-même? Au vrai, c'est l'animal agissant
que vous décrivez ici; et il est vrai qu'une action des
choses y entre et qu'une réaction en sort. Mais par
sens, cerveau, muscles; vous ne ferez pas tenir une
âme là-dedans. J'entends bien qu'il vous plaît de voir
un petit moment par ses yeux, et puis vous revenez à
votre poste d'observateur. Mais ce jeu n'est pas
sérieux; les âmes n'émigrent pas ainsi d'un corps à
l'autre. De quelque façon que mon esprit soit attaché à
mon corps, il l'est bien.

C'est cette attache qu'il faut considérer, autant qu'on
le peut. Elle est sensible par ce point de vue d'où, à
chaque instant, je pense le monde, et qui ne change
que par des mouvements de mon corps. Si je veux voir
ce clocher caché par un arbre, il faut que mon corps
change de lieu. Et la douleur, encore, dès qu'il est lésé,
me fait sentir qu'il est mien. Enfin il est mien aussi par
l'obéissance. Le mouvement que je veux faire, aussitôt
mon corps le fait ou l'essaie. Voilà tout ce que je sais
de l'union de l'âme et du corps, si je comprends, sous
l'idée de douleur, l'attention détournée, l'abattement, la
stupeur. Je connais mon esclavage; mais ne comptez pas
que j'y ajoute comme à plaisir, et contre le bon sens.

Il est clair que mon esprit n'est pas un des rouages
de mon corps, ni une partie de l'univers. Il est le tout

de tout. Je ne fais pas ici de conjecture. Je décris simplement. Ma première pensée est une perception de l'univers, à laquelle rien ne manque, dans laquelle rien n'entrera ensuite comme par des portes, mais que j'éclaircirai simplement. Trouver le point d'attache entre cet immense pouvoir de connaître et ce petit objet qui lui impose un centre, des conditions, un point de vue, cela passe notre mécanique et toute mécanique. Notre esclavage est donc de fait, non de théorie. Et dans le fait nous ne pourrions jamais trouver un esclavage sans limite; nous n'y trouvons même pas un esclavage constant. L'homme pâtit et agit, imite et invente. Je le prends comme je le trouve. Et je l'aime ainsi, au travail, sans désespoir vrai, et traînant ce cadavre, comme dit l'autre.

Note

Les rapports de la pensée et de l'action constituent une des plus importantes parties de la philosophie. Je les résume ici en quelques mots. Ce qu'il faut saisir c'est que nos pensées volontaires ne font que continuer quelque action ou quelque geste. C'est par cette remarque que le libre arbitre est le mieux compris. De quelque question qu'il s'agisse c'est toujours par le langage que nous imprimons une direction à nos pensées. Penser c'est toujours réfléchir sur un signe et le continuer ou l'arrêter. Il est assez clair que par la perception nous ne nous représentons jamais, sous forme de distance, de relief ou d'espace, que des actions possibles et toujours au moins esquissées. La recherche scientifique procède toujours par action, par essais. La méthode expérimentale et le calcul même ne sont que des actions continuelles sur lesquelles nous exerçons notre critique. Autrement notre pensée ne nous offre point de prises pour l'arrêter ou la changer; nous parlons toutes nos pensées qui ne sont réellement qu'un discours à nous-même, dont on trouve le modèle dans les *Méditations* de Descartes (Le Je Pense est une parole). Il faut se garder de rester en observateur au milieu de pensées sans aucune action. L'écriture est pour la réflexion un objet de choix.

Chapitre VIII

DU LIBRE ARBITRE ET DE LA FOI

Libre arbitre est mieux dit que liberté. Ces vieux mots apportent en eux l'idée capitale du juge, dont toute liberté dépend. Il n'échappe à personne que, sans jugement, il n'y a point de liberté du tout. L'instinct commence, les passions suivent, et les motifs ne sont que des signes émouvants. C'est déjà autre chose si d'abord le jugement renvoie les premiers mouvements à leur source; ce mécanisme, laissé à lui-même, trouve bientôt son équilibre. Ensuite, parmi les motifs d'agir, les uns périssent en même temps que la passion, et, comme elle, à peine nés. Les autres sont représentés par juste perception, suivis jusqu'aux effets; enfin la route est explorée. Ou bien, pour des raisons préalables, je refuse au motif de la faire vivre seulement; car c'est une sagesse aussi de ne pas examiner, et un honnête homme ne s'amuse pas à chercher comment il pourrait voler sans être pris, encore moins comment il pourrait violer ou séduire. Ou bien encore, allant droit aux images, il les réduit à d'exactes perceptions. De toute façon, il est bien loin de celui qui se regarde vivre, curieux de savoir jusqu'où ses désirs le conduiront. N'oublions pas le parti royal, qui est de ne point même considérer les petites choses, car le sage sait que tout est changement et dissolution dans les jeux d'images, quand le jugement ne les retient point. Par ces descriptions où l'homme de bonne foi se reconnaîtra, nous sommes bien au-dessus déjà de ces inventaires mécaniques, et encore sans géométrie, où les motifs paraissent comme des plaignants ou des solliciteurs. Ici les motifs n'existent que par la grâce du juge. Encore bien plus méprise-rons-nous cette balance, où le juge essaierait ses motifs comme des poids. Autant qu'on peut se faire une idée d'un fou tranquille, c'est ainsi qu'il penserait. Et prenons garde aussi à ceci, c'est que si j'analyse en psychologue ma délibération au sujet d'une promena-de, mes motifs semblent alors à l'écart comme des choses. Mais pourquoi? Parce que mon jugement examine alors la nécessité et le libre arbitre, non la promenade. L'expérience d'un acte libre ne peut consister qu'à agir librement, au lieu de réfléchir sur le problème du libre arbitre. Ne cherchez donc point la liberté dans des exemples de professeur.

Pour l'exécution, il y a beaucoup à dire aussi, et du même genre. Car l'exécution suppose une suite d'actes et un chemin qui change les perspectives et éclaircit les motifs, pour peu qu'on regarde. Et souvent la délibération suppose plus d'un essai. L'action est comme une enquête encore. C'est encore folie, et assez commune aux passions, que de se lier au parti qu'on a pris imprudemment. Et dans cette idée populaire qu'une fois mal lancé on ne peut plus se retenir, je reconnais l'idole fataliste. Par là se définit l'obstina-tion, qui n'est jamais sans colère. Inversement une volonté suivie ne se croit point quitte quand elle a décidé, et ne s'arrête point aux obstacles; et c'est persévérance alors, par recherche et délibération de nouveau. Il y a plus de deux chemins et des carrefours partout. La volonté se montre moins par des décrets que par une foi constante en soi-même et un regard franc à chaque pas.

Il faut considérer aussi le pouvoir moteur, qu'on décrit très mal en considérant le sentiment de l'effort contrarié, qui ramène l'attention justement où il ne faudrait point. Le pouvoir d'agir s'exerce d'abord par volonté suivie, par travail gymnastique, qui rend le corps obéissant, toujours en dénouant l'effort. Dans l'action même, l'attention se détache tout à fait du corps; le pianiste pense la musique, et les doigts suivent, aussi vifs que la pensée, comme on dit. Si l'on considérait mieux l'homme libre, on se délivrerait tout à fait de cette idée que l'âme agissante est cachée dans le corps comme le mécanicien dans la machine. On dirait mieux en disant que la pensée va en éclaireur et que le corps marche après elle. Mais ce sont des images mécaniques; l'esprit est à la fois dehors et dedans. Nullement objet ou chose; nullement poussé ni poussant.

Je ne puis vous montrer le libre arbitre comme on fait voir un ressort caché. L'esprit ne se saisit pas lui-même; il ne retrouve ses idées que dans les objets. Ne comptons pas le libre arbitre au nombre des choses qui existent. Il est trop clair qu'on peut le perdre; il suffit qu'on y consente. Et nul ne peut le délivrer que lui-même. C'est donc assez d'avoir levé les obstacles d'imagination; la réflexion ne peut faire plus. S'il y avait quelque preuve du libre arbitre, je vous déterminerais donc par là. C'est ce que Renouvier a dit en d'autres termes; le principal c'est qu'il faut se faire libre. Vouloir enfin. Et ce n'est pas une remarque sans importance, puisque tant d'hommes s'irritent dès que je les veux libres. Mais ne craignez pas d'être libres malgré vous; je n'y puis rien. Ici est la foi dans sa pureté; ici apparaissent les preuves théologiques, si

longtemps détournées de leur objet propre, car c'est la
Foi même qui est Dieu.

Il faut croire au bien, car il n'est pas; par exemple à
la justice, car elle n'est pas. Non pas croire qu'elle est
aimée et désirée, car cela n'y ajoute rien; mais croire
que je la ferai. Un marxiste croit qu'elle se fera sans
nous et par les forces. Mais qu'ils suivent cette idée;
cette justice qui se fera n'est même plus justice; ce
n'est qu'un état des choses; et l'idée que je m'en fais,
de même. Et si tout se fait seul, et ma pensée aussi
bien, aucune pensée non plus ne vaut mieux qu'une
autre, car chacun n'a jamais que celle qu'il peut avoir
par les forces. Et notre marxiste doit attendre qu'une
vérité aussi en remplace une autre. J'ai connu de ces
penseurs qui se laissent penser comme d'autres se
laissent vivre. Le vrai penseur ce serait donc le fou, qui
croit ce qui lui vient à l'esprit? Mais remontons de cet
enfer. Il faut bien que je laisse le malade qui ne veut
pas guérir.

Chapitre IX

DE DIEU, DE L'ESPÉRANCE
ET DE LA CHARITÉ

Je ne sais quel philosophe anglais, d'esprit vigoureux
et libre certes, a dit que l'idée de Dieu est la plus utile
aux tyrans. C'est une raison d'être athée par précaution car la liberté marche la première. Et si je crois en
Dieu, j'ose dire que ce sera toujours avec prudence.
C'est trop de deux juges; il n'en faut qu'un. Ainsi jamais
je ne jugerai du vrai ni du juste d'après Dieu; mais au

contraire je jugerai Dieu d'après ce que je sais du vrai et du juste. Et c'est une règle de prudence contre le dieu des gouvernements. Si vous échappez en disant que Dieu est en effet tout ce qui est vrai et juste, je veux pourtant encore que ce qui fait soit supérieur à ce qui est. Cela revient à dire que rien de ce qui est n'est dieu. Il faut que je tienne l'objet ou qu'il me tienne. Et si la perfection est adorable, que dirons-nous de celui qui la juge? Il y a mieux encore pourtant, c'est celui qui la fait. Ma foi, j'adore l'homme juste, courageux et bon dès qu'il se montre. Là-dessus, je ne crains ni dieu, ni diable.

Mais peut-être Dieu est-il l'objet propre du sentiment, comme le libre arbitre l'est de la foi. Car je sens Dieu en tous mes actes, et mes frères les hommes le sentent comme moi; c'est pourquoi ils se pressent tant d'adorer ce qu'ils ne comprennent pas. Et, sans parler des cultes de fantaisie, qui résultent de perceptions fausses, il n'est guère d'homme qui ait quelque idée triomphante sans qu'il en fasse honneur à son maître. Ce mouvement est beau; ce n'est qu'une manière de se sauver des petites causes, qui rendent lâche et paresseux.

Servir et honorer Dieu, cela sonne bien à l'égard du troupeau animal et du peuple des désirs. Oui, le servir, mais non vouloir ou attendre qu'il nous serve. Aussi dans le fatras des livres sacrés, j'ai trouvé fortes et touchantes ces images de Dieu faible et nu et démuni, comme s'il ne donnait que ce qu'il reçoit; de Dieu flagellé et crucifié; de Dieu qui demande et attend, sans forcer jamais; de Dieu pourtant qu'on n'implore jamais en vain, comme si toute la vertu de Dieu était dans la prière; de Dieu consolateur, non vengeur. Mais la théologie gâte tout, par jeux d'imagination et de logique. Le mouvement des persécuteurs est plus juste, quoique aveugle, car ils vengent Dieu.

Ce monde qui m'entoure ne m'est pas étranger ni contraire. En vrai fils de la terre, j'aime le spectacle des choses, la suite des heures et des saisons. Non par fantaisie; il est à remarquer que le fantastique, comme lutins et génies voltigeants, fait plutôt aimer la maison et les hommes. L'amour de la nature ne vient que de cette paix et de cet ordre que la perception droite y découvre. Qu'on puisse se fier aux choses et ne craindre aucun miracle, cela fait aimer la solitude. Il y a une sagesse enfin dans les plus terribles choses, qui ne promet pas beaucoup, mais aussi qui ne trompe point. Quoi qu'il arrive, il sera toujours selon l'ordre et la mesure. Et cette sécurité d'esprit double le plaisir de nos sens, quand la nature nous est favorable et bonne. Les bienfaits d'un homme laissent plus à craindre, et je sais pourquoi Jean-Jacques fuyait les villes.

L'amitié est pourtant au-dessus. L'amitié, non la société. La société est comme une amitié forcée; l'amitié est une société libre, où la contradiction elle-même plaît, par la pensée commune qu'elle fait encore ressortir. S'il n'y a qu'un monde et qu'une vérité, il faut bien qu'il n'y ait qu'un esprit. Certes cela n'est jamais compris tout à fait; mais le spectacle des choses, surtout inhumaines et hors de nos prises, est souvent l'occasion de le sentir avec force. Sans pouvoir former aucune idée de cette parenté entre tous les esprits et toutes les choses, nous voulons croire que nos meilleures volontés trouveront le chemin dans les choses et même parmi les hommes. Ainsi renaît l'espérance, mais toujours la foi marche la première. Deux proverbes en témoignent qui disent :

« Aide-toi, le ciel t'aidera », et « La fortune aime les audacieux ». Les doctrines de la grâce et de la prière n'ont pu méconnaître l'ordre humain; il a bien fallu subordonner le droit de grâce à la volonté du pécheur. Le Dieu objet est trop lourd.

Il faut plus de fermeté, de confiance en soi et de suite pour aimer les hommes. Je dis aimer par préjugé, non d'amitié. Malgré passions et désordre; malgré l'ordre de société qui est souvent pire; malgré la haine, j'entends qui vous vise. Ceux qui n'arrivent pas à aimer leurs ennemis sont ceux qui attendent un mouvement d'amitié ou de compassion. L'amour dont je parle ici est tout voulu; il va droit à la raison enchaînée; et les signes ne manquent jamais. C'est pourquoi cette espérance est ferme et décidée plus que l'autre, quoiqu'elle reçoive moins de récompenses. Son nom est charité, et la sagesse théologique l'a mise, avec la foi et l'espérance, au nombre des vertus, ce qui avertit assez que la bonne volonté y doit suffire, et que l'humeur la plus favorable ne les remplace point. Comme ces vertus, trop oubliées par les philosophes, ne déterminent aucun genre d'action, mais les éclairent toutes, c'est pour cela que je les mets ici comme trois lampes à porter devant soi, pour tous chemins.

Chapitre X

DU GÉNIE

Le génie, c'est l'action aisée, sans délibération, sans erreur et imprévisible. Peut-être pour le comprendre faut-il considérer seulement les improvisateurs, et saisir, si on le peut, l'entrée en scène de cette liberté réglée et infaillible. Sur quoi la musique peut nous instruire, du moins par conjecture; car il y a quelque chose de si naturel et de si attendu dans la belle musique que je crois qu'un chanteur qui écouterait le son, sans se détourner vers autre chose, trouverait dans cet objet ce qui y est annoncé et qui en est la suite; mais cette attention pleine est impossible avec le retour sur soi, le scrupule et l'idée préconçue; il ne s'agit pas ici de prévoir, mais de faire; si l'on attend, tout change, car un son prolongé annonce autre chose qu'un son bref; et de même un silence. Un général décide de même, sur le moment, non d'après les conseils ou le plan, mais d'après l'objet seulement; car telle est l'œuvre libre. De même pour le peintre, un coup de pinceau vient après l'autre, et un mot après l'autre pour l'écrivain. Michel-Ange considéra un bloc de marbre, et y vit son David, et sans doute le fit, avec cette vivacité que l'on sait, sans autre modèle que cette statue qui sortait un peu mieux du marbre après chaque coup de maillet. J'avoue que la manière de nos peintres et de nos sculpteurs auxquels il faut deux objets, le modèle et l'œuvre, ne s'accorde guère avec ces vues. Mais peut-on concevoir qu'un général ordonne une bataille sur le modèle d'une autre? Au sujet de l'écrivain, je remarque que les règles de la versification ont toujours favorisé l'inspiration; mais que sont ces règles, sinon un moyen de ramener l'attention à l'œuvre et de la détourner du modèle? Quant à la prose je ne sais qu'en dire; car je ne crois pourtant pas que ce qui n'est pas vers soit prose, mais la prose est le dernier-né des arts, et sans doute le plus caché. Toujours est-il que dans l'art du dessin, où l'on

suit pourtant le modèle, il y a un mouvement qui
continue ou termine le dessin d'après le dessin même;
et de là vient que la plus rare beauté dans un dessin
n'est pas la ressemblance. Pour l'architecture, je dis la
plus belle, et en même temps la plus naturelle, il se
peut bien que, même dans l'exécution, il y ait plus d'un
égard à ce qui est fait déjà, et qu'ainsi le commencement soit beau surtout par ce qui le continue. Contre
quoi n'irait pas la manière d'écrire de Molière et
surtout de Shakespeare; car le beau n'y est pas dans le
sujet, ni dans ce qui est ordonné d'avance, mais plutôt
dans ce qu'on appelle les hasards du ciseau, disons
dans le libre jugement, en même temps action, et qui
continue comme il faut. Cette grâce est visible dans les
ornements et dans les beaux meubles, dont les parures
ressemblent à la musique, en ce qu'elles montrent la
nécessité et la liberté ensemble.

D'après cela, ce qui serait le plus éloigné du génie,
ce serait la mesure et la définition de soi; il y a
toujours de la prétention dans les œuvres du caractère. Car chacun est tout neuf, s'il ose; mais c'est la
simplicité qui ose; et ainsi le jugement nu se trouve en
face de l'objet nu; l'objet alors emplit la conscience; et
le sujet ne s'y cherche plus. Il fallait le prévoir, par une
exacte analyse, au lieu de chercher dans le génie
quelque chose toujours de l'inspiration des sibylles, un
mécanisme enfin, encore un objet. Et il ne se peut pas
que l'on pense à l'objet comme il faut et en même
temps à soi. L'esclave de plume se connaît trop par
l'œuvre qu'il veut faire; mais l'artiste ne se connaît
que par l'œuvre faite; heureux s'il ne se définit point
par là.

Chapitre XI

DU DOUTE

Le fou ne doute jamais, ni dans son action ni dans sa pensée. Comme c'est folie de jeter tout le corps avec le poing, c'est folie aussi de trop croire à des ruses, à des haines, à des peurs, à ses propres actions et même à ses propres défauts. Le doute serait donc la couronne du sage. Descartes l'a assez dit, si seulement l'on comprend qu'après une idée il faut en former une autre et que le chemin est le même vers toutes. Mais on veut pourtant que Descartes n'ait douté qu'une fois. Le douteur a une allure ferme et décidée qui trompera toujours.

L'action du fou est à corps perdu. La peur combat très mal. Effet d'une croyance lourde, qui livre l'action aux forces. Mais l'action libre, comme du bon escrimeur, est douteuse à tout instant, et puissante par là. Vive et prompte, mais non emportée. Soudaine dans le départ et dans l'arrêt. Toujours prête au détour, au recul, au retour, selon le jugement. Toute action, d'inventeur, de gouverneur, de sauveteur, trouve ici son modèle, et l'action de guerre même, dans son tout et dans ses parties. Je n'oublie point l'action de l'artisan, plus harmonieuse encore et plus riche de sagesse peut-être, par la solidité de l'objet, et par ce loisir d'un instant que les autres actions ne laissent pas assez; toutefois moins directe contre les passions, parce qu'elle ne les éveille point. Actions pesées, actions pensées. Ainsi la gymnastique est la première leçon de sagesse, comme Platon voulait.

Spinoza, disciple plein de précautions, à ce point

qu'il semble arrêter tout, a voulu avec raison que l'on distingue l'incertitude et le doute. Beaucoup disent qu'ils doutent, parce qu'ils ne sont assurés de rien. Mais la timidité et la maladresse ne font pas l'escrimeur. Ainsi le désespoir ne fait pas le penseur. Qui n'est assuré de rien ne peut douter; car de quoi douterait-il? Au vrai ces prétendus douteurs ont plutôt des croyances d'un moment. Ainsi agit, si l'on peut dire, un homme qui trébuche sur un tas de briques.

Chacun doute le mieux de ce qu'il connaît aussi le mieux. Non point, comme le spectateur veut dire, parce qu'il a éprouvé la faiblesse des preuves; au contraire, parce qu'il en a éprouvé la force. Qui a fait peut défaire. Jusqu'au détail; il est d'expérience que la preuve est essayée par un doute plein et fort. S'il craint de douter, la preuve reste faible. Euclide est un homme qui a su douter, contre l'évidence. Et la géométrie non euclidienne a dessiné l'autre d'un trait encore plus ferme. Je doute encore sur ce doute-là; ainsi naissent les idées, et renaissent.

On voudrait les pouvoir laisser en place, comme un maçon les pierres. Mais il n'y a point de mémoire des idées; mémoire des mots seulement. Il faut donc retrouver toujours les preuves, et encore douter pour cela. « C'est la peine qui est bonne », disait un ancien. Aussi je n'espère pas beaucoup de ceux qui traînent leurs écrits. Jean-Jacques conte qu'il les oubliait dès qu'ils étaient en forme. Mais c'est peut-être que le dernier regard du jugement n'en laissait rien debout; ainsi la même glaise servait pour d'autres statues. Non pas sévérité pour soi, ce n'est plus le temps, mais plutôt indulgence et oubli. Il faut se pardonner d'avoir fait un livre et il y a un art de délier pour soi, dès qu'on a lié pour les autres. Ainsi la pensée n'a jamais d'autre objet que les objets; et cela suffit.

Pour toi, lecteur, maintenant. Il y a un doute planant, qui n'est qu'incertitude. Ce n'est pas ainsi qu'il faut lire. Mais douter avec amour et foi, comme lui a fait. Douter sérieusement, non tristement. La théologie a tout gâté; il faudrait donc gagner le ciel comme beaucoup gagnent le pain. Mais le pain que l'on gagne en chantant est le meilleur. Il y aurait beaucoup à dire sur le sérieux. Car il n'est pas difficile d'être triste; c'est la pente; mais il est difficile et beau d'être heureux. Aussi faut-il être toujours plus fort que les preuves. Car ce n'est rien de bon, que ces idées qui viennent à l'assaut, surtout si l'on court aux armes. A ces moments-là, Socrate riait. Lecteur, au sortir de ces landes arides qu'il a bien fallu traverser, je souhaite que jeunesse te garde.

LIVRE CINQUIÈME

Des passions

Chapitre premier

DU BONHEUR ET DE L'ENNUI

On dit communément que tous les hommes poursuivent le bonheur. Je dirais plutôt qu'ils le désirent, et encore en paroles, d'après l'opinion d'autrui. Car le bonheur n'est pas quelque chose que l'on poursuit, mais quelque chose que l'on a. Hors de cette possession il n'est qu'un mot. Mais il est ordinaire que l'on attache beaucoup de prix aux objets et trop peu de prix à soi. Aussi l'un voudrait se réjouir de la richesse, l'autre de la musique, l'autre des sciences. Mais c'est le commerçant qui aime la richesse, et le musicien la musique, et le savant la science. En acte, comme Aristote disait si bien. En sorte qu'il n'est point de chose qui plaise, si on la reçoit, et qu'il n'en est presque point qui ne plaise, si on la fait, même de donner et recevoir des coups. Ainsi toutes les peines peuvent faire partie du bonheur, si seulement on les cherche en vue d'une action réglée et difficile, comme de dompter un cheval. Un jardin ne plaît pas, si on ne l'a pas fait. Une femme ne plaît pas, si on ne l'a conquise. Même le pouvoir ennuie celui qui l'a reçu sans peine. Le gymnaste a du bonheur à sauter, et le coureur à courir; le spectateur n'a que du plaisir. Aussi les enfants ne manquent pas le vrai chemin lorsqu'ils disent qu'ils veulent être coureurs ou gymnastes; et aussitôt ils s'y mettent, mais aussitôt ils se trompent, passant par-dessus les peines et s'imaginant qu'ils y sont arrivés. Les pères et les mères sont soulevés un petit moment, et retombent assis. Cependant le gymnaste est heureux de ce qu'il a fait et de ce qu'il va faire; il le repasse dans ses bras et dans ses jambes, il l'essaie et ainsi le sent. Ainsi l'usurier, ainsi le conquérant, ainsi l'amoureux. Chacun fait son bonheur.

On dit souvent que le bonheur plaît en imagination et de loin, et qu'il s'évanouit lorsqu'on veut le prendre. Cela est ambigu. Car le bon coureur est heureux en imagination si l'on veut, dans le moment qu'il se repose; mais l'imagination travaille alors dans le corps qui est son domaine propre; le coureur sait bien ce que c'est qu'une couronne et qu'il est beau et bon de la gagner, non de l'avoir. Et c'est un des effets de l'action de remettre ainsi tout en ordre. Seulement on peut se promettre du bonheur aussi par cette imagination en paroles qui est à la portée de chacun. L'autre imagination se dépense alors en attente et inquiétude; et la première expérience ne donne rien que de la peine. C'est ainsi que celui qui ne sait pas jouer aux cartes se demande quel plaisir on peut bien y trouver. Il faut donner avant de recevoir, et tourner toujours l'espérance vers soi, non vers les choses; et le bonheur est bien récompense, mais à celui qui l'a mérité sans le chercher. Ainsi, c'est par vouloir que nous avons nos joies, mais non par vouloir nos joies.

Je ne traite pas ici des vrais maux, contre lesquels la prudence de chacun et le savoir accumulé s'évertuent, sans jamais faire assez. Je traite des maux qu'on peut appeler imaginaires, autant qu'ils résultent seulement de nos erreurs. C'est pourquoi je commence par l'ennui, mal sans forme, trop commun, et origine cachée de toutes les passions peut-être. C'est la pensée qui s'ennuie. Il y aurait bien une sorte d'ennui du corps, lorsqu'il est vigoureux et reposé, car les jambes courent alors d'elles-mêmes; mais aussi le remède n'est pas loin; et cette courte agitation est bientôt jeu ou action, comme on voit chez l'animal et chez le sage aussi, qui ne réfléchit pas sur ces mouvements. L'ennui est entre deux. Il suppose le loisir et la force, mais il ne naît point de là, car ce sont deux biens. L'ennui naît d'un jugement qui condamne tout essai, par une erreur de doctrine. Une action ne plaît jamais au commencement; ce n'est que la nécessité qui nous pousse à apprendre. On ne devrait donc jamais décider du plaisir que l'on aura, et encore moins du bonheur, car le bonheur ne nous force point. Mais si l'on en décide, tout est perdu. Il est sot de dire : « Je voudrais être sûr d'y trouver du plaisir »; mais je plains celui qui dit : « Je suis sûr de n'en point trouver. » Donc premièrement celui qui s'ennuie est un homme qui a beaucoup de choses sans peine, et qui se voit envié par d'autres qui se donnent mille peines pour les avoir. De là une idée funeste : « Je devrais être heureux. » Deuxièmement notre homme ne manque pas de goût, par toutes les belles choses qu'il a; d'où vient que, dès qu'il essaie de faire, il compare trop; et le premier plaisir d'avoir peint, ou chanté, ou versifié, est gâté par le mépris qu'il a de ses œuvres; et le bon goût est une parure de vieillard. Troisièmement, cet homme n'est pas sans puissance sur lui-même, par la politesse; aussi sait-il bien arrêter tous ses départs de nature par cet autre décret plus funeste encore : « Je ne puis être heureux. » Ainsi se fait-il un caractère, et l'expérience y répond, comme on pense bien. Cet œil dessèche toutes les joies. Mais non pas par abondance de joie, car on ne s'en lasse point. Non pas du tout comme un homme qui repousse les

aliments, parce qu'il a trop mangé; mais plutôt comme
un malade d'imagination, qui s'est condamné au régime. On ne pense jamais assez à ces jugements sur
soi, qui font l'expérience. Par exemple l'idée qu'on est
maladroit fait qu'on l'est, ou timide, ou trompé, ou
malheureux aux cartes; mais il y a d'heureuses rencontres. Au lieu que l'ennuyé fait toute l'expérience. Sans
compter qu'à toutes ces prédictions sur soi, trop
réalisées, il trouve quelque plaisir d'esprit. Voilà la
passion toute nue.

Chapitre II

DE LA PASSION DU JEU

La passion du jeu est souvent le remède que va
chercher l'ennui supérieur. Mais il faut dire que toute
passion enferme un ennui des autres choses, et par
décret aussi, comme on verra. Considérons ici les jeux
de hasard, où l'on risque tous ses biens. J'y remarque
d'abord un désir de gagner mieux nourri que nos
désirs ordinaires, en ce sens que l'événement qui
donne gagné n'est pas moins possible que le contraire,
dès qu'on joue. La passion du jeu peut commencer par
là; mais plus souvent elle commence par ennui et
imitation; d'autant que, si l'on s'abstient, cela entraîne
le soupçon d'avarice ou de prudence, toujours mal
supporté. De toute façon le désir de gagner est effacé
bientôt par le plaisir d'essayer sa chance. On peut
remarquer que les naïfs joueurs crient toujours qu'ils
ont deviné quelle carte va sortir, ou quelle espèce de
carte, ou quelle couleur. Il n'arrive pas que ce pressen-

timent soit toujours trompé; de là des triomphes bien vifs; même si l'on perd. Si l'on gagne, on jouit de ce pouvoir magique comme d'un accord de grâce entre la chose et soi. Ce sentiment n'est point petit; ces coups de hasard ramènent à l'enfance même une vieille momie. Ajoutons que ces essais se font dans un monde clos, qui répond promptement et sans ambiguïté; aussi dans un monde où un autre essai ne dépend point du précédent, quoique sans liberté. D'où il suit que, l'idole fataliste étant adorée, il n'y a pourtant point ce désespoir que donnent souvent les essais véritables, dans un monde où tout s'enchaîne inexorablement; au contraire le culte naïf des fétiches y trouve sa place, et l'espérance y est toujours jeune; et enfin chacun sait que le monde véritable ne répond jamais aux impatients comme ils voudraient; ce n'est jamais oui, ni non; il faut tirer la réponse de soi, selon la sévère ordonnance qui place l'espérance après la foi; mais le jeu répond toujours oui ou non; au lieu de continuer, l'on recommence.

Mais observez le piège. Le jeu n'attend pas. Au premier mouvement avertisseur, il faut y courir. Ce n'est plus ici un désir seulement, que l'on sent par les mouvements du corps; c'est un appel et un présage. Cela éclaire toutes les passions, car le pressentiment y joue toujours son rôle; mais dans le jeu, l'occasion passe vite; il n'en reste rien; il faut y courir. Et si l'on résiste, cette vertu est promptement punie par des regrets. On s'interdit, alors, les promesses à soi. Ainsi est institué dans chaque joueur un art de jouer, qui n'est que l'art d'interroger son propre corps et d'obéir sans balancer. Or, tant que le cœur bat et que les muscles vivent, les oracles ne manquent point. Attendez pourtant, ce n'est encore que badinage; attendez le

jugement dernier. Car, chez les jeunes surtout, l'esprit
est prompt à penser de nouveau le monde véritable et
toute la vie. Après tant de leçons le jugement fataliste
joint finalement le présent à l'avenir, malgré la roulette. Et il se forme cette funeste certitude que nul
n'échappe au destin dans le grand jeu. D'où cette
volonté de tout perdre et de se perdre, par quoi la
passion du jeu finit souvent avec le joueur. Et je crois
bien que la peur des conséquences agit moins, pour
tant de suicides, que l'idée fataliste selon laquelle
toute image émouvante est un ordre auquel on sait
bien qu'on ne peut qu'obéir. Cette fatalité est dans
toutes les passions jeunes. C'est par de tels mouvements que l'on tue ce qu'on aime, ou que l'on cherche
la mort dans la bataille. D'où les anciens ont fait ce
proverbe que Jupiter bouche la vue à ceux qu'il veut
perdre. Mais c'est parler en spectateur. Si je veux qu'il
coure à la mort, le vrai jeu n'est pas de la lui cacher,
mais de la lui montrer inévitable, et de faire qu'en
même temps les mouvements de son corps la lui
annoncent. Et ce n'est là que le vertige exactement
décrit. La passion du jeu est propre à montrer comment on peut être esclave de soi, puisque la catastrophe extérieure est d'un moment et ne détermine
nullement ce qui va suivre. Toutes les autres passions
agissent sur les hommes et sur les choses; l'amour fait
naître l'amour; la haine, la haine; la colère, la colère; et
ainsi ces passions nous soumettent en un sens à une
nécessité extérieure, quoique le plaisir de jouer, le
fatalisme et l'appétit du malheur soient le principal
dans toutes. Mais décrivons ces étranges folies, chacune pour elle-même; car ce n'est point à saisir l'idée,
mais à saisir par l'idée que l'on prend des forces.

Chapitre III

DE L'AMOUR

Le désir de chair, si vif, si tôt oublié, si aisé aussi à
satisfaire, peut bien donner lieu à une sorte de passion; c'est à voir; mais cette passion n'est pas l'amour.
Quant au désir louable de fonder une heureuse famille, il est à peu près ici ce qu'est le désir de gagner
pour le joueur. Je décris maintenant une espèce de
folie qui ressemble au jeu par certains côtés, mais qui
ressemble surtout à l'ambition. L'erreur la plus grave
serait de vouloir expliquer l'amour par les désirs
animaux. L'acte de chair n'y est désiré que comme une
preuve de puissance sur un autre être, mais libre,
raisonnable, fier. Personne n'aimera une folle; aucun
amant ne songera seulement à violence ou surprise. Je
la veux sage et inaccessible, si ce n'est pour moi, et
encore de bon vouloir et même avec bonheur. Rien ne
plaît mieux que les signes de la vertu et du jugement,
chez une femme jeune et belle. J'ai cru observer que la jalousie vient principalement de ce que l'on croit reconnaître des désirs, de la faiblesse ou de la dépendance
chez celle que l'on voudrait reine; cette idée n'entre
pas dans le poème. Et l'amour est un poème, quelque
chose que l'on fait, que l'on compose, que l'on veut.
Non pourtant quelque chose de libre; car on aimerait alors ce qui est aimable, au lieu de maudire et
d'adorer en même temps, comme il arrive à chacun.
L'idée fataliste règne encore ici, mais sans doute
mieux et plus intimement adorée que dans les autres
passions. Car tout se passe dans l'univers humain, où
des signes sont toujours échangés, par les moindres

mouvements, sans qu'on y pense. Aussi dès que l'on réfléchit sur un présage bien clair, comme des yeux riants ou sérieux, un son de voix ou seulement un silence, les souvenirs viennent en foule, et l'avenir est annoncé. Ces pressentiments tromperaient souvent, si la curiosité ne ramenait du côté de l'oracle; ainsi, par l'idée de savoir si la prédiction est bonne, la prédiction est vérifiée. Cet événement fait éclater de nouveaux signes. Et ce qui fait voir que l'interprétation des signes est la vraie nourriture de l'amour, c'est que l'amour se fortifie par les obstacles.

Par l'attente encore plus. Nous ne sommes guère attentifs à ces mouvements de notre corps, si émouvants à sentir déjà quand les causes sont de peu. L'attente seule, qui paralyse un mouvement par l'autre, et nous occupe à ces événements musculaires, cause souvent l'impatience et même la colère, si la pensée n'est pas occupée d'autre chose. Mais l'attente d'une action un peu difficile, et que l'on commence cent fois, peut donner une espèce de courte maladie, comme savent les candidats, les orateurs, les acteurs, les musiciens. Encore prennent-ils la chose comme un mal inévitable, sans conséquence et comme étranger. Mais il n'en est plus ainsi dans l'attente de celle qu'on aime. Car le temps se passe à s'interroger soi-même; ainsi le tumulte de l'attente entre dans les pensées; et la question : « Viendra-t-elle? » ne se distingue pas de cette autre : « M'aimera-t-elle assez? » Les auteurs ont décrit plus d'une fois le roulement de voiture et le coup de sonnette. Par le mécanisme du corps, n'importe quel bruit, surtout attendu et inattendu, nous trouble jusqu'aux sources de la vie; oui, même un chien qui aboie; seulement l'on n'y pense que pour en rire. Mais dès que ces émotions sont des signes de soi à soi, l'avenir se trouve décidé. Tout est mirage, tout concourt à tromper l'amoureux qui s'interroge; car l'attente fait qu'il doute s'il est aimé; mais l'attente fait aussi qu'il ne doute plus s'il aime, quoiqu'il n'ait jamais délibéré là-dessus.

Je ne crois pas qu'il y ait de femme assez rusée pour faire attendre ainsi l'amoureux de propos délibéré. Au reste l'amoureux attend bientôt avant l'heure et toujours. Toute passion enferme un ennui royal des autres choses; royal, j'entends par décret. Mais les manœuvres de coquetterie, presque toujours innocentes, font des attentes à chaque instant, surtout dans la vie de société où la politesse exige beaucoup, et l'éducation qu'on donne aux filles, et non sans raison, exige encore plus. Je ne sais pas trop comment aiment les femmes, et le dise qui pourra; j'ose à peine dire que l'instinct de chair a des mouvements plus imprévus que chez l'homme et qui s'irradient mieux; il y aurait attente là aussi, et mêlée de peur; ainsi elles sont portées à dissimuler davantage, parce qu'elles n'éprouvent pas toujours à propos. J'ai pu remarquer que les hommes qui ont un peu de cette pudeur naturelle, et quelque crainte de l'amour, sont aussi plus aimés. Les signes alors se font attendre, et étonnent comme des éclairs; au lieu que la coquetterie vulgaire et étudiée, qui jette les signes comme un bavardage, décourage les passions. Le malheur veut qu'une femme attachée à ses devoirs et qui lutte contre elle-même, soit la plus dangereuse des coquettes par cela seul. Ainsi il n'y a que les drames bien noirs qui se nouent. Le tragique n'est pas tant dans les massacres qui peuvent en résulter, que dans ce jugement fataliste, qui prévoit si bien une longue suite de malheurs et qui les annonce et qui s'y jette. Œdipe, le devin et les dieux, ensemble dans le même homme, voilà un assez beau masque tragique.

Chapitre IV

DE L'AMOUR DE SOI

On dit qu'il y a des hommes qui sont assez contents d'eux-mêmes, mais je n'en ai point vu. Il n'y a pas que les sots qui aient besoin d'éloges, et renouvelés souvent. Je sais que le succès donne une espèce d'assurance. Mais même dans le plein succès, le sentiment le plus ordinaire est une détresse, par la nécessité de le soutenir. Il est pénible de déplaire; il est délicieux de plaire; mais quel est l'homme ou la femme qui soient si sûrs de plaire par leurs ressources seulement? Les plus assurés s'entourent de politesses et de parures, et se fortifient de leurs amis. L'abus des sociétés oisives et le dégoût de penser à soi jettent presque tout le monde dans la recherche des flatteries, même payées; par ce moyen on arrive à une espèce d'assurance. Mais cela ce n'est pas l'amour de soi, c'est la vanité. Personne n'en est exempt que je sache, en ce sens que tout éloge plaît toujours un petit moment. Je trouve quelque chose de touchant dans la vanité; c'est naïvement demander secours aux autres. Mais cette parure ne tient guère. La vanité est vanité.

L'amour de soi est une combinaison de paroles; et les paroles permettent tout, comme j'ai dit souvent. Mais tout amour est de quelque chose que l'on n'a pas en soi. Aimer, c'est trouver sa richesse hors de soi, je dis sa richesse intime, non sa parure; et comme c'est de soi qu'on aime, ce n'est pas soi qu'on peut aimer. On aime l'image de soi que se font les autres, en ce sens que cette image, si elle est aimable, rend la société agréable et sûre. Mais cette image n'est point

moi; aucun objet, aucune chose n'est moi. Je, c'est le
sujet, ce n'est pas l'attribut. Là-dessus aucune parure
ne tient. Ce que je fais, cela seul est de moi; mais en
moi il n'en reste rien; compter sur l'habitude et sur le
talent c'est compter sur les autres; il ne reste en moi
que le courage; mais encore faut-il le faire et le porter;
dès qu'il est objet, dès qu'on voudrait l'aimer, il n'est
plus. Si le souvenir console un peu, il est une charge
aussi, s'il est beau. J'ai pensé souvent à ce musicien
qui, après quelques œuvres de grande beauté, ne
trouve plus rien de bon; sans doute mit-il tout son
génie à se condamner; il mourut fou. Peut-être est-il
sage de prendre un peu de vanité, mais sans s'y
donner, comme on prend le soleil à sa porte.

On voit ici la puissance des mots. D'une formule mal
prise on a tiré l'idéologie la plus vide. L'homme, par
nature, n'aimerait que lui, et ce serait la sauvagerie;
mais les liens de société l'obligent à compter avec les
autres, et à les aimer pour lui, tant qu'enfin il arrive à
croire qu'il les aime pour eux. Il existe un bon nombre
d'ouvrages, assez ingénieux, où l'on explique assez
bien le passage de l'amour de soi à l'amour d'autrui; et
j'avoue que si l'on commençait par la solitude et
l'amour de soi, on arriverait bientôt à aimer ses
semblables. Mais ce n'est qu'une mauvaise algèbre.
Autant qu'on connaît le sauvage, il vit en cérémonie et
adore la vie commune; il est aussi peu égoïste que l'on
voudra. L'égoïsme est un fruit de civilisation, non de
sauvagerie; et l'altruisme aussi, son correctif; mais l'un
et l'autre sont plutôt des mots que des êtres. Je ne
crois même pas que la crainte de la mort soit l'effet
d'un attachement à la vie. Car c'est par la vie qu'on
aime tout ce qu'on aime; c'est la vie qui aime, mais ce
n'est point la vie qu'on aime. Aussi tous la dissipent et
beaucoup la donnent. Mais il se peut bien que quelque

vieillard oisif tourne enfin son attention à cette petite
flamme qui lui reste, et se livre aux médecins. Nous ne
dirons point qu'il aime la vie, mais plutôt qu'il craint la
mort. Encore y a-t-il toujours, dans cette manie triste,
un grand souci de l'opinion des autres, et une image
de soi qu'on veut leur donner; sans compter que
l'esprit doctrinaire s'en mêle, comme j'ai vu; car l'esprit porte tout, même la folie. En bref, je crois que
penser l'égoïsme c'est toujours penser mal. La pensée
de soi est surtout de convenance, et avec une part
d'égard aux autres toujours. Je ne nie pas qu'il y ait
toute une littérature, et souvent non écrite, où chacun
se décrit et se pose comme il voudrait être aux yeux
d'autrui; mais ce n'est qu'une étude de politesse.

Chapitre V

DE L'AMBITION

On dit souvent que l'ambition succède à l'amour, et
l'avarice à l'ambition, selon le cours de l'âge. On voit
assez clairement pourquoi l'âge glace les amours,
comment les moyens de plaire changent avec les
années, et quel genre de puissance peut appartenir à
un vieillard. La maturité de l'âge transforme déjà
l'amour en une sorte d'ambition. Il y a une sûreté de
soi, un mépris de beaucoup de choses, un air d'indifférence, qui agissent sur l'esprit le mieux prévenu.
Ainsi un amoureux fatigué exerce naturellement cette
autre puissance qui lui vient. Mais la passion est moins
dans le désir de puissance que dans cet appétit
d'obéir, qu'on pourrait appeler l'ambition humiliée. Un

parvenu ne peut oublier qu'il a passé par ces chemins-là. Le grand ambitieux se compose beaucoup, et ne se laisse jamais aller jusqu'à l'admiration; ou bien alors, il la cache. Mais, par un mécanisme que le lecteur comprendra, celui qui fait profession de n'être guère ému ou de ne le point montrer arrive souvent à un calme vide; sa passion propre, c'est plutôt l'ennui. L'ennui des rois est sans mesure. Et tout pouvoir royal, j'entends par majesté, ennuie celui qui l'exerce.

L'ambition humiliée ne s'ennuie pas. Elle désire, attend, intrigue, tremble, enrage, et adore d'autant plus. Le métier de dieu n'est pas difficile; il n'y faut qu'une majesté passable, et faire attendre quelque faveur, grande ou petite. C'est l'adorateur qui divinise, par cette belle peur qu'il a toujours de ne pas trouver ce qui pourrait plaire. L'aisance et la simplicité, même par simple politesse, diminuent les souffrances de l'ambition et ses joies aussi. Au contraire, un peu de sauvagerie mêlée à l'ambition rend les succès plus enivrants et les échecs plus cruels aussi. Car le solliciteur se craint lui-même et se comprime, à grands efforts de ses muscles, et se travaille d'avance; de là ces peurs de candidat et d'acteur, mais propres à l'acteur, qui viennent de ce que l'on veut paraître. La condition du menteur est de surveiller et contrarier ses mouvements naturels, ce qui exige un grand effort de contracture, jusqu'à gêner les fonctions de la vie. De là vient cette rougeur, pour un mensonge à l'improviste. De là aussi, avant le mensonge étudié, cette peur de soi, ce tremblement, cette fiévreuse attente. Dont le dieu profite; car le solliciteur attribue toujours ce trouble à la majesté du dieu, et non aux vraies causes. Il faut toujours que les mouvements du corps signifient et annoncent, et toutes les passions viennent de là. L'ambitieux, dès qu'il se livre aux puissances, arrive aussitôt à les craindre et de là à les envier. Ainsi le roi donne du prix aux faveurs, et la crainte au roi.

Il y a donc une coquetterie des puissants, dans l'art de donner audience. Beaucoup y sont pris; le plus sage est de n'y point aller, ou d'être insolent si l'on ne peut mieux. Mais qu'il est facile de ne rien demander! Au lieu que ce que l'on a demandé, bientôt on le désire. Si nous savions ne rien faire, nos passions n'iraient pas loin. J'ai vu des désirs, que je croyais vifs, s'user bien vite, même en y pensant, faute d'action seulement. Mais que de désirs sont nés d'une première action! Comme l'on voit qu'un homme s'attache à une opinion, simplement parce qu'il l'a soutenue. Et il arrive que deux amis manquent de se brouiller par une discussion vive sur des sujets dont ils ne se souciaient point. D'où ils ne manquent pas de conclure qu'il y avait quelque haine secrète là-dessous, dont ils cherchent les causes. Bien vainement; il n'y avait d'autres causes en jeu que la voix mal posée, la respiration gênée, la gorge contractée, la fatigue enfin. L'ardeur de persuader fait partie de l'ambition. La manie du plaideur aussi.

Mais il faut dire un mot des rivalités, qui fouettent si bien l'ambition; d'abord par l'imitation des passions, qui nous fait désirer bien plus ce que nous voyons qu'un autre désire; aussi par l'imitation de la haine et de la colère qu'il montre; encore par les ruses qu'on lui prête, les calomnies répétées; et surtout par les amis imprudents, qui entrent dans les querelles. L'ambition humiliée ne se développe amplement que dans les familles, où il est ordinaire que tous imitent le chef et déraisonnent avec lui. On dit que les biens sont naturellement désirés et que c'est cela même qui les définit. Mais, hors un petit nombre de biens, c'est parce que l'on commence à désirer, à vouloir, à poursuivre, que les biens sont des biens. Cela est commun à toutes les passions; mais aussi il y a de l'ambition dans toutes.

Chapitre VI

DE L'AVARICE

Il est du grand avare comme du grand ambitieux; les jeux de la passion ne s'y font voir que par quelques petitesses; même, j'en cherche vainement dans Grandet et Gobseck. Il faudrait une connaissance étendue du commerce, du crédit et de la banque, pour analyser leurs immenses entreprises, leur fermeté, leur esprit de décision, leur audace même, leur stricte probité aussi, et la noble confiance qu'ils ont en quelques-uns, sans se tromper aux apparences. J'ajoute qu'il y a une profonde sagesse dans cette aversion pour la dépense inutile; aussi dans cette vue que l'on domine mieux le troupeau humain par la richesse que par la majesté. Il vaut mieux ne pas nommer passion une action suivie, réglée par l'intelligence, et suivant une espèce de justice, bien supérieure aux mouvements de la vanité, de la convoitise, et même de la pitié. Il n'est pas nécessaire non plus d'inventer quelque étrange amour de l'or pour expliquer l'avarice du mendiant; car il est tenu à sa vie mendiante jusqu'à ce qu'il ait raisonnablement assez; mais qui peut se vanter d'avoir assez? Enfin les escrocs, les pillages, les guerres rendent assez compte des trésors enfouis. Je ne vois point trace de folie là-dedans.

Mais j'en vois dans cette autre avarice bien commune, que l'on nomme souvent prodigalité et qui n'est que désordre. Il y a un désir de posséder qui fait le voleur; mais l'amour de la propriété fait l'avare; il jouit alors de son droit, plutôt que de la chose; et sa victoire propre c'est de faire valoir un droit incontestable et qui force l'assentiment. Entre les deux s'agite la multitude de ces avares d'un moment, qui, sans mépriser tout à fait le droit, se repaissent surtout de possession et d'usage, se donnant ainsi une richesse, une puissance, et, pour tout dire, un droit d'apparence qui les trompe eux-mêmes. Cette illusion n'est nullement méprisée lorsqu'un paysan emprunte au-delà de ses forces, et s'étourdit de travail. Je n'y vois d'aveuglement passionné que dans ce mauvais calcul des échéances et ce faux jugement réglé sur le désir et qui fait dire qu'on paiera; c'est trop compter sur soi; mais qui ne comprend cette allégresse à la perspective d'une suite de travaux que l'on sait bien faire, et des beaux jours complices? Celui-là promet de soi, et paiera de soi; hélas, il ne paiera que trop.

Je viens à celui qui ne paie jamais, et qui promet tout, par le désir d'avoir. Ici est l'avarice, à proprement parler, nuisible, ridicule et malheureuse. Il faut le voir, visitant cette maison de campagne qui n'est pas payée, qui ne peut l'être, et la faisant bien clore; car c'est le droit qui plaît au prodigue; c'est le droit qu'il étale; et c'est justement ce qu'il a le moins. Saisissez la différence entre un droit bien solide et l'apparence d'un droit. Le riche ne cherche pas à paraître; mais l'emprunteur vit de paraître; il veut une propriété qui se jette aux yeux; c'est pourquoi il dépense. On oublie trop, en considérant le prodigue, que dépenser est une

manière d'acquérir. Ne vous étonnez point si l'emprunteur dépense; l'or n'est à lui que par cet usage,
nullement par réflexion, car c'est le prêteur qui a
droit. Ainsi le fol emprunteur est condamné à la folle
dépense. On a souvent remarqué que la prodigalité
folle se guérit par la richesse réelle et solide. On
comprend pourquoi. Remarquez comment tout fortifie
cette illusion de l'emprunteur. Son droit n'est pas
contesté par ceux qu'il paye; il ne l'est même pas par le
prêteur, qui disparaît jusqu'à l'échéance. Il faudrait au
prodigue un grand effort d'attention; mais il s'en garde
bien. On dit souvent que le prodigue se détourne de
penser à ses comptes; mais souvent il est plus rusé; il
les embrouille avec application; et l'on sait que la
vérité ne se montre jamais si l'on ne la cherche. Il
reste une preuve bien émouvante, dans ce silence des
autres, c'est le geste qui paie et qui prend. Mais aussi
la chose acquise ne plaît pas longtemps; un autre
l'aura à vil prix.

Les émotions de l'emprunteur ressemblent, pour le
reste, à celles de l'ambitieux humilié, et conduisent
aux mêmes erreurs. Ce sont les mêmes terreurs d'antichambre, et la même adoration mêlée de crainte et
d'envie; d'où un vif désir encore de ressembler au vrai
riche, et même de l'éclipser aux yeux des sots, en
faisant les dépenses qu'il pourrait faire. Mais, comme
il faut que ces dépenses soient publiques, l'emprunteur ne prête point. C'est assez parlé d'une espèce
d'hommes facile à pénétrer, et assez commune, à qui il
suffirait, pour se guérir, de savoir comme elle est
méprisée; aussi font-ils société entre eux.

Chapitre VII

DE LA MISANTHROPIE

Deux poltrons bien armés se rencontrèrent une nuit sur le pont d'Asnières. Il y eut du sang. Rien n'est plus aisé à expliquer ni plus utile à analyser que cette guerre privée; elle fait voir comment les passions arrivent à leur violence, par l'excès de la précaution. Le mouvement de la peur, même sans cause réelle, est si puissant sur nous et si pénible, que nous voulons toujours y voir un avertissement. Chacun de nos poltrons ralentit sa marche et se détourne; rien ne ressemble plus à une attaque par ruse que les manœuvres de la prudence; la peur en fut redoublée en chacun; l'un d'eux peut-être voulut passer vite; l'autre montra son arme. Tels sont les effets d'une folle défiance et d'une mauvaise interprétation des signes.

Il n'est pas naturel à l'adolescence de voir partout des ennemis. Mais le jeune homme arrive souvent à se défier trop dans l'âge mûr, pour avoir cru d'abord aux promesses de politesse. Dans l'état d'équilibre et de force heureuse, il y a un jeu vif et aisé des muscles et du sang et un sourire contagieux; ce qui fait que l'homme jeune croit éprouver une sympathie dès l'abord, qui serait un pressentiment d'amitié; à quoi les signes échangés concourent; on y est toujours pris. Je plains celui qui trouve trop de facilité à ses débuts. Il vaut mieux ne pas trop avoir à attendre des autres; car il faut une sagesse supérieure pour ne rien supposer jamais des intentions et des pensées d'un homme. On devine quel est le chemin de la déception à la défiance. Beaucoup l'ont parcouru, mais sans prudence;

ainsi ils sont dupes de la défiance aussi. Les signes ne manquent jamais. Tout homme rend des oracles, par la fatigue, par l'humeur, par le souci, par le chagrin, par l'ennui, et même par les jeux de la lumière. Rien ne trompe mieux qu'un regard dur ou distrait, ou bien quelque signe d'impatience, ou un sourire mal venu; ce sont les effets de la vie, comme les mouvements des fourmis. L'homme est souvent à cent lieues de penser à vous; vous l'occupez beaucoup s'il est seulement aussi défiant que vous-même, et par les mêmes causes. La solitude et la réflexion travaillent sur ces signes; c'est ainsi que l'on s'invente des ennemis; et, comme ils s'offensent de vos pensées, dès qu'ils les devinent, c'est ainsi que l'on se fait des ennemis. Quels que soient les signes, c'est toujours folie. Les hommes n'ont pas tant de profondeur.

Un vrai observateur n'a point ce regard attentif aux signes. Il se détourne de ces mouvements expressifs qui n'expriment rien; c'est au repos qu'il veut saisir l'homme, plutôt dans la forme que dans le mouvement, et du coin de l'œil, comme on arrive à voir les étoiles les moins visibles. Mais s'il observait par l'idée, il s'apercevrait qu'il devine toujours trop. Et ce mauvais art de deviner, si l'on est soi-même dans le jeu, peut conduire à une espèce de folie assez dangereuse, comme on sait. Mais cette amère expérience réussit toujours trop. Il faudrait juger en bon physiologiste : « Voici un muscle fatigué; voilà des jambes qui ont besoin de mouvements; ceci est un bâillement retenu; voilà un homme qui a faim; la lumière gêne ses yeux; son faux col l'étrangle; ses chaussures le blessent; ce corset manque de bienveillance; ce fauteuil reçoit mal; c'est là un homme qui voudrait se gratter. » J'ai connu une raisonneuse qui faisait quelquefois à son chef de justes réclamations; et souvent elle recommençait ses discours en elle-même, se demandant si elle lui avait bien dit ce qui convenait. Ce chef était sourd.

Nul n'essaie de comprendre une crise nerveuse, sinon par ses causes de nature. Ainsi, dès que nous tenons l'idée vraie de la cause, la colère même n'est plus que du bruit, et les menaces de même. Il est difficile seulement de ne pas croire aux aveux; il le faut pourtant. Car il en est de l'aveu d'une faute comme de ces récits d'un rêve, où l'on invente en parlant. Le vrai chemin du pardon, ce n'est pas de comprendre la faute par ses motifs, mais plutôt de la comprendre par ses causes. Indulgence en un sens, sévérité en un autre; car, dans les moindres fautes comme dans les pires, on en vient toujours au roi fainéant. C'est ce qui faisait dire aux stoïciens que toutes les fautes sont égales. J'en viens par là à conseiller de ne pas trop se haïr soi-même; il arrive plus souvent qu'on ne croit que la misanthropie aille jusque-là; et nous nous trompons tout autant, sur nos gestes, sur nos paroles et même sur nos actes, que si nous voulons juger les autres. Parmi les paroles qui sont à regretter, combien sont méditées? Mais notre erreur est de les peser ensuite, et de chercher en nous-même un mauvais vouloir qui n'y est point, ou, encore pis, une nature méchante; il n'y a rien de méchant ni de bon dans ce mécanisme; rien ne t'enchaîne, ni tes fautes ni tes vertus. En bref, il y a deux erreurs, qui sont de croire que les hommes sont bienveillants et de croire qu'ils sont malveillants; ces deux erreurs se tiennent.

Chapitre VIII

DES MALADES IMAGINAIRES

Il n'est pas question ici de ceux qui se croient malades sans l'être, et qui sont rares. Il s'agit de ceux qui aggravent leurs maladies par l'inquiétude d'imagination, ce qui est le cas de presque tous et aussi de ceux qui sont malades par peur de l'être et qui sont nombreux. Cette puissance de l'imagination est bien connue, et a été amplement étudiée dans ses effets. Mais, pour les causes, il semble que chacun s'étudie à être ignorant. Certes nous ne savons pas comment nos idées se traduisent par des mouvements corporels, et même nous ne le saurons jamais; nous savons seulement que nous ne formons jamais d'idées sans des mouvements corporels. En considérant seulement dans cette liaison ce qui est le plus connu, à savoir que par jugement nous faisons marcher nos muscles, on explique déjà la plus grande partie des effets de l'imagination, et peut-être tous. Nous pouvons nous tuer par couteau ou pendaison, ou en nous jetant au précipice; les actions retenues n'ont guère moins de puissance, quoiqu'elles agissent plus lentement.

Un malade peut s'aider à guérir par massage ou friction; il peut se nuire par mouvements d'impatience ou de fureur; ce sont là réellement des effets de l'imagination à proprement parler, qui n'a de réel, dans ses fantaisies, que les mouvements du corps qui les font naître. Mais d'autres mouvements que ceux-là, bien que moins sensibles aux yeux, agissent tout autant sur la santé. Les mouvements de la respiration sont ralentis, gênés et même suspendus par toute attente et préparation. Cela tient à notre mécanique, qui exige, pour tout effort, que le thorax soit bien rempli d'air, afin d'offrir une attache plus solide à tous nos muscles. Au reste cela se fait naturellement, les muscles s'éveillant les uns les autres par voisinage et communications nerveuses; mais un faux jugement y ajoute quelquefois, comme lorsque nous montons une côte assez longue ou un grand escalier; nous prenons alors une espèce de résolution qui paralyse notre souffle; et le cœur aussi réagit par mécanisme. Cet exemple fait voir qu'une attente craintive ralentit réellement la vie. Puisqu'une crainte nous oppresse, on voit que la crainte d'étouffer ajoute au mal. Quand on s'étrangle en buvant, il se produit comme une terreur en tumulte dans tout le corps, que l'on peut arriver à dompter par gymnastique, comme chacun peut l'essayer, comme aussi de ne point se frotter l'œil quand un moucheron s'y met.

Dans les maladies plus graves et plus lentes, il y a une surveillance de soi et une attente des signes qui nuit par une volonté de guérir mal gouvernée. L'anxiété et même la simple attention à soi ne vont point sans un resserrement de tous les muscles, qui ralentit la nutrition et l'élimination. On se retient de vivre, par la peur de mourir. Il y a tout un système musculaire sur lequel la volonté n'a point d'action directe, c'est celui qui règle les mouvements de digestion; mais il est impossible que ces muscles ne prennent point de contracture ou de spasme par la contagion des autres. Ajoutons que le sang, outre qu'il se trouve moins baigné d'oxygène, s'encrasse encore par tout ce travail inutile; l'inquiétude contenue ne remue point le corps, mais elle fatigue autant qu'un violent effort. Ces effets agissent à leur tour comme des signes; les effets de la crainte augmentent la crainte; la pensée étrangle la vie.

L'insomnie est une étrange maladie qui souvent résulte seulement d'une condamnation de soi. La veille n'a rien de pénible par elle-même, si l'on ne pense pas à soi; mais souvent le passionné attend le sommeil comme un repos; et, même sans pensées pénibles, il arrive que l'on s'étonne de ne pas dormir, et que l'on prend de l'inquiétude; d'où une contracture d'impatience, et bientôt des mouvements qui éloignent le sommeil; car s'inquiéter c'est s'éveiller, et vouloir c'est s'éveiller. Le souvenir de cette lutte pénible occupe même les heures du jour, et la nuit est mauvaise par prédiction, que dis-je, par prédilection, car l'idole fataliste est adorée. J'ai connu des malades qui s'irritaient quand on leur prouvait qu'ils avaient dormi. Le remède est de comprendre d'abord l'insomnie par ces causes, et de se délivrer ainsi du soin de dormir. Mais on peut apprendre à dormir presque dès qu'on le veut, comme on apprend à faire n'importe quelle action. D'abord rester immobile, mais sans aucune raideur ni contracture, et s'appliquer à bien reposer toutes les parties du corps selon la pesanteur, en assouplissant et relâchant tous les muscles; aussi en écartant les pensées désagréables, si l'on en a; et cela est plus facile qu'on ne croit; mais j'avoue que si on ne le croit pas possible, c'est alors impossible.

Je viens au mélancolique, qui n'a point d'autre maladie que sa tristesse; mais entendez que tristesse est réellement maladie, asphyxie lente, fatigue par peur de la vie. J'avoue qu'il ne manque pas de malheurs réels, et que celui qui les attend ne tarde pas à avoir raison; mais s'il y pense trop, il trouve de plus un mal certain et immédiat dans son corps inquiet; et ce

pressentiment aggrave la tristesse et ainsi se vérifie
aussitôt; c'est une porte d'enfer. Par bonheur la plupart en sont détournés par d'autres causes et n'y
reviennent que dans la solitude oisive. Contre quoi ce
n'est pas un petit remède de comprendre que l'on est
toujours triste si l'on y consent. Par où l'on voit que
l'appétit de mourir est au fond de toute tristesse et de
toute passion, et que la crainte de mourir n'y est pas
contraire. Il y a plus d'une manière de se tuer, dont la
plus commune est de s'abandonner. La crainte de se
tuer, jointe à l'idée fataliste, est l'image grossie
de toutes nos passions, et souvent leur dernier effet.
Dès que l'on pense, il faut apprendre à ne pas mourir.

Chapitre IX

DE LA PEUR

L'ordre importe moins ici que la matière, et les
termes qui désignent les passions n'empêchent pas
d'apercevoir qu'elles sont toutes dans chacune. J'ai pu
en distinguer quelques-unes, d'après leurs objets. Il
s'agit maintenant de décrire leurs paroxysmes qui sont
la peur, la colère et les larmes. Ces états violents, que
l'on nomme émotions dans l'Ecole, peuvent survenir
par des événements extérieurs, comme dangers réels,
offenses, deuils; mais je les étudie surtout dans leur
liaison avec les passions, et autant qu'elles contribuent
à les fortifier. Si la doctrine de la sagesse cherchait des
armes contre les maux véritables, elle promettrait

trop. Si elle peut éloigner de nous quelques-uns des maux imaginaires, c'est déjà beaucoup.

Il n'y a point d'autre peur, à bien regarder, que la peur de la peur. Chacun a pu remarquer que l'action dissipe la peur, et que la vue d'un danger bien clair la calme souvent; au lieu qu'en l'absence de perceptions claires, la peur se nourrit d'elle-même, comme le font bien voir ces peurs sans mesure à l'approche d'un discours public ou d'un examen. L'effet de la surprise souvent suivie d'un mouvement de peur qui croît rapidement et décroît de même, fait bien comprendre l'effet des préparations musculaires sur la circulation du sang. Par la contraction soudaine de tous les muscles, les petits vaisseaux sont soudainement comprimés, et une vague de sang est renvoyée dans les parties plus molles; ce mouvement est senti par une impression de chaleur envahissante et souvent de froid à l'extrémité des membres, parce que le sang n'y parvient qu'en circulant entre des muscles vigoureux; le relâchement est accompagné de battements précipités du cœur, suite naturelle de la respiration un moment suspendue.

Ce n'est que le sursaut. La peur commence et s'accroît par de petits sursauts suivis de détente, et en somme par des alertes sans actions; ou plutôt la peur est le sentiment que nous avons de cette agitation, dont nous cherchons alors la cause. Comme un berger est averti par les clochettes de ses moutons et cherche ce qui leur fait peur. Mais notre troupeau de muscles nous est bien plus près. Avoir peur, ce n'est rien de plus que se demander : qu'ai-je donc? Toujours avec ce mouvement vers l'objet autour, et souvent des suppositions ou visions d'un moment et sans action possible. Contre quoi le raisonnement ne peut rien;

car l'attention aggrave encore le tumulte musculaire; on retient sa respiration pour mieux écouter; on se rassure par des raisons, et l'on ne revient au repos que pour mieux goûter, si l'on peut dire, l'inquiétude sans objet, qui naît et renaît d'elle-même. Un objet réel, un danger réel nous arracherait du moins à cette contemplation de la peur même. Et tout le monde sait que les circonstances tragiques ne font peur qu'ensuite, et quand on y pense. C'est que, si les images sont alors fugitives, le corps et ses petits mouvements sont bien réels, et toujours sentis par leurs effets, même les moindres, dès qu'on y fait attention.

L'action délivre de cette maladie; mais l'incertitude et l'hésitation l'aggravent. Il est déjà pénible d'attendre, si l'on ne peut s'occuper; la peur est proprement l'attente d'on ne sait quelle action que l'on va avoir à faire. Mais, autant que l'on se prépare, par de petites actions assez difficiles et que l'on sait bien faire, on est aussitôt soulagé, d'abord parce que l'on fait moins attention à ce que l'on éprouve, et aussi parce que l'action fait jouer les muscles, les masse, délivre le sang et soulage le cœur. En revanche, l'attente de la peur, c'est la peur même. C'est pourquoi il y a des peureux par préjugé, comme dans la nuit, ou dans un cimetière, ou sur l'eau ou à un certain tournant de rue. La peur ne manque jamais au rendez-vous. C'est ici qu'on voit à plein en quel sens on se connaît soi-même; autant qu'on se croit faible et impuissant, certainement on l'est; non pour agir, car souvent nos actions passent notre espérance, mais pour souffrir. Ainsi l'observation de soi-même est proprement une folie qui commence.

Chapitre X

DE LA COLÈRE

La colère naît souvent de la peur. La première occasion d'agir ou seulement de parler oriente alors toute l'agitation musculaire; mais il reste dans l'action quelque chose du tremblement de la peur; tous les muscles y concourent, et l'agitation est encore augmentée par ses propres effets, comme on voit si bien dans l'enfant qui crie de toutes ses forces, et crie encore plus par le mal qu'il se donne et par le bruit qu'il entend. Est-ce ici peur ou colère? On ne sait; les deux sont mêlés. Chez l'homme fait il y a toujours, dans toute colère, une certaine peur de soi-même, et en même temps un espoir de soulagement comme si la colère nous déliait; et elle nous délie, si elle tourne à l'action. Mais souvent elle se dépense en gestes et en paroles, non sans éloquence quelquefois. On n'en peut alors juger par le dehors; car une action vive et difficile offre souvent tous les signes de la colère; mais les effets supposent de la clairvoyance et une certaine maîtrise de soi, ce qui faisait dire à Platon que la colère peut être au service du courage, comme le chien est au chasseur.

Mais la colère n'est pourtant point à mes ordres, comme sont mes jambes, mes bras, ma langue; et chacun sent bien que la colère l'entraîne toujours plus loin qu'il ne voudrait. Peut-être y a-t-il aussi dans la colère, dès qu'elle n'est plus seulement convulsion ou crise de nerfs, bien plus de comédie qu'on ne l'avoue. On apprend à se mettre en colère et à conduire sa colère comme on apprend à faire n'importe quoi.

Peut-être y a-t-il colère dès que l'on agit en pensant à soi, j'entends sans savoir exactement ce que l'on peut faire en laissant aller toute sa force. Il y a des mouvements que l'escrimeur sait faire; mais, pour forcer un peu la vitesse et en quelque sorte pour se dépasser lui-même, il faut qu'il délivre l'animal, à tous risques. C'est comme une colère d'un court moment, d'abord préparée par l'attitude et les mouvements, et puis lâchée comme un coup de fusil. Mais il est d'expérience aussi que les mouvements laissés à la colère se dérèglent bientôt. Aussi voit-on que la colère éloquente va par courts accès, interrompus par la réflexion et la reprise de soi. Au reste il est clair que, dès que l'on fait une action nouvelle, on ne sait pas si on la fera, ni comment. Aussi la peur précède la vraie improvisation, et la colère l'accompagne toujours.

Il y aurait donc un peu de colère toutes les fois que, sans prévoir assez, nous osons. Agir malgré la peur, c'est peut-être la colère même. Cela peut être observé dans les conversations de société; le moindre frémissement de colère, ou, si l'on veut, d'éloquence dans la voix fait dresser l'oreille aux détourneurs, qui y remédient par quelque occasion innocente de faire rire. C'est que la colère est le signe qu'on improvise, que l'on dit quelque chose de nouveau dont on ne voit pas les suites. Vouloir dire ce qu'on n'ose pas dire, et se mettre en colère, c'est tout un. La rougeur du visage, commune au timide et au menteur, est peut-être une colère rentrée. La colère est souvent la suite d'un long mensonge de politesse; après la peur qui se tait, c'est la peur qui parle. Mais observez bien que j'entends non pas la peur d'un mal bien défini, mais la peur de l'imprévu, aussi bien dans ce que l'on fera. C'est pourquoi on voit tant de colères dans l'amour vrai, où la crainte de blesser ou de déplaire fait qu'on ne s'y risque qu'avec fureur. Aussi, quelque effet que l'on me fasse voir, je crois difficilement à la haine; l'amour et la crainte expliquent assez nos crimes.

La colère serait donc toujours peur de soi, exactement peur de ce que l'on va faire, et que l'on sent qui se prépare. Aussi a-t-on souvent de la colère contre ceux qui vous donnent occasion de dissimuler; le frémissement se connaît alors dans les paroles les plus ordinaires. L'indiscrétion par elle-même offense. Et peut-être l'offense n'est-elle jamais que dans l'imprévu. La colère est donc liée de mille manières à la politesse. Même laissant cette colère qui va avec l'action, et qui est presque sans pensée, je dirais bien que la vraie colère naît de cette contrainte que chacun s'impose en société, par crainte des gestes et des paroles. L'on comprend ainsi comment la colère peut être sans mesure pour de petites causes; car ce qui met en colère, c'est que l'on se craint soi-même longtemps. Aussi je prends la haine comme étant plutôt l'effet que la cause de la colère. Haïr, c'est prévoir qu'on s'irritera. C'est pourquoi souvent l'on n'arrive pas à avoir de la haine, quoiqu'on trouve des raisons d'en avoir, comme aussi on trouve difficilement des raisons de la haine qui ne soient point faibles à côté. Comprendre cela, ce n'est pas de petite importance pour la paix du cœur. Il est difficile de se garder de la colère, mais de la colère à la haine, c'est un saut que le sage ne fait point.

Chapitre XI

DE LA VIOLENCE

Chacun s'est livré à des actes de guerre, même contre des choses, et souvent pour des causes bien petites. Je veux que le lecteur examine avec attention l'ordinaire de la vie; il découvrira les effets de ces passions nouées. Presque tous vivent sans gymnastique; leur vie est pleine de contrainte, de raideur et de timidité. Les égards de société, dans la fausse politesse, consistent en beaucoup d'actions retenues et contrariées; le tremblement, la rougeur, les vagues chaudes qui marquent les migrations du sang, sont les signes de cet état de paix armée, qui s'exaspère en effort contre soi. L'imagination suit le même cours, et va d'elle-même à délivrer les muscles. C'est ainsi qu'une pensée mal réglée tombe si aisément dans les solutions de la force. Plus d'un homme, et dans tous les camps, médite ainsi sur le chemin de la guerre. Le droit veut des prisons, des gibets et des coups de fusil. De là des maux sans fin. Le pire des maux est peut-être que la justice se fasse par la force, car cela fait haïr la justice, ou l'aimer mal. En quoi il n'y a pourtant qu'un mauvais mélange. Car la pensée affirme le droit, et ne cède jamais là; et le corps a besoin d'action aussi; ainsi il y a des lueurs dans cette nuit; et la fureur éclaire le devoir de penser. Ne dors point, dit la passion, avant que la justice soit vengée; mais il faut dormir d'abord. Si les hommes avaient plus d'expérience de ces moments heureux où tout s'ordonne sans peine, à ce point que, lorsqu'on va s'y mettre, tout est fait, ils ne recevraient point comme pensée ce mouvement pénible et contrarié, où l'argument ne vaut que par l'approbation de l'autre, que j'imagine. Un prisonnier de ces choses me fit entendre, comme à travers les murs, ou par quelque lucarne, quelque chose qui n'était pas sans valeur; il disait que la force de pensée qui change les idées des autres lui paraissait être une espèce de violence encore. Oui, pour beaucoup, la pensée est fabricante, et c'est toujours la victoire qui a des ailes. Dans le fait je n'aime jamais l'écrivain qui entreprend sur moi; et c'est une des raisons pour lesquelles l'éloquence ne vaut rien. Il faut que l'esprit soit seul.

La guerre est la fin de toutes les passions, et comme leur délivrance. Aussi elles vont toutes là. Chacune n'attend que l'occasion. Ce n'est point un état de paix véritable que celui où l'amant veut punir l'infidèle, et le riche le pauvre, et le pauvre le riche, et l'injuste le juste, et le juste l'injuste. La pensée n'a plus alors que des aiguillons; mauvais sommeil. Ainsi les causes naturelles ont jeté dans la guerre les ennemis de la guerre aussi. Ces pensées ne pouvaient se terminer que par un grand mouvement et une colère libre. Il n'est donc pas besoin de supposer que les gouvernants pensent à la guerre comme à une solution, ou pour faire tuer les tapageurs, comme Voltaire dirait. La guerre n'est pas une solution; elle est la solution. Le jaloux tue avec joie; l'horreur ne vient qu'ensuite.

Telle est la matière de guerre; si l'on voulait traiter des formes, un livre suffirait à peine. Mais qui n'aperçoit la puissance de cette passion collective, où toutes les colères, de l'ambition, de la maladie, de l'âge, s'expriment si bien, avec l'approbation et la gloire? Qui ne voit aussi comment l'imitation et la pudeur y jettent la meilleure jeunesse, et comment les passions précoces y jettent la pire encore mieux? Enfin, comment le vieil art des recruteurs, toujours adapté aux circonstances, dissimule mieux que jamais la contrainte et sourit plus longtemps aux recrues? Surtout l'idée fataliste est plus puissante encore ici peut-être que dans toutes les autres passions, par la fureur des prophètes, et par leur pouvoir aussi sur les faits, car notre malheur veut que ceux qui annoncent soient aussi ceux qui décident. C'est un sujet dont j'aurais voulu me détourner, car il exigerait toute la place; mais, dans mon idée, il l'a toute, et tout ce livre n'est qu'une méditation sur la guerre, d'où seulement se trouvent écartées, par un autre choix des mots, des images trop émouvantes, et qui appellent un peu trop la guerre contre la guerre.

Chapitre XII

DES LARMES

On peut considérer les larmes comme une sorte de saignée naturelle, liée à ce système amortisseur du sang qui a son centre dans les fosses nasales. Les larmes marquent donc un soulagement, et comme la solution d'une crise. C'est ce que l'on saisit bien sur le visage du tout petit enfant, où l'on voit se former de ces vagues qui sont l'indice d'un grand travail musculaire, mais sans action. Cette tempête finit en rire ou en larmes selon la violence de la crise. Chez l'adulte, les médecins considèrent les larmes comme une solution favorable de ces états d'extrême contracture qui peuvent conduire à la mort ou à la folie. On s'explique par là qu'une rosée de larmes exprime nos joies les plus profondes; mais toujours après un étonnement ou un saisissement. Le sublime nous touche aux larmes, sans doute par un double mouvement; car le sublime au premier moment nous accable; mais aussitôt le jugement comprend et domine; de là un sentiment souverain qui s'élargit et couvre le monde, et, par réaction contre l'étonnement, ces douces larmes. On s'étonne que beaucoup de cœurs secs aillent pleurer au théâtre; c'est qu'il leur faut la déclamation et la puissance des signes autour d'eux pour que leur vraie puissance leur soit sensible un moment. Il s'y mêle sans doute alors quelque retour sur soi et quelque pitié; aussi c'est bientôt fait de se tromper là-dessus; et peut-être le spectateur se trompe lui-même; peut-être croit-il s'enivrer d'une pitié qui ne coûte rien. Nos joies nous trompent autant que nos douleurs.

Les larmes suivent aussi le paroxysme de la douleur, ou plutôt de la fureur; elles seraient donc toujours soulagement et signe de consolation. Aussi les larmes ne sont-elles point proprement le signe du chagrin. Ce sont plutôt les sanglots, toujours suivis de larmes. L'horreur est comme un mélange de peur et de colère; c'est une contracture qui ne peut durer, mais qui ne finit pas non plus subitement. Après la première détente et le premier flot de larmes, le malheur apparaît de nouveau, et la crispation suit; le malheureux se sent mourir encore une fois et cherche de nouveau les larmes; bientôt il s'y jette en s'abandonnant tout; mais la fureur revient encore par soubresauts. Les sanglots consistent dans ce mouvement saccadé de la cage pulmonaire; ce sont des soupirs interrompus. Le soupir suit naturellement la contracture, lorsque l'idée de la peine se trouve écartée au moins pour un moment.

Il me semble que l'on apprend à pleurer, et que, dans les moments où tout s'arrête et où la violence contre soi effraie, on cherche les larmes; les enfants s'y jettent et en quelque sorte s'y cachent, pour ne plus voir leur peine. L'homme fort qui retient ses sanglots passe un mauvais moment; mais il échappe aussi au sentiment de sa propre faiblesse, si vif dès qu'on se livre aux larmes; car il faut alors tout espérer des autres et ne plus compter sur soi. Je disais que les larmes soulagent; mais ce n'est vrai que physiquement; ce n'est qu'à moitié vrai. Dès qu'on se livre aux larmes, on est soulagé du désespoir absolu, qui suspend la vie et promptement la détruirait, mais aussi on sent mieux sa propre impuissance; elle est figurée par ces efforts subits et l'effondrement qui les suit aussitôt. A moins que, par réflexion et jugement, l'homme renvoie au mécanisme pur ces convulsions tragiques, et donne cette permission à la nature. On pleure alors sans sanglots; et même, à travers les larmes, on discerne mieux son malheur et on le circonscrit déjà, comme le paysan après la grêle.

Qu'il y ait une pudeur des larmes, et que la politesse ne permette pas d'en trop montrer, cela se comprend, car c'est interroger un peu trop rudement sur des douleurs que l'autre veut peut-être cacher; aussi les femmes en deuil ont le visage voilé. Mais les assistants ne l'ont point, peut-être parce que la contagion des larmes peut être bonne pour celle qui vient d'être touchée, et d'un chagrin dont les causes sont connues et publiques. Telle est la sagesse des cérémonies, dont il sera parlé amplement plus loin. Mais c'est assez et peut-être trop là-dessus; car ces descriptions réveilleront plutôt en chacun un genre de malheur qui n'est point folie; et j'ai déjà dit qu'une philosophie prudente ne traite point de ce malheur-là.

Chapitre XIII

DU RIRE

Le sourire est la perfection du rire. Car il y a toujours de l'inquiétude dans le rire, quoique aussitôt calmée; mais dans le sourire tout se détend, sans aucune inquiétude ni défense. On peut donc dire que l'enfant sourit mieux encore à sa mère que sa mère ne lui sourit; ainsi l'enfance est toujours la plus belle. Mais dans tout sourire il y a de l'enfance; c'est un oubli et un recommencement. Tous les muscles prennent leur repos et leur aisance, principalement ces muscles puissants des joues et des mâchoires, si naturellement contractés dans la colère, et déjà dans l'attention. Le sourire ne fait pas attention; les yeux embrassent tout autour de leur centre. En même temps la respiration et le cœur travaillent largement et sans gêne, d'où cette couleur de vie et cet air de santé. Comme la défiance éveille la défiance, ainsi le sourire appelle le sourire; il rassure l'autre sur soi et toutes choses autour. C'est pourquoi ceux qui sont heureux disent bien que tout leur sourit. Et l'on peut, d'un sourire, guérir les peines de quelqu'un qu'on ne connaît pas. C'est pourquoi le sourire est l'arme du sage, contre ses propres passions et contre celles d'autrui. Il les touche là dans leur centre et dans leur force, qui n'est jamais dans les idées ni dans les événements, mais dans cette colère armée qui ne peut sourire. La vertu de l'esprit, en toutes choses, est d'écarter les passions par un choix et une disposition des paroles qui donnent à chaque chose sa juste importance, et, rendant petites les petites, laissent les grandes en leur proportion sans étonner. J'ai assez montré les dangers d'une conversation libre pour que l'on comprenne qu'elle ne se sauve point sans esprit. Mais il y a de l'esprit, au sens le plus profond, dans le sourire même; car c'est le dernier effet de la sottise, et le plus caché, de s'étonner beaucoup de ce que l'on a soi-même circonscrit et mis à distance de vue; l'idolâtrie est toute dans cette peur; au lieu que le Dieu sourit à son image. Ce mouvement achève la forme et la détache; ainsi toute grandeur s'achève en aisance, avec un surcroît de force prête. Le trait, c'est la récompense.

Le rire est convulsif; en quoi il ressemble au sanglot; mais l'allure de la pensée y est tout opposée; car dans le sanglot c'est la pensée qui tend, au lieu que dans le rire elle détend; seulement, si la surprise a été forte, la détente se fait en désordre, avec des retours de surprise. N'oublions pas ces secousses des épaules qui sont le mouvement du rire. L'effet naturel de la surprise est cette préparation soudaine qui gonfle la poitrine et élève les épaules. Si le jugement méprise, les épaules retombent aussitôt. Le haussement d'épaules est comme un rire élémentaire. Pour que le rire secoue les épaules, il faut donc une apparence d'importance qui frappe malgré tout, de sorte que l'on ne puisse s'empêcher, rassuré, de s'inquiéter, mais aussi qu'on ne manque pas, inquiété, de se rassurer. L'art de faire rire est de maintenir cette apparence, mais sans aucun doute pour le jugement. Le ridicule est dans une majesté bien imitée, mais qui ne peut tromper. C'est pourquoi on peut rire du terrible, si l'on se met au-dessus, ou de l'horrible, ou du tendre, enfin de tout. Mais s'il n'y a point une apparence de théâtre, j'entends parfaitement expressive, il n'y aura point de rire. Au reste on peut rire et surtout sourire volontairement; et comme ces mouvements sont les plus puissants contre les passions, je dirais même que le sourire est la plus haute marque du vouloir, et, comme on l'a presque dit, le propre de la raison.

Il y a pourtant dans le rire convulsif quelque chose de mécanique, comme on sait. Il faut croire qu'une détente brusque émeut encore d'autres muscles, et va souvent jusqu'à une autre contracture qui ne peut durer, et dont on se repose par un mouvement inverse, sans pouvoir retrouver l'équilibre. C'est ce qui arrive dans le rire de surprise; et l'on sait que l'on fait bien rire les enfants et même les hommes par de petites attaques sans conséquence, mais vives et répétées. De même un certain genre d'esprit peut faire rire sans montrer le ridicule, par l'art de donner de l'importance à des paroles qui n'en ont point du tout, surtout avec vivacité et sans que l'on puisse prévoir. Tel est le badinage; et les passions sont assez redoutables par le sérieux pour que le badinage mérite encore ce beau nom d'esprit. Ce sens étendu est comme un avertissement. L'esprit veille et sauve, quand il ne peut mieux, comme ces génies tracassiers des légendes qui renversent la marmite.

LIVRE SIXIÈME

Des vertus

Chapitre premier

DU COURAGE

Si disposé que l'on soit à prêter aux animaux toutes sortes de sentiments et d'intentions, on ne peut pourtant pas supposer du courage même dans les plus féroces. C'est merveille comme, après avoir donné un moment l'image de l'audace la plus déterminée, ils s'enfuient ou se cachent le plus simplement du monde. On définit souvent l'homme par la raison, et cette définition convient à tous, et même aux fous, si l'on sait apercevoir la raison dans les passions, car ce n'est pas peu de chose que de se tromper; mais on pourrait aussi définir l'homme par le courage, car rien n'est plus commun, on pourrait dire plus ordinaire, et le premier venu, dans une catastrophe ou dans une guerre, s'élève d'un mouvement aisé, et sans fureur animale, au-dessus des circonstances les plus terrifiantes. Le misanthrope devrait considérer de bonne foi que la vertu la plus belle est aussi la plus commune; il aimerait cette noble espèce et lui-même aussi.

Je définirais bien l'homme par la peur aussi; car je ne puis penser que l'animal ait peur; il fuit, ce n'est pas la même chose; et tous ces efforts d'idolâtrie pour laisser à l'animal quelque faible sentiment, même de ses maux, sont décidément vains. La raison est entière, clairvoyante et inflexible dans la peur même; la peur est royale, comme le courage. Ce qui fait peur, c'est toujours cette imagination déréglée, dans le silence des choses, dans l'éloignement du danger, oui, ces apparitions arbitraires, ces miracles d'un moment, ces dieux et ces génies partout, ce danger sans corps et sans forme, cette nature animée. Mais l'horreur est dans ces yeux sages à qui il n'est pas permis de recevoir ces folles apparences; le mal de la peur, c'est la contemplation d'une déchéance, ou d'un désordre, hors de soi, en soi. Il y a une grande honte dans la peur. Mais ce n'est qu'une épreuve aussi et qui annonce un fier courage. Car ce petit monde effrayant ne tient que par toi, et ta peur aussi ne tient debout que par ton courage. Ce scandale annonce autre chose, car qui se rend à sa peur tombe dans la nuit sans pensée. Veut-on comprendre enfin que la conscience morale, c'est la conscience même?

On a assez remarqué que la peur est plus grande de loin, et diminue quand on approche. Et ce n'est point parce qu'on imagine le danger plus redoutable qu'il n'est; ce n'est pas pour cela, car à l'approche d'un danger véritable on se reprend encore. C'est proprement l'imagination qui fait peur, par l'instabilité des objets imaginaires, par les mouvements précipités et interrompus qui sont l'effet et en même temps la cause de ces apparences, enfin par une impuissance d'agir qui tient moins à la puissance de l'objet qu'aux faibles prises qu'il nous offre. Nul n'est brave contre les fantômes. Aussi le brave va-t-il à la chose réelle avec une sorte d'allégresse, non sans retours de peur, jusqu'au moment où l'action difficile, jointe à la perception exacte, le délivre tout à fait. On dit quelquefois qu'alors il donne sa vie; mais il faut bien l'entendre; il se donne non à la mort, mais à l'action. C'est pourquoi on voit que, dans les guerres, la peur et la haine sont à l'arrière ensemble, et le courage en avant, avec le pardon. Car, comme je l'ai expliqué, on ne hait que par colère, qui est peur au fond; je hais celui qui m'a fait peur; mais celui qui m'aide à être libre, lucide et invulnérable, en me montrant l'image du héros résolu, celui-là je l'aime déjà.

Une des causes de la guere est l'impatience qu'on a de la craindre. Le pressentiment aussi que cet état ne peut durer, et que le plus beau courage est au fond de cette crainte-là; la guerre est comme un rendez-vous que l'on se donne; c'est pourquoi ils sont si pressés d'y aller. Mais pourquoi? Par cet esclavage de tous les jours, qui vient de ce que nous ne savons pas séparer le respect de l'obéissance. Quoi? Tant d'hommes pour mourir, et si peu pour braver les pouvoirs? Il ne manque pourtant pas d'occasions d'oser. Oser estimer les valeurs véritables, le policier, si haut qu'il soit, pour ce qu'il est, le menteur pour ce qu'il est, le flatteur pour ce qu'il est, et tous selon l'esprit, pardonnant même tout par la vue claire, ce qui est plus dangereux encore. Mais tous ces guerriers vivent à genoux; ils tremblent pour un roi, pour un inspecteur, pour un préfet. Ce n'est qu'à la guerre qu'ils trouvent l'occasion de vivre une fois ou deux avant de mourir.

Chapitre II

DE LA TEMPÉRANCE

On juge mal de l'intempérance; on la craint trop par ses effets les plus visibles, mais on ne saisit point sa poésie propre et sa puissance. Les anciens, mieux

éclairés par la sagesse traditionnelle, n'ont point man-
qué d'attribuer les transports de l'intempérance, et
l'exaltation orgiaque dont les plaisirs n'étaient que
l'occasion, à quelque dieu perturbateur que l'on apai-
sait par des cérémonies et comme par une ivresse
réglée. Et, par cette même vue, leurs sages attachaient
plus de prix que nous à toutes les formes de la
décence; au lieu que nous oublions trop nos vrais
motifs et notre vraie puissance, voulant réduire la
tempérance à une abstinence par peur. Ainsi, visant
l'individu, nous ne le touchons point, tandis que l'an-
tique cérémonial arrivait à l'âme par de meilleurs
chemins.

On se trompe beaucoup si l'on prend l'ivresse alcoo-
lique pour une folie animale seulement. L'ivresse n'est
qu'une occasion d'être intempérant; ou plutôt, comme
l'indique assez ce mot à plusieurs sens, l'ivresse est
toujours d'esprit. Le poète l'a bien vu; et je ne prends
point légèrement l'entrée du clown de Shakespeare
avec sa bouteille. Il est remarquable que le plus parfait
bouffon soit l'anglais, comme la plus parfaite cérémonie est l'anglaise. L'intempérance serait donc comme
une victoire sur une pudeur qui sangle jusqu'à étouffer. Comment ne pas voir aussi que la plus redoutable
intempérance est contre le vêtement? Or c'est le
plaisir des sens qui est redoublé par ce mouvement de
révolte; de même le plaisir de boire a besoin du
secours de l'esprit. Ce que disait Figaro en peu de
paroles, définissant l'homme une fois de plus, et mieux
qu'il ne croit.

Il y a des bouffons sans vin; rien n'est plus méprisé.
Mais il y a aussi une extravagance dont la moindre
trace sonne aux oreilles et fait rougir, comme indé-
cente. Par là se découvre un lien entre les folies de
l'amour et l'impudence des amuseurs. Intempérance

aussi dans le chant, dans la déclamation, et jusque dans la manière d'écrire. Il faut appeler éloquence ce mouvement convulsif contre la pudeur d'usage, lorsqu'il la fait oublier. Mais la sage Consuelo est mieux gouvernée, et il faut convenir que George Sand a égalé les plus grands auteurs lorsqu'elle a dessiné cette figure-là. J'ai connu plus d'un artiste impudent, et d'autres étranglés de pudeur, non sans force, mais toujours sans grâce; l'équilibre souverain, dans ces périlleux exercices, je ne l'ai guère vu. Ce n'est point résistance qu'il faudrait, ni lutte, mais plutôt délivrance. La sobriété mesure encore mieux ses mouvements que la pudeur. Ainsi marchaient les dieux.

On se tromperait donc si l'on croyait que l'on arrive jamais à la sobriété par ne pas boire, ou bien à la tempérance par fuir tous les genres d'abuser. Je vois là une erreur sur l'objet; car l'objet qui plaît n'est pas si redoutable. Et ici trouve sa place cette demi-vérité qu'il est bon de céder aussi à la nature. Mais ce qui est si facile aux animaux et même aux enfants ne l'est pas à nous autres. Le moindre plaisir en vérité nous trouble trop. Quelle profondeur dans cette mythologie selon laquelle une faute originelle gâte les joies de nature! Et la vraie faute est toujours de ne point croire. L'esprit déchaîné achève le mal, mais c'est l'esprit enchaîné qui le commence. Un esprit libre peut s'enivrer par rencontre, mais il ne le regrettera pas assez pour se condamner à s'enivrer encore. J'avoue que d'autres fautes contre la tempérance sont plus à craindre par le mal que l'on peut faire à d'autres êtres par le partage des plaisirs, et à tous par le scandale. C'est pourquoi il est sage d'accepter les règles de la vie ordinaire et les mœurs communes, qui éloigneront assez l'occasion pourvu que l'esprit ait d'autres affaires. Mais il ne faut pas que l'esprit sente ces liens. Car la tentation est alors de les rompre; et le plaisir attire par le sacrilège. Plutôt que d'adorer ces coutumes, il vaudrait mieux ne pas les juger du tout. Il y a ainsi une autre pureté, qui est belle comme le sommeil.

Chapitre III

DE LA SINCÉRITÉ

Lorsque l'on a prouvé, par raisons abstraites ou par sentiment, qu'il n'est jamais permis de mentir, il se trouve que l'on a mal servi la cause de la vertu; car il est connu qu'une loi inapplicable affaiblit un peu l'autorité des autres lois. Peut-être vaudrait-il mieux régler les discours d'après la loi supérieure de la justice; mais il y a aussi un mal à soi-même et une déchéance dans le mensonge; il y a donc une vertu de sincérité, qui toutefois n'est pas située au niveau des discours ordinaires. De là vient que tant de mensonges sont excusés et quelques-uns même loués et certainement honorables.

La loi punit la médisance, et les mœurs les plus sévères s'accordent ici avec la loi. Cela fait voir que la pleine franchise, à tout propos, à l'égard de tout et de tous, n'est pas louable. Le témoin doit la vérité au juge, mais non à n'importe qui. Personne n'approuvera que l'on rappelle une ancienne faute, maintenant expiée et réparée. Il est donc bon souvent de se taire; et se taire, à la rigueur, c'est déjà mentir. Mais la sincérité n'est point à ce niveau-là. Qu'on n'essaie même pas de dire que l'on doit toute sa pensée à son ami. Quelle duplicité et lâcheté souvent dans cette morale qui veut être rigoureuse, et que l'on ne peut formuler pourtant sans un mensonge à soi-même! Quoi? je dois dire à mon ami que je lui vois l'amaigrissement, la fatigue, la vieillesse, de plats discours, ou de ces répétitions machinales, signes fâcheux de la faiblesse ou de l'âge? Vais-je même lui dire que je pense à une faute depuis longtemps pardonnée, si j'y pense? Ou bien si je remarque en lui quelque disgrâce physique à laquelle je n'ai pu m'accoutumer, vais-je le lui dire? Non pas. Mais au contraire je lui dirai ce qui peut éveiller le meilleur de lui, et ainsi consoler l'autre. Ou bien vais-je rappeler les vices ou les lâchetés d'un mort que l'on pleure? Il y aurait pourtant lâcheté quelquefois à ne pas les voir, à les couvrir; oui, mais lâcheté plus grande à les dire. Ne nous trompons pas sur ce besoin de dire ce qui nous vient à l'esprit; ce besoin est animal; ce n'est qu'impulsion et passion. Le fou dit tout ce qui lui vient.

Il y a beaucoup de ces fous-là qui ne sont pas enfermés. Je n'aime pas cette fureur bavarde, qui vous jette son humeur au visage; je la haïrais en moi-même, ayant eu sujet d'en rougir plus d'une fois, si l'âge, la bienveillance de mes amis et un certain goût de la solitude ne m'en avaient guéri un peu. Il y a une forte raison de ne pas dire au premier arrivant ce qui vient à l'esprit, c'est qu'on ne le pense point; aussi n'y a-t-il rien de plus trompeur que cette sincérité de premier mouvement. Il faut plus de précautions dans le jeu des paroles, d'où dépend souvent l'avenir des autres et de soi. Il n'y a rien de plus commun que de s'obstiner sur ce que l'on a dit par fantaisie; mais quand on saurait pardonner à soi-même, et, mieux encore oublier ce qui fut mal dit et mal pensé, on ne saurait toujours pas l'effacer dans la mémoire de l'autre; car on dit trop que les hommes croient aisément ce qui les flatte;

mais je dirais bien qu'ils croient plus aisément encore ce qui les blesse. S'il faut quelquefois démasquer et punir un vil coquin, ou gâter un peu son triomphe, cela concerne la justice. Mais, hors de ces obligations strictes, l'expérience de l'humeur et des passions nous conseille d'attendre; et les opinions sur d'autres ne sont jamais assez assurées pour que l'on ose condamner. Toute condamnation pèse. Surtout je tiens qu'on ne doit pas dire aux enfants ce que l'on croit d'eux, si ce n'est bon, et le mieux serait de n'en croire que le meilleur, et des hommes aussi. Et puisque enfin il faut parler quelquefois sans peser tout, il ne faut donc parler ni de soi ni des autres, mais plutôt des choses, parce que nos jugements ne leur font rien.

L'éducation et les manières conduisent à une telle prudence, par l'expérience des effets. Et l'on dit souvent que cette bienveillance est mensonge; en quoi on ne se trompe pas tout à fait. Car il y a une dissimulation qui fortifie les pensées malveillantes; et il y a une éloquence intérieure par laquelle on se venge souvent des plats discours et des flatteries de convention. Cet état est le plus violent dans les passions; car il s'ajoute à la tristesse et à la colère la peur de parler ou de se trahir; c'est une vie étranglée qui marque sur les passions; ce trouble s'ajoute à la timidité et souvent l'explique toute, et la conversation est vide et ennuyeuse avec ces gens-là; leur travail est de ne rien dire en parlant beaucoup. Il n'y a donc de vertu dans la politesse qu'autant qu'on y cède, et que l'on laisse aller et se dissoudre tous ces jugements que la politesse force à cacher. En sorte que la politesse est mensonge dans ceux qui ont des passions et qui s'y attachent, mais sincérité dans ceux qui consentent à n'avoir que de l'humeur ou qui sérieusement s'y efforcent. Il y a enfin deux manières de ne point mentir;

l'une qui est de dire tout ce qui vient, et qui ne vaut rien; l'autre qui est de ne pas trop croire aux improvisations de l'humeur. Prise ainsi, la conversation polie est bonne. Alceste s'appliquait mal à être sincère. Il ne faut qu'un effort de bienveillance et de sagesse pour que la sincérité soit facile.

Pour les pensées proprement dites, mieux étudiées, et bien assurées par la lecture, la confrontation, l'exploration par tous chemins, et enfin par toutes les épreuves, il ne faut pas non plus que le besoin de les dire soit pris pour un devoir. Mais c'est un plaisir assez vif pour que les confidences des auteurs ne nous manquent jamais. Si l'on y cède, que ce soit toujours par écrit, car la mémoire déforme trop; que ce soit toujours assez serré pour qu'on ne puisse le lire en courant; et que toutes les nuances y soient, et tous les doutes, et les harmonies qui offrent plus d'un sens, comme l'honnête langue classique le permet à ceux qui l'aiment, en récompense.

Chapitre IV

DE LA JUSTICE

On dit « un esprit juste », et cette expression embrasse beaucoup plus que les égards qu'on doit aux autres. Le mot droit présente la même admirable ambiguïté. Utile avertissement au premier regard sur ce vaste objet; car ce qui est droit, c'est déjà une idée. Mais l'esprit juste est encore quelque chose de plus que l'esprit qui forme une idée et qui s'y tient ferme, ne voulant point que sa définition soit courbée par

aucun essai d'expérience. L'esprit juste, il me semble,
est celui qui ne met point trop d'importance aux
petites choses ni aux petits malheurs, ni aux flatteries,
ni au tumulte humain, ni à la plainte, ni même au
mépris, ce que l'esprit droit ne sait pas toujours faire.
C'est pourquoi Platon, homme divin, voulut considérer
dans la justice l'harmonie intérieure seulement, et le
bon gouvernement de soi, ce qui fait que sa *République*
est un traité de l'âme juste principalement et de la
société juste par épisode. A cet exemple, je me garde-
rai de considérer jamais la justice comme quelque
chose d'existant qu'il faut accepter; car la justice est
une chose qu'il faut faire et refaire, sans aucun secours
étranger, par soi seul, et aussi bien à l'égard d'un
homme qu'on ne connaît point, qu'on n'a jamais vu.

La force semble être l'injustice même; mais on
parlerait mieux en disant que la force est étrangère à
la justice; car on ne dit pas qu'un loup est injuste.
Toutefois le loup raisonneur de la fable est injuste, car
il veut être approuvé; ici se montre l'injustice, qui
serait donc une prétention d'esprit. Le loup voudrait
que le mouton n'ait rien à répondre, ou tout au moins
qu'un arbitre permette; et l'arbitre, c'est le loup lui-
même. Ici les mots nous avertissent assez; il est clair
que la justice relève du jugement, et que le succès n'y
fait rien. Plaider, c'est argumenter. Rendre justice, c'est
juger. Peser des raisons, non des forces. La première
justice est donc une investigation d'esprit et un examen des raisons. Le parti pris est par lui-même
injustice; et même celui qui se trouve favorisé, et qui
de plus croit avoir raison, ne croira jamais qu'on lui a
rendu bonne justice à lui tant qu'on n'a pas fait justice
à l'autre, en examinant aussi ses raisons de bonne foi;
de bonne foi, j'entends en leur cherchant toute la force
possible, ce que l'institution des avocats réalise passa-

blement. On trouve des plaideurs qui sont assez contents lorsque leur avocat a bien dit tout ce qu'il y avait
à dire. Et beaucoup ne voudraient point gagner si leur
tort était mis en lumière en même temps. Aussi
veulent-ils que l'adversaire ait toute permission d'argumenter; sans quoi le possesseur non troublé garderait
toujours une espèce d'inquiétude. Et la fureur de
posséder est une fureur d'esprit, qui craint plus une
objection qu'un voleur. L'injustice est humaine comme
la justice, et grande comme la justice, en un sens.

D'après cela, la persécution serait l'injustice même;
entendez, non pas toute violence, mais la violence qui
a pour fin d'empêcher la revendication. Et le triomphe
de l'injuste c'est bien d'être approuvé et loué. C'est
pourquoi la révolte est d'abord dans la parole, et ne
passe aux actions que pour sauver la parole. On ne sait
pas quelle condition on ne ferait accepter aux hommes, s'ils gardaient le droit de remontrance; mais aussi
il y a une faute plus sévèrement réprimée que toutes
les autres, c'est d'avoir raison contre le tyran. Retenons que la justice suppose certainement un état de
nos relations avec nos semblables qui ait leur libre et
franche approbation, et la nôtre.

Cette idée si simple trouve déjà son application dans
les échanges et dans tous les contrats. D'abord il n'y
faut rien d'ambigu, sans quoi ils pourraient approuver
tous deux, sans approuver la même chose. Il n'y faut
non plus aucun mensonge ni tromperie; ainsi la pleine
justice exige que j'instruise mon acheteur de tout ce
que je sais de la chose que je lui vends; mais, pareillement, il doit m'instruire de ce qu'il sait sur les pièces
de monnaie qu'il me donne en échange. J'ai connu des
hommes qui jugeaient assez innocent de passer une
pièce suspecte qu'eux-mêmes avaient reçue sans y
faire attention; mais ce n'est pas juste, tant qu'on n'est

pas assuré de la libre approbation de celui à qui on la
donne. Et la règle est celle-ci, que l'autre contractant
n'ait jamais occasion de dire : « Si j'avais su. » Ou bien
contentez-vous d'être riche; n'essayez pas d'être juste
encore avec. Car il n'y a point de subtilité ici; tout est
clair, du moment que l'approbation de l'autre vous
manque, et surtout quand vous reconnaissez vous-
même qu'il ne se trompe point. Erreur n'est pas
compte. Et il importe peu que vous-même ayez ignoré
la chose à ce moment-là, je dis ignoré de bonne foi,
c'est-à-dire sans moyen de vous en instruire. J'ai
acheté une vieille gravure avec son cadre; je n'ai point
acheté ces billets de banque que j'y trouve cachés; il
n'est pas toujours facile de savoir à qui ils sont, mais il
est parfaitement clair qu'ils ne sont pas à moi. On voit
ici à plein, il me semble, sur quoi l'esprit porte son
regard jugeur; c'est sur l'idée même de la chose, idée
commune aux deux; une vente ne peut pas être en
même temps seulement d'une chose, et encore d'une
autre. L'arbitre ne s'y trompe jamais.

Il est vrai qu'il y a des cas aussi où l'autre approuve
sans bien savoir; aussi des cas où il consent par un
autre désir, ou par un pressant besoin, comme un
prodigue qui vend à vil prix ou bien qui cesse d'aimer
dès qu'il possède. De là d'autres bénéfices que beaucoup gardent sans scrupules. Mais comme l'approbation de l'autre n'est alors ni libre, ni durable, et que
vous-même le jugez fou d'avoir consenti, je dis encore
une fois : contentez-vous d'être riche et renoncez à
être juste. Ici c'est votre propre jugement qui vous
condamne. D'où la règle d'or, assez connue : « Dans
tout contrat et dans tout échange, mets-toi à la place
de l'autre, mais avec tout ce que tu sais, et, te supposant aussi libre des nécessités qu'un homme peut
l'être, vois si, à sa place, tu approuverais cet échange

ou ce contrat. » La vie est pleine de ces heureux échanges; on n'y fait point seulement attention. Mais il est clair que la richesse vient toujours de ce qu'on a acheté une chose dont l'autre ne savait pas la valeur, ou de ce que l'on a profité de ses passions ou de sa misère. Je reviens à mon refrain : Contente-toi d'être riche.

Chapitre V

ENCORE DE LA JUSTICE

La règle d'or, que l'usage dans l'échange des choses a suggérée, conduit aussi à la plus large justice, qui s'étend aux personnes. La justice, c'est l'égalité. Je n'entends point par là une chimère, qui sera peut-être quelque jour; j'entends ce rapport que n'importe quel échange juste établit aussitôt entre le fort et le faible, entre le savant et l'ignorant, et qui consiste en ceci, que, par un échange plus profond et entièrement généreux, le fort et le savant veut supposer dans l'autre une force et une science égale à la sienne, se faisant ainsi conseiller, juge et redresseur. Ce sentiment est l'âme des marchés. Je ne suis point dupe des voleries dont on fait bruit, ni de ces marchandages à double mensonge qui ne sont que des jeux entre égaux. Nul ne vendra plus cher à un enfant. Et ces précautions même des enchères et des prix publics font assez voir que le gain égal dans les échanges est ici la règle suprême. Et même dans la spéculation je verrais plutôt encore un jeu entre égaux qu'une entreprise contre les faibles. Surtout il ne faut point faire

confusion entre cette cité des marchands, où une
probité stricte est toujours pratiquée, où les droits
sont égaux, où le respect ne joue point, ni la majesté
vraie ou fausse, enfin qui ne connaît pas les nations,
avec la société traditionnelle et cérémonieuse, secrète,
fermée, jalouse, tyrannique. Certes, il est bon que la
justice soit ainsi séparée, et que les marchands soient
chassés du temple.

Je comprends que les grands aiment mieux donner
qu'échanger, et abandonner que discuter. Cette fausse
charité méconnaît. La justice des marchands fait
mieux apparaître la charité véritable. Car s'il n'y a
point de justice tant que l'on ne prête pas à l'autre son
propre jugement et encore aussi purifié qu'on pourra,
cela conduit naturellement à observer dans l'autre
tous les signes du jugement. Vendre ou acheter, c'est
persuader. Une vente non consentie est nulle aux yeux
du juge; mais elle l'est réellement aussi aux yeux de
l'autre contractant; car la possession n'est pas ce qu'il
veut; c'est la propriété qu'il veut, fondée sur un
consentement libre et éclairé. C'est pourquoi le marchand veut vivre et faire commerce avec des hommes
aussi clairvoyants et libres des passions qu'il essaie de
l'être lui-même, dès qu'un problème de partage de
succession ou de juste paiement est soumis à son
arbitre. Voilà en quel sens la forte sagesse paysanne
estime la bonne administration des biens par-dessus
toute chose, même si elle en souffre, et bien plus haut
que la molle insouciance, même si elle en profite. Ainsi
le droit a de forte racines.

Il ne faut plus qu'un pas pour supposer toujours le
mieux, pour tenter d'instruire, de délivrer toujours.
Elever, encore un beau mot qui a plus d'un sens. Ce
pas est franchi toujours par la vraie charité, même au
prix du plus haut courage, même en face d'un fou.

Mais une clairvoyance supérieure étend toujours la justice; car la raison est au fond des passions les plus folles, comme on l'a assez vu. Ainsi la charité n'est qu'un pressentiment de la justice. Et la pleine justice est à supposer toujours le fondement et la règle de justice, à vouloir, enfin, tout l'homme aussi éclairé que soi. Car chacun sait que ce n'est pas être juste que de supposer aisément l'autre insouciant, capable de tout croire, et toujours content. La justice est donc l'égalité posée, puis supposée et enfin aperçue. Ceux qui ont connu ce regard plus commun qu'on ne croit qui ne s'arrête ni aux gentillesses, ni aux flatteries, ni à la fausse majesté, ni à la folie étudiée comme un rôle, mais qui fait l'honneur, au plus puissant juge de police comme au plus méprisé des criminels, de les considérer sous l'idée d'égalité supérieure, savent assez ce que c'est que le justicier.

Chapitre VI

ENCORE DE LA JUSTICE

La difficulté principale, dans les contrats, est que l'on ne sait pas bien faire la part des autres, lorsque l'on a fait valoir soi-même quelque objet dont ils n'auraient peut-être rien tiré, par exemple un terrain qu'ils n'auraient pas pu conserver, un champ qu'ils n'auraient pas su amender, une mine qui n'aurait pas été exploitée par eux. Le travail humain, par la réunion de plusieurs et par les machines, prend ainsi une valeur nouvelle que le maître détient naturellement et qu'il n'est pas toujours disposé à rendre, quoique le

plus souvent il ne nie pas la dette. L'organisateur
songe toujours à conserver une bonne partie de cette
richesse comme un trésor commun qui, dans ses
mains, permettra d'utiliser encore mieux le travail
humain, dans l'intérêt de tous. On sait assez que, dans
les coopérations, les chefs élus n'ont pas toujours la
liberté nécessaire pour instituer de nouvelles méthodes de travail. Il est assez clair aussi que les progrès de
l'industrie restituent déjà à l'acheteur une partie des
avances du producteur, sans compter les avantages
pour la sûreté, contre la maladie, contre l'ignorance, et
même contre les pouvoirs tyranniques, qui résultent
des nouvelles conditions du travail. Les vices d'une
telle organisation ne sont pas sans remèdes, et l'on
oublie toujours trop l'état de servitude et d'ignorance
où se trouvait le paysan avant que l'industrie eût
assaini et embelli de toutes manières la vie campa-
gnarde. Et, tout compte fait, nul ne sait comment on
pourrait ralentir ce mouvement d'industrie. Mais il est
né, de la situation même, un grand nombre de solutions, comme assurances, retraites, part aux bénéfices,
ou simplement conservation des richesses en vue de
multiplier la production. Ces solutions sont toutes
bonnes, et même celle de l'avare le moins ingénieux;
car en conservant tout l'or qu'il voudra, il ne prive
personne d'aucun produit et ne fait qu'accaparer un
instrument d'échange, au reste pour un temps. Ces
maux sont petits, et ne répondent pas, à beaucoup
près, aux maux que l'on doit toujours attendre des
passions, aussi modérées qu'on les suppose. L'injustice
n'est point là.

On blâmerait, au contraire, un avare qui, par une
espèce de folie soudaine, paierait quelques milliers
d'ouvriers pour un travail entièrement inutile, comme
de creuser un grand trou, et d'y remettre ensuite la

terre. On le blâmerait, d'abord parce qu'il pourrait aussi bien payer ces ouvriers pour qu'ils se reposent, ou pour qu'ils travaillent à quelque jardin ou maison pour eux-mêmes; en allant plus au fond, on le blâmerait parce que ce travail perdu serait comme un bien dérobé à tous, en sorte que, par ce caprice, il y aurait moins de légumes, moins de vêtements, moins de meubles, enfin moins d'objets utiles dans le monde, et sans remède; cela équivaudrait à brûler des meules de blé ou des magasins d'habillements; et il est clair que, si on brûlait tout ce qui est utilisable, ce serait une grande misère pour tous, quoique cette folie procurât comme on dit du travail à tout le monde. Ces circonstances supposées font bien comprendre que les hommes ont besoin de produits et non pas de travail, et que faire travailler en vain c'est dissiper la richesse commune.

Or le riche a cette puissance, et même sans passer pour fou ou méchant, attendu qu'il trouve tout établis des métiers fort difficiles, comme tailleurs de diamants, brocheurs d'étoffes, dentellières, brodeuses, dont les ouvriers ne vivraient point sans lui. Et les produits de ce genre ont presque toujours une beauté, même pour les yeux et sans la possession, qui fait croire qu'ils sont faits pour la joie de tous; mettons qu'il y ait un peu de vrai là-dedans. Disons enfin que ces vains ornements, qui sont comme le signe de la richesse, sont plus souvent enviés que méprisés, ce qui, en aggravant la misère par les passions, cache presque toujours à tous les yeux la véritable source de l'injustice. Ainsi on déclame sur l'injuste répartition des richesses, au lieu de blâmer l'usage injuste que beaucoup de riches en font, ce qui est pourtant la véritable et la seule injustice. Certes ce n'est pas mal penser que de désirer un certain luxe pour tous, et surtout une familiarité de tous avec de belles choses; mais ces jouissances, en bonne justice, supposent l'aisance pour tous ceux qui travaillent de leurs mains. Ce jugement rectifié ne changera pas beaucoup la vie d'un industriel, d'un banquier, d'un riche cultivateur; il changera quelque chose peut-être à l'habillement de leurs femmes, à ce luxe des chevaux, des automobiles, des laquais qui ne sont que pour essayer de faire envie et de tromper l'ennui. Si tous les riches étaient sobres et sans vanité, comme Grandet ou Gobseck, il y aurait des heures de travail en excédent dont une partie serait employée à produire pour ceux qui n'ont pas l'aisance, une autre à orner la vie de tous, et une autre encore au loisir, à l'instruction, au perfectionnement. La réforme dépend des riches, et surtout des femmes riches. Mais je n'attends pas beaucoup d'un effort directement opposé à la vanité où à l'ivresse de plaire, non, mais plutôt d'un regard clairvoyant sur les diamants et les dentelles, avec la pensée que c'est là du pain perdu.

Note

« Il ne se trouverait peut-être pas un homme d'un caractère assez ferme pour persévérer dans la justice et pour s'abstenir de prendre le bien d'autrui, dès qu'il pourrait le faire impunément. » Il faut considérer sans faiblesse cette fable effrayante de Gygès et de son anneau. Impunément, c'est peu dire; mais il y a bien plus; sans qu'on le sache, sans qu'on puisse même le soupçonner. Supposons encore, comme le veut Platon, que l'homme qui vole et tue soit loué pour cela même; le voilà devant sa conscience toute seule, et mis en demeure de s'avertir et détourner lui-même, puisque rien d'extérieur ne l'avertit ni le détourne. Ce que je trouve d'effrayant dans cette fable, c'est que Gygès n'hésite et ne délibère que pour savoir qu'il est vraiment invisible; ici le récit s'attarde : « Chaque fois qu'il tournait le chaton en dedans », etc.; mais dès qu'il connaît son pouvoir, il saisit la première occasion, il court, il trompe il tue, il est roi. L'art du conteur ne peut être surpassé; il faut dire que le modèle de ces rudes vérités se trouve dans la manière des contes populaires, en lesquels ce qui étonne et choque d'abord doit toujours être regardé comme un avertissement. Un conte ne trompe pas plus qu'un chant.

Voilà donc ce portrait de moi-même, que le sage me dessine; cet homme alerte et décidé dès qu'il ne craint plus, allant droit à la puissance par tous moyens, comme on écrase une fourmi ou une chenille. Mais qui sait? Les passions vont droit au but, et vite; et le succès console de tout peut-être. Et la guerre a bien fait voir que les obstacles humains ne comptent pas beaucoup dès que l'on se trouve délivré du blâme. Un homme seulement pressé, et même par de petites causes, risque très bien sa vie; mais cette barrière qui l'empêche de monter dans un train en marche, le met en présence de ce qu'il aurait dû vouloir. Sans la barrière, il ne le voudrait jamais, et au contraire courrait vers ce faible avantage, sans plus regarder à sa propre sûreté qu'à celle des autres. De même un général n'hésite pas souvent, s'il sait qu'il sera blâmé de n'avoir pas fait tuer un millier d'hommes. Peu de chose, donc, un homme devant le chemin d'un autre, dès que l'éloge porte l'autre, et l'absout d'avance, ou dès que le blâme ou le déshonneur lui donnent de l'éperon. Si tu te connais humain et équitable, fais-en honneur aux lois aussi. Il faudrait donc jeter l'anneau si on l'avait.

Or chacun l'a. Ici se montre la profondeur de Platon, qui passe toute autre. Car chacun est libre de penser; il n'est pas vu là, dans son dedans. Il peut bien nier les lois et les coutumes d'abord, et jurer qu'il ne se réglera que sur sa propre volonté. Mais point du tout; il jette l'anneau. Ce n'est pas ainsi qu'on pense; penser c'est faire attention à la pensée d'autrui; c'est la reconnaître et vouloir s'y reconnaître. Se dire qu'après tout ils ne sont pas si sots, et qu'il y a toujours quelque vérité à prendre dans les contes de bonne femme, comme ce conte de Gygès le fait voir; par où il résonne merveilleusement avec ce qu'il veut faire entendre. Et cela est respect; je veux penser comme si on me voyait penser; avec mon lecteur, aussi loin de ma première idée que je puis me mettre, et d'après les signes du plus ignorant, c'est là que je me place, cheminant pas à pas en cette compagnie; me mettant au jour sans scandale; d'accord en moi avec eux; usant de leur langage, sans le jamais forcer ni détourner; démêlant cette sagesse embrouillée; et encore avec prudence;

ne tirant point sur un fil sans savoir après quoi il tient; hors de cette prudence, est-il une seule pensée pour quelqu'un ?

Ces vues appartiennent à la maturité et à l'expérience. Elles supposent que l'on a fait l'épreuve de la faiblesse humaine, et de la force des passions, surtout dans le paroxysme ou dans la surprise. Il est difficile d'avouer, mais enfin il faut bien y arriver, que les contraintes sociales sont trop vite jugées arbitraires, immorales, contraires à la dignité de l'homme pensant. Qui ne remarque que les passions nous poussent là ? Et comme la part des passions dans ce jeu est difficile à faire, au lieu que l'obéissance n'engage point le jugement, mais souvent au contraire l'éclaire et lui fait faire le tour de la chose, nous voyons ce respect des institutions, des mœurs et même des coutumes modérant la superbe en des esprits de premier rang, qui nous font voir la personnalité en sa pleine réussite, comme Montaigne, Descartes, Pascal, Goethe. D'ailleurs différentes, mais ayant ceci de commun, il me semble, qu'ils cherchent moins à régler les autres qu'à se régler eux-mêmes; et, par ce détour, obéissant, d'après cette maxime générale que les situations douteuses donnent force aux passions. Pascal, après Montaigne, est ici maître de réflexion, disant que le mérite fait doute et qu'on se battrait, mais que le nombre des laquais ne fait point doute. Ils jugent que l'obéissance assure l'ordre intérieur et que la révolte le défait d'abord, parce que les passions occupent aussitôt cette place que la négation laisse libre; et, selon mon opinion, ils craignent encore plus cette sédition au-dedans que l'autre. Par ce chemin, on viendrait à accepter beaucoup, et peut-être tout. Pour moi ces sévères idées sont encore de théorie. Comme je les exposais à des enfants de vingt ans, l'un d'eux trouva ceci à dire : « Nous sommes trop jeunes pour comprendre cela. » Bel âge, et belle réponse.

Chapitre VII

DU DROIT ET DE LA FORCE

La connaissance de la justice va rarement sans une certaine colère qui porte à écraser l'injuste, comme s'il

existait une certaine espèce d'hommes entièrement
aveugles sur ces choses-là et dont il faudrait purger la
terre; mais cela est bien puéril. Toutes les passions
sont injustes et tout homme est sujet aux passions. Il
n'est pas vrai non plus que cette colère pour la justice
s'accompagne de justice dans toutes les actions. Mais,
d'un autre côté, l'indignation du voleur volé peut
donner aussi de l'espérance. Et je suis bien loin de
considérer comme hypocrisie la prétention de tous les
tyrans, qui veulent toujours être justes et combattre
pour le droit méconnu. Car ce n'est point la possession
qui plaît le plus, mais c'est la propriété; et de même
l'usurpateur veut enfin être reconnu; et ce qu'il y a de
ruse et de mensonge dans ses manœuvres ne doit
point nous cacher la plus profonde vérité humaine,
que Platon a si bien vue, c'est que l'injustice n'a de
puissance que par une justice cachée. L'ambition est
une pensée, et la guerre a toujours pour fin de
persuader, comme les traités de paix le prouvent, et la
peine que l'on prend pour apaiser la revendication. Le
juste est donc assez fort, s'il est inflexible. La pensée
trouve toujours la pensée, et une pensée absolument
sans justice n'est plus pensée. Penser, c'est reconnaître.

Toutefois il est ordinaire que l'injuste use de contrainte afin de se faire reconnaître, et cela réussit
mieux qu'on ne croit. Il faut être bien obstiné pour se
soucier d'une pensée dont on n'est pas déjà trop sûr,
qui contredit tout et qui n'offre que dangers. Vous
n'aurez pas la peine de la cacher; elle se cachera même
à vos yeux. Il s'en formera même une autre, et de
bonne foi; c'est le cours naturel. De là vient cette
opinion si commune d'après laquelle un triomphe
assez long crée un droit. Mais le triomphe ne peut
gagner cet assentiment libre qui assure le droit. Aussi

voit-on que les tyrans méprisent un peu les acclamations et cherchent toujours à gagner les esprits libres, aimant sincèrement en eux tout ce qui marque la fermeté et la liberté, tout excepté la revendication de justice, même muette. Et il y a une coquetterie du courtisan d'esprit, qui n'est que pour donner un air de liberté au jugement préalable concernant le fait accompli. C'est pourquoi la force triomphante essaie toujours de persuader, et croit souvent y réussir. Mais c'est pourtant vouloir prouver un théorème à coups de bâton. En toute sincère persuasion, et qui a pour fin un consentement libre et une paix véritable, tout le travail est de laisser à cet esprit antagoniste sa liberté pleine; et c'est ainsi que l'esprit d'Euclide parle aux esprits; il ne voudrait pas d'un consentement volé. Or je suppose ici dans le tyran toute la clairvoyance d'Euclide; car ce n'est pas ce que le tyran croit avoir qui m'intéresse, mais ce qu'il a. Or, par toute la force du monde, il n'aura pas un droit, pas plus qu'en achetant une montre à vil prix d'un enfant qui l'a trouvée, je n'en deviens, à mes propres yeux, le légitime propriétaire. Au reste la première excuse de l'usurier, et qui ne suffit même pas, est bien toujours celle-ci : après tout je ne l'ai point forcé.

Il y a un peu plus d'ambiguïté si le juste résiste au tyran par la force. Il soutient alors son droit comme on dit. Mais cette imprudence, si naturelle, revient à l'idée du jugement de Dieu, d'après laquelle le droit triomphe finalement; l'idée d'enfant, sans fondement aucun dans l'expérience ni dans la raison, et où surtout je vois une sorte de promesse; le tyran peut croire qu'on le reconnaîtra s'il triomphe; et ainsi la révolte fortifie le pouvoir du tyran si elle échoue. Mais il faut voir au fond de cette naïve croyance d'après laquelle un puissant juge donnerait la victoire à celui qui a raison.

Le droit est découvert par arguments et preuves, non autrement, par la pensée, non autrement. Et la vraie résistance ici est donc de parler et d'écrire selon sa conscience, malgré l'exil, malgré la prison et jusqu'à la mort. On ne peut s'étonner de ce triomphe de l'esprit chrétien par toute la terre, quand on voit que les martyrs savaient si bien mener cette espèce de guerre de l'esprit, où le vainqueur est celui qui s'interdit de frapper. Ce fut le premier appel à l'esprit et la première guerre de ce genre que l'histoire ait conservée. Hommes de peu de foi, dirai-je à mon tour, puisque cette expérience même ne fait pas que vous jetiez vos armes. Mais je dis aussi : Hommes de peu de courage; car je vous vois trop faibles dans la vraie résistance, et j'aperçois plus d'une espèce de peur dans ces prises d'armes.

Chapitre VIII

DE LA SAGESSE

La sagesse est la vertu propre de l'entendement; mais il ne faut pas entendre d'après cela qu'elle est le nom commun de toutes les autres vertus. Quand les vertus ne sont que par sagesse, il y manque souvent l'audace et le feu inventeur, car le mal le plus contraire à la sagesse c'est exactement la sottise, j'entends l'erreur par précipitation ou prévention; et les vertus du sage qui n'est que sage sont toutes des précautions contre l'erreur; mais les vérités qui ne sortent point de l'erreur ressemblent à des hommes qui n'ont pas eu d'enfance. Seulement, sans la sagesse, qu'on appellerait bien aussi prudence, rien n'arrive à maturité. J'ai connu de ces vieux enfants.

Le premier fruit de la sagesse est le travail. Je n'entends pas par là le travail d'esprit, car je ne sais pas ce que c'est, mais ce travail des yeux et des mains qui prépare un objet au jugement. Il est beau de vouloir inventer tout depuis le commencement, et même rien ne peut remplacer ce mouvement précipité qui porte à anticiper et à deviner; mais il est sage aussi de se mettre à l'école, et de prendre toujours pour vrai ce qui est décrit, supposé et même conclu par un auteur, jusqu'à ce que l'on sache bien ce que c'est. C'est pourquoi il est bon de copier beaucoup, et même d'une belle écriture, comme aussi de relire, surtout sans cette tension qui est prise pour effort d'esprit, et qui s'exerce toujours à côté. Tous les exercices scolaires sont de sagesse; il y a autant de péril à les prendre trop à cœur qu'à les mépriser. C'est toujours un signe favorable lorsque l'enfant s'y prête aisément aux heures fixées, sans y penser le reste du temps; car il n'est pas sage non plus de vouloir tout retenir. L'acrobatie gâte la gymnastique, et cela est vrai de tout. Il y a quelque chose qui choque dans l'acrobate, et c'est le pédant. Dans le maître à danser aussi.

On n'apprend pas à avoir de l'esprit. La plus rare sagesse est dans ce gouvernement de la faculté pensante, qui ne peut aller sans une espèce de ruse. Le brillant jeu des passions crée cette apparence qu'un esprit cultivé doit toujours trouver des ressources, en toute occasion et pour tous besoins. Et ce n'est que trop vrai. L'esprit enchaîné trouve toujours des raisons et des répliques; et l'intelligence est bonne à tout. Mais ce n'est pourtant que le désordre à son comble lorsque l'esprit se prête ainsi, comme un baladin, à des tours d'adresse et à des travaux de prisonnier. Il est pourtant bien à prévoir que, lorsque je pense, je ne suis pas attentif aux effets et aux conditions. On ne peut se voir penser et bien penser en même temps. C'est pourquoi il y faut un grand recueillement et renoncement, non pas une application en soi ni un effort, mais plutôt une fuite d'un moment, et un détachement de tout, qui font dire que le vrai observateur semble distrait et absent. Bref il faut ne tenir à rien, et comme dit La Bruyère, ne se piquer de rien. D'où l'impatient conclut qu'il n'est pas libre, puisqu'il ne pense pas à son commandement. Mais je dirais bien mieux en disant que celui-là n'est pas libre qui pense selon ses besoins. Ne te cherche donc pas, car rien de tout cela, qui est objet, n'est toi.

De ce sentiment naît la modestie, qui est une partie de la sagesse, et qui consiste à ne se rien promettre, et enfin à ne se point considérer comme une mécanique à penser dont on attendrait ceci ou cela. Manque de foi toujours, préparation ambitieuse, déception enfin, voilà les chemins de l'orgueil. Mais comprendre que le désir de trouver est une passion aussi, qui n'enchaîne pas moins l'esprit que les autres, c'est renoncer une bonne fois à étonner le monde, et, dans les circonstances difficiles, bien humblement attendre et prier. Une longue expérience a fait connaître qu'en tous les cas où l'on espère une pensée véritable qui peut sauver soi et les autres, il faut d'abord accepter et se résigner. « Que votre volonté soit faite et non la mienne. » L'homme a trouvé ce détour pour croire en soi. Mais d'autres fictions ont troublé cette retraite monastique, en occupant l'esprit de nouvelles craintes et de nouveaux espoirs. C'est vouloir être aimé par menace. Les vrais penseurs ont prié plutôt par silence, sommeil dans les épreuves, ou bien gaieté et enjouement, comme sait si bien faire Socrate aux instants où il a besoin de lui-même. Je crois que les grands spectacles de la nature, qui dépassent nos forces et tous nos projets, ainsi que les dangers certains en présence desquels on ne peut qu'attendre, sont favorables à la vraie réflexion aussi. Tel est le sens des épreuves. Ainsi que ta solitude et ton monastère soient au milieu des hommes.

Chapitre IX

DE LA GRANDEUR D'ÂME

Les modernes n'ont guère traité de cette vertu, peut-être parce qu'ils n'ont pas bien considéré en même temps la nécessité des passions et la liberté de l'esprit. Descartes veut appeler générosité le sentiment que nous avons de notre libre arbitre; et c'est très bien nommé. Mais la grandeur d'âme n'est pas seulement dans la possession de quelque chose de grand et qui, étant juge de tout, naturellement surmonte tout; elle suppose encore la mesure exacte de la faiblesse humaine, à l'égard de qui elle n'est ni indulgente ni sévère, mais juste dans le sens le plus profond. Tout le monde sait bien qu'il faut pardonner beaucoup; et ceux qui l'oublient par passion et qui tiennent un compte de toutes les paroles, de tous les oublis et de toutes les intentions sont bien malheureux et bien méchants. Mais encore faut-il savoir pardonner. J'en ai connu qui montraient de l'indulgence, mais après qu'ils avaient obtenu des promesses, des regrets, et enfin tous les signes d'un changement d'opinion. J'y vois de la petitesse et du marchandage, mais surtout une disposition à supposer des pensées en tous les mouvements, et à prêter, comme je dis souvent, de l'esprit aux bêtes. La grandeur ne peut pas tant contre la petitesse, qui lui est tellement étrangère. C'est reprocher à quelqu'un qui bâille de s'ennuyer, et c'est lui en donner l'idée. Le bon abbé Pirard, dans *Le Rouge et le Noir*, dit ingénument : « J'ai le malheur d'être irascible; il se peut que nous cessions de nous voir. » Il y a un peu de grandeur dans l'aveu, mais c'est encore trop vouloir régler ses pensées sur sa propre colère, et lui donner ainsi importance. Donner importance à ses propres humeurs, c'est petitesse.

On dira qu'il est pourtant bon d'y donner importance, afin de s'en corriger. C'est justement dans ce cercle d'idées que se meut la morale, et je n'ai pas bonne opinion de cette méditation sur soi qui grossit tout. Encore pis si l'on s'excuse; car c'est trouver enfin un sens à ce qui n'en a pas. C'est de ces vies mal prises, malheureuses et souvent malfaisantes, qu'est sortie cette idée qu'on ne peut s'empêcher de penser, de désirer, de haïr, d'aimer. Eh, diable, le même homme, à ce compte, aime, hait, désire, maudit par signes tous les gens et toute la terre, souvent sans le savoir. Mais ce n'est rien, pourvu que l'on juge que ce n'est rien. Dans une véritable société d'hommes, il faut savoir annuler dès l'origine tout ce qui est mécanique. Une fillette qui se trouvait en conflit avec une grand-mère, pour des motifs bien futiles, trouva enfin à dire, qu'elle voudrait être morte aussi; la tombe de sa sœur, bien chérie, n'était pas encore assez fermée. Pour moi je ne fis qu'en rire, comme d'un bruit inattendu et qui ferait par hasard un sens. Que la politesse modère de telles réactions, cela n'est pas mauvais; mais si la politesse empêche l'invention et assure la paix par l'ennui, comme il est à craindre, je préfère la liberté avec tous les bruits accessoires. Les petites choses ne sont de grande apparence que par notre attention; si on les renvoie une fois au mécanisme pur, d'où elles sortent, elles tomberont tout à fait. On ne sait pas ce que peut l'inattention véritable aux défauts d'autrui, pour l'en guérir. Spinoza, dans son tour juste et inimitable, dit qu'en mangeant de bon appétit on évite plus directement la maladie que si on se prive par crainte. Je dirai en l'imitant que ce sont nos vertus seulement qui nous guérissent de nos vices. C'est là que vise la grandeur d'âme.

Ainsi, dans les ouvrages de l'esprit, il y a toujours assez de faiblesses. Et, même dans les bonheurs d'expression, le hasard y est pour beaucoup. Les petits esprits ne remarquent que cela, au lieu de laisser passer ce qui est de peu et d'attendre l'éclair du génie et de la liberté. J'ai cette bonne chance que les retours d'humeur, comme vers la fin des *Confessions*, ne m'importunent pas plus que ce bruit de charrettes dans la rue. Mais je n'irais pourtant point aussi loin que cet homme de goût, un peu trop sabreur, qui voulait extraire le meilleur des beaux livres, et ne relire que cela. Au contraire, ce qui est préparation et remplissage, comme disaient les honnêtes musiciens, arrive bientôt à me plaire par une espèce d'allégresse que j'y sens et par la grandeur en méditation qui le laisse passer. Celui qui saurait comment la pensée encore en sommeil tourne déjà, pour son entrée, les choses de simple forme et tout à fait étrangères, connaîtrait un peu ce que c'est que le style.

Chapitre X

DE L'ART DE CONNAÎTRE
LES AUTRES ET SOI

Il y a plus d'un secret dans les grands philosophes; mais le plus précieux n'est pas toujours où on le cherche; et si l'on regarde aux systèmes et aux preuves, souvent on croira avoir perdu son temps. Au contraire si l'on fait conversation avec ces hommes illustres, sans trop se soucier de ce qu'ils veulent enseigner, on apercevra, comme dans un éclair, un mouvement de l'homme vrai. Cela est évident à lire Montaigne; mais je suis assuré qu'on trouvera autant dans Platon, dans Aristote, dans Descartes, dans Kant, si on s'applique à les lire comme il faut bien lire Montaigne. Et ce continuel retour aux penseurs illustres est ce qui sauve d'abord du procédé, et de l'observation myope.

Toutefois j'avoue que j'ai plus trouvé encore de notions réelles sur l'homme dans les romanciers et dramaturges, et même dans les poètes. Je citerai Gobseck et le curé Bonnet, dans Balzac; Besoukow et Karénine dans Tolstoï; Fabrice et Julien dans Stendhal; Othello, Hamlet et Coriolan de Shakespeare; sans oublier Goethe, sans oublier le Hugo des *Misérables*, et remontant même jusqu'à Homère, qui nous peint au naturel, et presque physiologiquement, les mouvements d'Achille, d'Ajax, d'Ulysse. Mais, comme c'est par hasard ou surprise que le philosophe nous dit enfin ce qu'il pense, les romanciers et poètes nous cachent aussi leur trésor, par une raison contraire, qui est qu'ils sont emportés par le récit, et qu'ils ont l'art d'entraîner le lecteur avec eux. Le moyen de s'instruire, à ce que je crois, est ici de relire beaucoup. On trouvera le temps qu'il faut en prenant sur la lecture des journaux et sur le jeu de cartes. L'art est long, comme dit le proverbe; et ceux qui sont curieux de la nature humaine devraient prendre leçon de patience chez ces pianistes et violonistes qui repassent sans cesse leurs grands auteurs. Je ne sais s'il est possible de penser raisonnablement à ses semblables sans cet intermédiaire des fictions. La pensée directe du semblable est difficile, souvent impossible, par trop d'intérêt, par trop d'humeur, et même par trop d'affection. Les pères ne connaissent pas les enfants, ni les enfants les pères. L'emprunteur ne comprend pas l'usurier, ni l'usurier l'emprunteur, quoique, pour les effets proches et extérieurs, ils se connaissent fort bien l'un l'autre; oui, au sens où le cavalier connaît son cheval et le chasseur son chien. Cela suffit pour le cheval et pour le chien; mais l'homme mérite mieux et exige mieux; il faut un pont de contemplation et des références ou modèles; je ne vois que les grands artistes qui nous les puissent fournir.

Toujours est-il que ces lectures vingt fois recommencées m'ont instruit, il me semble, principalement de deux manières. D'abord j'ai découvert dans mes livres familiers de précieuses remarques : « L'air quasi distrait qui trahit l'observation »; cette remarque est de Balzac et m'a plus instruit sur l'attention que tous les gros traités. « Au lieu d'aller du tendre au rusé, comme la plupart des hommes, l'âge l'eût guéri d'une folle défiance. » C'est Stendhal qui parle, et qui m'éclaire tant de natures jeunes, ombrageuses, follement prudentes, difficiles à conseiller, et qui ne sont point les pires. Je ne pourrais faire l'inventaire de tous ces trésors; je ne les sais point; je ne les note point; si je les savais, si je les notais, ce serait une connaissance morte. C'est un grand art, selon mon opinion, et trop ignoré, de lire sans vouloir retenir, et simplement pour se distraire; cela s'incorpore; cela nourrit et assouplit. C'est le remède à cette connaissance par fiches dont on ne peut se passer tout à fait, mais qui s'exerce seulement à la surface des êtres.

L'autre savoir, que je tire des lectures, se continue en une sorte de rêverie réglée. Je pense à ces personnages, qui me sont familiers; je les suis en leurs actions; je cherche à les comprendre; je n'y arrive point sans peine. Par exemple pourquoi Julien Sorel a tiré ce coup de pistolet? J'en ai discuté avec un ami qui refusait de comprendre. Quel est le ressort ici? C'est qu'il faut se fier à l'auteur; et c'est toujours la poésie, ou si l'on veut la beauté, qui fait preuve d'abord. Par exemple Hamlet. Je sens qu'il y a à comprendre. Par là s'exerce un genre d'observation que rien ne peut remplacer. Car les êtres réels, en leurs discours comme en leurs actions, sont rarement vrais; ils sont empruntés, comme dit si énergiquement le langage populaire; et, bien pis, ils changent, ils effacent eux-mêmes ce qu'ils ont tracé. Ils brouillent la piste, comme font le lièvre et le cerf. Au lieu que les créations de l'art sont immuables; la réflexion y trouve appui. Remarquez ici que nos réflexions sur nos parents, sur nos amis, sur nos collaborateurs, sont toujours de rêverie errante; nous ne savons pas ce que notre imagination ajoute aux faits. Rien ne trompe plus que cette observation des absents. Les personnages de roman sont absents et présents; toutes les suppositions fantastiques sont ramenées au fait par la lecture. Je n'essaie pas de prouver; je veux seulement expliquer un peu quelle est, en la connaissance des hommes, la part des livres. Je conclus que la lecture, ou la culture continuée, est pratiquement utile, pour le gouvernement, pour l'organisation, pour la persuasion, pour l'entreprise. Je viens au précis, à cette connaissance de l'homme d'après sa forme, ses articulations, ses organes. Tout ce qui est anatomie ou physiologie est bon; on n'en saura jamais trop. Les documents abondent, et il n'est pas si nécessaire de choisir, pourvu que de temps en temps on lise la plume à la main le meilleur traité de physiologie, de façon que les détails s'ordonnent par rapport à l'indivisible forme humaine. Toutefois, s'il faut conseiller, je conseille de s'armer de défiance à l'égard de l'esprit médical, et de la divination, qui vont souvent ensemble.

Les médecins intéressent par une ample expérience, et qui ne perd jamais le contact. Toutefois, il est impossible qu'on ne remarque pas, dans le jugement médical, une erreur systématique qui résulte du métier. Les malades ne sont pas vrais; un homme malade est un homme qui ne s'arrange plus de son milieu physique, et qui ne gouverne plus sa propre machine; disons qu'il se sent vaincu ou tout au moins dominé, et diminué par les actions extérieures. Un homme, en une telle situation, et, pis encore, occupé de l'idée d'une telle situation, ne montre plus cette réserve, cette ressource, ces puissances qui font guerre, sauvetage, défrichement, construction, invention selon le cas. Et sans doute le génie propre au médecin est de réveiller et d'orienter cette partie de l'homme qui peut sauver le reste; mais il est trop clair qu'il n'y réussit pas toujours. Ainsi il est lui-même attaqué dans le fort de son jugement par les coups redoublés de l'expérience. Et cela est encore plus évident de ces médecins qui soignent les faibles d'esprit; car, de toutes les formes de l'esclavage ou de la dépendance, celle qui dépend de l'opinion est de loin la plus redoutable. Des hommes défaits et vaincus ne sont plus des hommes; ils ne sont plus eux-mêmes. Spinoza conseille, pour les entretiens, de parler sobrement de l'esclavage, de la faiblesse et de la tristesse humaine, et au contraire amplement de la puissance et de la joie. Eclairons cette idée par un exemple. Un homme qui tombe d'un toit n'est pas un homme en cela; il tombe comme une pierre. Et c'est pourquoi il est plus sain et plus juste de retrouver la physiologie apprise dans les spectacles et dans les actions où l'homme se montre ingénieux et fort, comme dans les travaux de terre ou de mer, dans les jeux athlétiques, dans les fêtes et célébrations; car c'est le triomphe qui fait voir l'homme vrai, comme c'est l'admiration et l'émulation, non la timidité et la peur, qui font voir ce dont l'enfant est capable. Et il importe beaucoup de repasser et fortifier en soi-même cette idée, parce qu'elle est de celles que les rencontres épargnent le moins. Détournez-vous donc des expériences qui rompent le courage, non pas par cette raison vulgaire qu'elles sont contraires au bonheur, mais par cette raison plus cachée qu'elles ne sont point favorables à la connaissance vraie de l'homme.

L'autre erreur, que je nomme esprit de divination, est plus aimée et plus dangereuse. Elle consiste à remonter du signe à l'idée et à surprendre, d'après les mouvements physiologiques, gestes, rougeur, changement des yeux et de la bouche, et choses de ce genre, une opinion que l'homme peut-être voulait nous cacher, et, bien mieux, qu'il se cache peut-être à lui-même. On voit ici entrer en scène l'inconscient, le subconscient, et la terrible clairvoyance de celui qui voit à travers l'homme. Je ne veux pas entrer dans les raisons de doctrine, qui sont fort subtiles. J'avertis seulement, d'après ma propre expérience, que cette ambitieuse méthode se meut toute dans l'imaginaire. Je veux bien recevoir le principe d'après lequel il correspond à tout geste et mouvement un changement dans les pensées. Mais, remarquant que les pensées d'un homme lui sont déjà fort mal connues, tant qu'elles ne sont pas appuyées à un objet stable et à un travail régulier, j'assure que vous, témoin extérieur, vous les connaissez encore bien moins, et que, passant du signe, mouvement de la mâchoire, de la tête ou de la main, si nettement dessiné, à une pensée que vous supposez témérairement, vous lâchez la proie pour l'ombre. Donc, selon mon opinion, le difficile dans l'observation des hommes est de se priver de la chasse aux pensées, si séduisante, et de s'en tenir au contraire à la forme du geste, y retrouvant, par une méditation seulement physiologique, une attitude, un équilibre, une préparation, un geste prochain, en un mot l'action. Ainsi, et en dépit des actions extérieures, qui souvent déforment, vous serez entouré de mouvements justes, comme je suppose que l'est le sculpteur. Ainsi vous jugerez l'espèce en sa vérité, comme lui la représente. Et, par ce moyen, vous connaîtrez enfin les pensées, au sens où une usine est une pensée, où le Parthénon est une pensée, où une maison, un jardin, un champ sont des pensées. Mais je n'espère point éclairer en quelques lignes cette idée difficile. Suivez donc les rigoureux travaux de ces psychologues qui ne veulent considérer jamais en l'être humain que le comportement. Quoiqu'ils ne renoncent pas toujours à chercher un équivalent des mouvements dans les pensées, vous apprendrez tout au moins à leur école à ne pas interroger, à ne pas donner audience à ces vaines paroles qui cachent l'homme, enfin à attendre que l'homme vrai se montre. Comme devant l'enfant qui jette ses mines et ses grimaces, on n'attend jamais assez.

Chapitre XI

DE LA FOI
ET DE LA VIE INTÉRIEURE

Je ne méprise point et ne sacrifie point la vie intérieure; au contraire je la sauve. Il faut bien faire attention ici. Car la vie intérieure est souvent comprise comme un défilé de pensées, d'opinions, de sentiments, de vagues projets, de regrets, enfin de vaines délibérations, soutenus par un perpétuel discours à soi. Or cette rêverie irrésolue est si peu la vie intérieure, qu'au contraire je la considère comme purement extérieure. Ces pensées errantes sont conduites en réalité soit par les perceptions de rencontre, un oiseau, un nuage, un mot saisi par hasard, soit par le mécanisme du corps humain qui nous porte d'un mot à l'autre, d'un souvenir à l'autre, et, comme on dit, du coq à l'âne, par les rapports les plus accidentels. Une telle pensée, régie par ce qu'on nomme les associations d'idées, n'est nullement conduite ni ordonnée; elle n'avance point; elle ne mène nulle part. C'est pour échapper à cette ronde de pensées non conduites que les hommes jouent aux cartes, ou lisent n'importe quoi. Les grands et les petits malheurs se développent par ce sentiment que la pensée tourne en cercle et est alors complètement inutile. Chacun a l'expérience des heures d'insomnie ainsi vainement occupées par une pensée esclave. Et les plus malheureux connaissent quelque chose de pire, qui est l'insomnie les yeux ouverts et dans la lumière du jour. Or le premier effet d'une vie réellement intérieure est de refuser ce spectacle des pensées sans progrès ni conclusion. Mais

comment faire? Les uns récitent une prière, les autres
un poème; quelques-uns s'astreignent à compter. C'est
se donner un objet résistant. Ce remède, qui ne
convient qu'aux esprits faibles, et qui ne réussit pas
toujours, nous oriente du moins vers la pensée véritable, vers la pensée gouvernée, qui est toujours une
pensée d'objet. L'esprit faible délibère sur une situation imaginée; vie purement extérieure, comme je l'ai
expliqué. Un esprit vigoureux ne délibère que devant
l'objet; devant le terrain, s'il s'agit de construire;
devant les restes du feu, s'il s'agit de mesurer un
désastre. Toute situation réelle a cela de bon qu'on n'y
porte jamais les yeux sans découvrir quelque chose de
fidèle et d'assuré, si mauvais que ce soit. On cesse
alors de rêver; on se met à vouloir. Vie extérieure en
apparence, et intérieure en réalité; car c'est le plus
intime de l'homme, alors, qui range et façonne l'extérieur; c'est la loi de l'homme qui s'inscrit dans les
choses. Bref l'homme n'est libre et fort que devant
l'objet.

Les Stoïciens, qui sont parmi les meilleurs maîtres,
avaient un mot direct et expressif pour désigner l'âme
ou l'esprit; ils la nommaient gouvernement; je dirais
mieux gouverne, d'après un beau mot de notre langue
populaire. Ta gouverne, voilà ta vie intérieure. Dès que
tu ne conduis plus tes actions, ne prétends plus à
l'honneur de penser. Remarquez que le penseur éminent, par exemple celui qui combine et calcule, se
donne des objets et se soumet à la loi des objets.
Seulement, comme il en est le maître, comme il peut
effacer et gribouiller, ce qui le rejette à la pensée
esclave, il lui faut une volonté redoublée pour navi-
guer et gouverner en ce monde qu'il se donne, figures
ou symboles. Le commun travail, labourer, construire,
ajuster, donne un meilleur appui à nos pensées. Heu-

reux qui trouve toujours devant lui le monde résistant et dur, le monde sans égards.

Vous croyez que j'ai oublié mon propos; mais non; je suis au centre. Et je demande si l'homme malheureux, qui pense en tournant comme le cheval au manège, est celui qui se connaît le mieux? Je réponds qu'au contraire il se trompe sur lui-même. Une passion n'est qu'une erreur continuée sur soi-même, sur ce que l'on sait, sur ce que l'on croit, sur ce que l'on espère, sur ce que l'on peut. Tolstoï est un des auteurs qui savent nous apprendre ce que c'est que se retrouver soi-même. C'est en se mettant à l'œuvre qu'on découvre ce qu'on veut, ce qu'on aime, ce qu'on sait, et en un mot ce qu'on est. Il n'y a point d'autre moyen. Il n'y a point d'autre moyen de juger les autres. Par exemple on dit souvent qu'il faut connaître l'enfant si l'on veut l'instruire; mais je dis, au contraire, qu'il faut instruire l'enfant si l'on veut le connaître. Et quant à cette sotte ignorance, encore déformée par la timidité, quant à cet état misérable où l'on se trouve quand on rêve au lieu d'essayer, je n'ai qu'à le faire cesser; cela n'est rien; cela sera profondément oublié. Nous essayons de porter un regard investigateur sur les aptitudes nues; de toutes les pensées c'est la plus vaine. Apprends la géométrie, et je te dirai alors si tu es géomètre. Une des fautes les plus communes est de chercher ce qui plaît à l'enfant. Après dix ans d'étude je saurai ce qui lui plaît et il saura ce qui lui plaît. Par le travail il se sera révélé à lui-même. Et dans le fond je crois que tout travail suivi fait paraître une aptitude. Mais c'est ce qu'on ne croit point. On espère se connaître avant le premier essai. D'où l'on voit de pauvres gens qui vont de métier en métier et ne se trouvent doués pour aucun. Il est rare qu'on ne se trouve point doué pour le métier qu'on fait; en tout cas on n'est vraiment doué

que pour le métier qu'on fait. Espérer et croire avant
la preuve; d'espérer et de croire faire preuve; enfin de
soi et des autres, par méthode, penser toujours courage et puissance, voilà le ressort humain. La connaissance de l'homme va donc du plus haut au plus bas.

Ainsi la foi est une idée positive; et la foi n'est autre
chose que l'optimisme; entendons bien l'optimisme
voulu, et non l'optimisme de hasard. Les hommes
simples, et qui vivent selon l'imagination, nous donnent ici une leçon qu'il faut comprendre. Sous mille
formes, et sous le nom de religion, nous voyons que le
courage se donne un objet et des preuves. Mais, que ce
soit vie future, avenir de l'espèce, règne de la raison et
de la justice, l'objet n'est jamais qu'imaginaire, et c'est
le courage qui porte tout. Ou bien, pour employer
d'autres mots, disons que la volonté est telle, par sa
notion même, que c'est elle-même qui se prouve. Il
faut croire en soi; sans ce premier départ, tout gratuit,
il n'y aurait point d'entreprise au monde; cela, tous les
praticiens le savent. Mais, en regardant de plus près,
on découvre que, sans le parti d'oser au-delà des
preuves et même contre les preuves, il n'y aurait ni
pensée, ni opinion, ni même rêverie; en sorte que c'est
le tissu même de la psychologie qui se défait tout, si
l'on ne prend point comme réalité première et positive
un pouvoir qui ne dépend que de son propre décret.
Quand on accumule, comme on aime à le faire, les
difficultés que soulève ce postulat, on a le tort d'oublier d'autres difficultés non moins inextricables, qui
se présentent et nous pressent si nous essayons de
nier le pouvoir sans mesure. Et, en posant que théori-
quement tout est égal, il reste l'urgence de vouloir qui
se propose à tout homme dès qu'il veut aider les
autres ou s'aider lui-même. Tous les biens, toutes les
règles, toutes les formules, tout cela est comme mort

devant l'homme qui ne croit plus en lui-même. Ainsi le premier conseil, et sans doute le seul, est d'éveiller en un homme abattu et dominé ce départ du vouloir. Telle est la source du bien. Mais comment éveiller un homme à lui-même si on ne croit point en lui? Et comment croire en lui si l'on ne croit pas d'abord en soi? Et j'insiste sur ceci, que cette foi en la volonté est elle-même volontaire. Il serait absurde de chercher en soi-même la volonté sans la volonté de la trouver. Et puisqu'en tous ces drames il faut donner d'abord, Descartes a très bien nommé générosité ce mouvement du libre arbitre, réduit à lui-même et s'appuyant sur soi. J'ai observé, en quelques éducateurs et redresseurs, cette certitude de puissance, ce geste de départ et de création qui recommence à neuf. L'âme n'est jamais à découvrir, ni à décrire; elle est toute à faire et à refaire. Certes on n'est pas ce qu'on veut, mais on n'est quoi que ce soit que si d'abord on veut. L'écart entre l'ambition et le fait sera toujours assez grand; sans trouver moins, souvent nous trouvons autre chose; cette déformation est la part des choses; et nous le saurons assez tôt. La maladie de prévoir est trop honorée. On voit que, sous cet angle, l'écart entre la théorie et la pratique se trouve aboli. Bien mieux, il faut l'abolir, ou, en d'autres termes, il n'y a que le plus parfait modèle qui soit pratique. Telle est l'âme des religions.

Je rendrai plus sensibles ces considérations par l'exemple du remords et du repentir. De l'un à l'autre, il n'y a de différence que la foi, c'est-à-dire la certitude d'une action neuve, immédiatement possible, et tout à fait lavée de la faute. Le remords est un état plus commun qu'on ne croit; c'est l'idée qu'on n'y pouvait rien et qu'on n'y pourra rien, qu'on est ainsi, que l'on tombera toujours au même passage. Or cette idée paraîtrait ridicule au danseur de corde, au violoniste, à l'orateur. Cette idée, il ne cesse de la nier. S'il connaît quelquefois le désespoir, il s'en échappe, il s'en arrache par le travail. Or, comme disaient les Stoïciens, il n'y a pas de petites fautes. Toutes nos fautes sont pardonnées et oubliées, si nous nous relançons à vouloir; toutes sont irréparables par l'idée même de l'irréparable. A vrai dire le damné est celui qui ne veut point croire qu'il sera pardonné. Ainsi, strictement parlant, l'homme désespéré se connaît mal, et, pour mieux dire, ne se connaît point; car ce genre de méditation défait en descendant, ce que les gestes du désespoir expriment très bien.

Chapitre XII

L'ART DE SE GOUVERNER SOI-MÊME

On comprend peut-être maintenant pourquoi j'avais tant de soin de laisser le physiologique à son rang et dans sa forme de chose, sans le traduire jamais en pensée. Supposer une pensée dans la pierre, dans le vent, dans la vague, c'est l'erreur très ancienne, et qui soumet toute entreprise au présage. C'est la même erreur, et encore plus funeste, si nous supposons une pensée à chaque mouvement des autres et à chaque mouvement de nous. Voici un homme qui fronce le sourcil par l'effet d'un rayon importun. Vais-je penser qu'il me menace? Et ce politique, impatient d'être trop longtemps debout, vais-je le supposer ennemi et offensé? Ces commencements de pensées changent par des remèdes très simples; tirez un rideau; offrez un siège. Presque tous les drames des passions viennent de ce qu'on essaie trop tôt le remède supérieur. Comme aux enfants, il est ridicule d'argumenter quand il suffirait de masser, de frotter, de promener. Remarquez bien qu'en déposant ainsi les signes de leur dignité de pensées, en les prenant comme choses, je les fais rentrer dans le champ d'action de ma volonté; je manie l'homme comme une chose; en cela je ne le méprise point; au contraire je me garde de prendre comme étant de lui ce qui lui est extérieur et étranger. Essayez de ce genre d'estime, qui rabat les signes involontaires; bientôt vous verrez paraître l'homme. Et, au contraire, j'ai observé que ceux qui pensent trop sur les signes, et condamnent d'après les petites choses, dressent devant eux-mêmes des obstacles infranchissables, et pour le moindre projet. Ce régime de défiance et de défensive fait presque tous les maux humains. Je vous invite à vous souvenir de ceci, c'est que les paroles des enfants, surtout vives, n'expriment jamais leur vraie pensée. Simplifiant ici, je dirai qu'elles n'expriment aucune pensée; ce sont des bruits de nature. Cela ne conduit nullement à tout permettre; au contraire, il n'y a rien de plus simple que d'empêcher ce qui importune, dès qu'on n'y suppose pas de pensée. Rousseau, profond ici, a soin de dire dans son *Emile* qu'il faut s'opposer aux actions de l'enfant qui peuvent nuire, mais sans jamais discuter. La raison, qu'il n'a pas donnée, est que la discussion fait paraître une pensée, et une pensée d'esclave, née d'un mouvement involontaire. Ces remarques enferment presque tout l'art de gouverner.

L'art de se gouverner soi-même trouve aussi les mêmes obstacles imaginaires, et les mêmes ressources. Il ne s'agit que de réserver ce beau nom de pensée à ce qui porte la marque de l'âme; ainsi nos connaissances méthodiques sont des pensées; nos affections choisies, approuvées, cultivées, sont des pensées; nos résolutions et nos serments sont des pensées. Au contraire les mouvements de l'humeur ne sont nullement des pensées; les réactions de l'instinct ne sont nullement des pensées; la fatigue n'est pas une pensée. Ce sont des faits du monde, à l'égard desquels je résiste, je lutte ou je cède, comme il faut bien toujours que je fasse devant les choses. Mais un des points importants de la sagesse est de ne les point laisser entrer dans l'âme, par la porte du discours et du raisonnement. Afin de bien saisir ce passage de l'extérieur à l'intérieur, qui fait toutes les passions, il suffit de considérer comment la colère s'élève. Les médecins nomment irritation un certain régime de nos tissus et de nos humeurs tel que la réaction à l'excitation nous excite encore; ce mécanisme est comme grossi en un homme qui se gratte, en un homme qui tousse. Or il suffit quelquefois d'un mouvement brusque et non mesuré, tel l'effet de la surprise bien connu, pour éveiller un commencement de colère; c'est dire que le premier mouvement en provoque d'autres, que le cœur s'anime, que la respiration s'accélère; et quelquefois il s'y joint des gestes habituels et même des commencements de paroles, comme jurons et choses de ce genre. Or, ce qui est à remarquer, c'est que cette colère voudrait aussitôt être pensée, et cherche des motifs. On voit dans ce cas-là, presque toujours, que les premières paroles sont incohérentes et ridicules, mais que bientôt l'âme plaide pour la colère, et la reconnaît pour sienne; d'où des discours éloquents qui persuadent aussi bien celui qui les fait. Par ce mécanisme, un enfant, un serviteur portent le poids de cette colère née de hasard; et s'ils s'irritent eux-mêmes, alors les provisions et raisons s'amassent pour toutes les colères à venir. J'ai souvent pensé que la haine n'est autre chose que le souvenir d'une suite de colères ayant pour objet le même être, d'où l'on tire une sorte de farouche espérance et une certitude de s'irriter encore de la même présence. On aperçoit ce que les pensées peuvent faire d'un mouvement, purement physiologique peut-être à l'origine. D'où cette précaution de ne point travestir en pensée ce qui n'a point sa source dans le plus clair, le plus résolu et le mieux gouverné de nos pensées. Le dualisme célèbre de Descartes apparaît ici, comme je crois qu'il était en ce sage, c'est-à-dire comme pratique, et comme moyen de gouvernement. Une âme généreuse ne se jette point à la suite des mouvements animaux; au contraire elle les repousse de soi. Parce qu'une poussière vient dans l'œil, ce n'est pas une raison d'injurier le vent; parce qu'un homme nous a fait peur sans le vouloir, ce n'est pas une raison d'injurier l'homme; et encore moins de sauver l'injure par des raisons. Mais au contraire laisser le corps humain à son état de corps; considérer comme étrangère cette suite purement mécanique. Tout se dénoue alors, et se résout selon la nature; le rire n'est pas loin, le rire, qui est la solution de toutes les surprises, et peut-être l'arme la plus puissante du sage. Cette colère donc, qui partait en guerre et qui cherchait un ennemi autour de soi, la voilà seule, sans aucune parure de raisons, ridicule, désarmée. J'en dirai autant d'une mélancolie, ennemie plus rusée quelquefois, et qui se déguise même en sagesse; mais il faut guetter à la source, et s'apercevoir que le jour baisse, que le vent est plus frais, et qu'il n'en faut pas plus, si l'on reprend en poète cette impression et cette humeur, pour inspirer quelque déclamation imitée de *Job* ou de l'*Ecclésiaste*. Il est bon de remarquer ici que le vrai poète n'est pas toujours aussi triste, il s'en faut, que son imprudent lecteur; car il prend le commandement de ses tristes pensées, il leur impose ce rythme actif et gouverné qui convient aux pensées; il les transforme en objet, et il les contemple à distance de vue, et le lecteur lui-même se trouvera mieux de cette tristesse en bon ordre que de ses intimes improvisations. Goethe et Hugo, pour ne citer que ceux-là, portèrent assez gaillardement le désespoir. Mais Rabelais et Molière sont meilleurs, moins comédiens, car leur comédie se moque du comédien. On comprend assez maintenant que tout le sérieux doit être rassemblé sous le signe de l'action et de la joie, de façon qu'il n'en reste plus pour habiller ces incidents qui se voudraient pensée. Et c'est à peu près en cela que consiste ce que les anciens appelaient la grandeur d'âme, vertu, comme dit Descartes, trop peu connue des modernes. Mon maître Lagneau disait un jour : « Nous avons oublié le sourire de Platon. »

LIVRE SEPTIÈME

Des cérémonies

INTRODUCTION

Je dois avertir maintenant que nous allons entrer dans la sociologie. La mode nous y oblige; mais autre chose encore nous y oblige. Les étonnantes remarques de Comte sur cette sixième science sont à considérer. D'abord que cette science est la politique même, prise avec sa méthode positive. Je n'en donne ici qu'une esquisse.

La seconde idée est presque impénétrable. Il s'agit de cet étrange rapport qui subordonne toutes les sciences à la sixième, d'après cette remarque que toutes les sciences sont des faits sociologiques. Il n'y aurait aucune science sans les monuments, les académies, les instruments, les dignités, les bibliothèques et les laboratoires. Alors la science devient sociale, réellement commune à tous les hommes. Une partie principale de la philosophie des sciences consiste alors à faire voir ce qu'elle doit à la sociologie. Par exemple c'est une difficile recherche que celle des rapports de la religion à la science. On en voit un exemple dans la mystique de Kepler, qui réellement s'est appuyé sur la perfection divine pour découvrir ses fameuses lois. Sans l'idée *a priori* de la simplicité divine jamais il ne les aurait même constatées, car il dut arrondir les chiffres. Ici est placée une notion très cachée qui est la liaison de l'idée au sentiment. (Le sentiment est une sorte de fanatisme, qui, par la loi sociologique de l'effervescence, nous rend certains sans preuves et ainsi curieux des preuves.) Comte s'est appliqué longtemps à ce problème vers la fin de sa vie; et il n'a pas échappé à une obscurité sibylline. On peut éviter ce risque simplement en ne cessant jamais de regarder la société des hommes comme le lieu de la pensée. Nous avons déjà dit la même chose à propos du langage et par des raisons assez claires. Il s'agit de n'être pas ingrat aux hommes qui portent l'humanité; il s'agit d'aimer les semblables et en somme l'esprit humain. C'est un point important de l'esprit philosophique, soit pour les devoirs, soit même pour la recherche. Il suffit de poser correctement ces relations si simples, cela ferme le cercle des pensées et les soumet à la géographie, aux climats, aux races, enfin à tout ce qui détermine la politique. Tel est finalement le monde humain, lieu de bonheur et de gloire si l'on corrige le fanatisme par l'amour qui donne et suppose, dont le vrai nom est charité, et dont l'application conduit à une belle égalité, non exclusive de l'autorité, mais tout au contraire substantielle à la vraie autorité. Cette introduction suffit à tous ces chapitres pourvu qu'on ne l'oublie pas et que l'on donne à la grande idée sociologique toute l'ampleur qui lui est due.

Chapitre premier

DE LA SOLIDARITÉ

Il n'y a rien de plus facile que de vivre avec des étrangers. La différence des langues y ajoute encore;

car on ne sait dire que des politesses. Mais aussi les vraies amitiés ne se nouent point là. On a souvent remarqué qu'une certaine espèce de haine n'est pas si loin de l'amitié; il me semble naturel tout au moins qu'une amitié forte commence par une certaine défiance et résistance. On s'étonne quelquefois qu'il y ait si peu de choix dans les amours, et même dans les amitiés; mais il faut mieux voir; il faut la contrainte pour les faire naître; car qui donc serait choisi? Rien ne rend aussi sot que de vouloir plaire; et rien ne rend injuste comme l'attention qui s'exerce sur de nouveaux amis. La contrainte naturelle qui vous force à vivre ici et non là, qui vous a fait naître en cette ville et vous a enfermé dans ce petit collège, délivre l'esprit de cette vaine psychologie. La solidarité est ce lien naturel. Non point entre semblables ou qui se conviennent, au contraire entre inconciliables, indiscrets, ennemis. Vous ne choisissez point, hors d'une grande fortune qui vous fait errants et secs, sans l'adoption forcée et les vieilles femmes à roupies. D'autant que l'ardeur du jeu, dans les premières années, nous fait aimer l'espèce. Ajoutez le langage commun, et le ton chantant de chaque ville, dont aucune nuance n'est perdue. Et la condition de l'enfance est d'obtenir tout par prière.

Quand les liens sont plus serrés, les amitiés en naissent plus fortes et plus durables, comme entre deux prisonniers, entre deux écoliers, entre deux soldats. Mais pourquoi? Parce que la contrainte nous fait accepter ce qui ne manquerait pas de nous rebuter d'abord, si nous étions libres. Et la bienveillance réciproque, même forcée, en appelle par des signes bien clairs une autre; le riche ignore ces trésors-là. Presque tous les hommes conservent avec bonheur ces premiers fruits de leur sagesse, et souvent sans savoir pourquoi; car il est également ignoré que tous les hommes deviennent meilleurs par la bienveillance, mais que le jeu des passions doit rompre inévitablement presque tous les attachements libres. Les effets visibles dans l'expérience ont pourtant mis en honneur la fidélité, qui consiste à vouloir aimer malgré tout. Il faut se garder ici de renverser l'ordre. Ce n'est point par sa force qu'un attachement est fidèle, au contraire c'est par la fidélité qu'il est fort. Aussi ne faut-il pas se plaindre trop de cette contrainte du fait, qui nous rend fidèles par nécessité. Il faut dire seulement que la fidélité forcée est moins clairvoyante, qu'elle fait moins naître ce qu'elle voudrait, qu'elle se contente enfin plus aisément. De toute façon il faut gagner l'amour qu'on a.

Ces victoires ne feraient point une société. L'amitié ne naît pas inévitablement de la contrainte, il s'en faut bien. La haine aussi peut naître du voisinage, car toute passion s'échauffe par la réplique, et imite sa propre image. Tout est bon pour se haïr, même un mur branlant si l'on s'injurie par-dessus, même un chien battu. Le plus ordinaire est l'indifférence, surtout, ce qui est commun, lorsque les mêmes métiers ne voisinent point. Mais cela même trompe comme une porte bien fermée. Car toutes ces paroles et ces visages, même dans le train ordinaire, nous façonnent autant que le vent, la pluie et le soleil font les nœuds du chêne. Je n'ai jamais pu parler avec un homme sans prendre son accent; ce n'est que par les remarques des autres que je m'en suis aperçu. Ainsi chacun imite les sourires et les grimaces, les gestes et les petites actions. Voilà comment chacun est de son village, et souvent ne retrouve une certaine aisance que là. Comme un lit que l'on fait à sa forme. Et c'est bien autre chose que de l'aimer.

Je n'oublie point ces mouvements de panique ou de

folle espérance, cette puissance de la rumeur et de la
mer humaine que l'on subit partout où il y a des
hommes, et encore mieux dans son propre pays,
encore mieux à la porte de sa maison. Ce n'est qu'un
fait d'animal, et le jugement n'y est pour rien. Mais par
cette disposition prophétique des passions, qui croient
toujours que les émotions annoncent quelque chose, il
arrive que le jugement suit. La honte n'est que le
combat entre ce jugement forcé et un autre. Et, quand
je ne céderais pas à ces mouvements de foule, me voilà
porté à une grande colère; il faut toujours qu'ils me
donnent leur folie, ou la folie qui les brave. J'étais pris;
me voilà emporté. Il n'y aurait donc de sociétés que de
convulsionnaires et dans le fait toutes y arrivent,
comme la guerre le fait voir. Voilà des passions
redoublées et un autre corps. Comment vivre en
Léviathan?

Chapitre II

DE LA POLITESSE

On s'étonne quelquefois que les barbares soient
attachés aux formes de la politesse cérémonieuse;
mais cela ne prouve point qu'ils n'aient pas d'impul-
sions brutales, au contraire. La paix armée n'est jamais
maintenue que si cette dangereuse puissance d'exprimer est réglée jusqu'au détail; car même ce qui n'a
point de sens est déjà une menace, et vaut l'insulte; de
là cette politesse du diplomate semblable à celle du
barbare. Trouvant ici la politesse à sa source, j'observe
qu'elle consiste moins à cacher une pensée ou une

intention qu'à régler les gestes et les mouvements de physionomie qui signifient sans qu'on le veuille, et sans qu'on sache même quoi. Il faut remarquer aussi que la défiance à l'égard de soi et la lutte contre ces réactions naturelles des muscles donneraient une très mauvaise politesse, car cette lutte se traduit aussi par des signes, comme raideur et rougeur, où chacun sait deviner la dissimulation, ce qui n'éveille pas moins les passions que ne ferait une insulte en forme. La politesse est donc comme une gymnastique de l'expression, qui conduit à ne faire jamais comprendre que ce que l'on veut. La politesse varie d'une société à l'autre comme le langage; mais le calme et la mesure sont politesse en tout pays.

Il est à remarquer que politesse n'est pas bienveillance. On peut être désagréable ou méchant sans être impoli; il est même impossible que l'on soit impoli volontairement. L'impolitesse consiste à être méchant, en effet, sans l'avoir voulu, comme aussi à exprimer plus d'amitié qu'on ne veut, quoique cela soit plus rare. On appelle énergiquement savoir-vivre l'ensemble de ce qu'il faut savoir, outre cette possession de soi, pour ne blesser ni embarrasser personne sans le vouloir. Seulement, comme il est rare que l'on sache tout ce qu'il faudrait, on arrive à ne plus rien dire de neuf. Le langage y gagne en clarté et pureté, mais aussi chacun récite les mêmes choses et l'ennui vient. Les ambitions puissantes et les passions de l'amour, qui font supporter cet ennui-là, redoublent l'attention aux signes, et créent une manière de dire ou de faire entendre qui donne du prix à l'intonation mesurée et même à l'ordre des mots. La musique offre ce même caractère, de plaire en même temps par des modulations réglées et d'usage, qui donnent d'abord la sécurité, et par des surprises aussi, mais qui ne rompent point la règle. La poésie sous ce rapport ressemble à la musique; mais l'une et l'autre ont leur origine dans les cérémonies, dont l'objet est plus étendu que de régler les plaisirs de la société. On peut en dire autant du théâtre, qui n'est, à bien regarder, que la cérémonie même, mais qui se plie toujours plus ou moins aux règles de la conversation élégante. Le mouvement des passions est alors deviné par les changements mesurés que permet le rythme, comme le corps par les plis du vêtement. Et comme les passions se nourrissent à deviner, on voit que les plaisirs de la société polie vont à transformer les émotions en passions. Mais le remède est pire que le mal. La timidité, qui est le mal des salons, surtout dans la jeunesse, ne porte que trop à estimer au-delà du permis la puissance des autres sur soi.

La coutume du duel tient le milieu entre les politesses et les cérémonies. Elle est peut-être le plus parfait exemple de cette sagesse d'usage qui pense, non sans raison, avoir fait beaucoup contre les passions lorsqu'elle en a réglé les effets. La colère virile, qui est la plus redoutable des passions, est nécessairement refroidie par l'isolement, par le délai, par les règles du combat enfin, qui retiennent l'attention; sans compter qu'il est très sage de remettre une querelle aux soins d'avocats de bonne foi, qui ne s'échauffent point dans l'affaire. Même la publicité que l'on donne soit à l'arrangement, soit au combat, est bonne tout au moins à arrêter les mauvais bruits et les récits déformés. Les guerres, qui n'ont jamais de causes plus solides que les duels, seraient moins à redouter si le rôle du témoin ou négociateur était mieux compris. Mais ici les témoins veulent faire les braves aussi. Le mal vient de ce que l'on croit que les nations n'en viendront plus à se battre parce qu'elles sont trop

familières et rapprochées. Voilà une belle raison,
quand on voit que la plus intime familiarité entre deux
êtres ne peut guère conserver la paix sans quelque
contrainte de politesse. Il le faut pourtant, car à dire
tout ce qu'on pense on dit plus qu'on ne pense.

Chapitre III

DU MARIAGE

Le mariage, depuis le moment où il est conclu et
scellé est une chose à faire, non une chose faite. Que
l'on se soit laissé marier, ou que l'on ait choisi, il reste
que l'on a à passer sa vie, dans la plus grande intimité,
avec quelqu'un qu'on ne connaît pas, car le premier
amour n'éclaire point. Il faut donc faire, au lieu
d'attendre. J'ai assez mis en défiance contre cette
observation des caractères, en vue de les dominer; ce
ne sont que des chimères, mais qui malheureusement
prennent corps par le décret de l'observateur et de
l'observé. « Il est ainsi », décret funeste auquel répond
l'autre : « Je suis ainsi »; mais ce n'est jamais vrai. Il y
a toujours les qualités aimables en germe, et la bonne
humeur plaît sous tous costumes. Et qu'est-ce donc
que l'amour vrai, si ce n'est l'art de deviner le meilleur? Seulement cet amour vrai est voulu; c'est ce que
repousse la doctrine commune sur la fatalité des
passions; chacun cherche à deviner, par des signes,
l'avenir de sa vie intérieure; et par là elle se trouve
livrée aux actions extérieures. L'amour, la jalousie, le
bonheur, la peine, l'ennui sont reçus comme la pluie et
la grêle. Ainsi on donne charge à l'autre, et à tous les

hasards de sa propre constance; on la constate comme un fait de nature. Imaginez un cycliste qui se demande s'il va aller au fossé. Etrange état, où l'on se demande ce qu'on va faire, sans y mettre du sien. C'est l'état des fous. Il est commun dans le mariage, parce que les premières émotions de l'amour viennent en effet du dehors. Ainsi, pour tous les arts, le plaisir vient le premier; mais ce n'est pas par le plaisir seulement que l'on devient sculpteur, peintre ou musicien, c'est par le travail. Et le proverbe dit bien que toutes les belles choses sont difficiles. C'est un travail que d'être heureux, et en ménage aussi.

Tout travail difficile veut la fidélité. Dans le génie il y a plus d'une condition, mais certainement un serment à soi-même, et que l'on tient. Comme l'inventeur; il se jure à lui-même d'arriver à ses fins. Et le sage aussi se jure à lui-même d'être sage; car il n'attend point que la sagesse lui soit apportée comme sur un plat, et l'on se moque des enfants qui veulent être musiciens tout de suite. Mais on ne veut point de serments pour une chose aussi facile que d'être heureux par celui qu'on aime. Heureusement la sagesse commune, qui se règle sur les effets, veut un serment aussi aux premiers moments du bonheur. Or, un serment n'est pas une prophétie; un serment signifie que je veux et que je ferai. A quoi l'on dit : « Je ne puis promettre de l'amour », et cela est vrai des premières émotions, aussi n'a-t-on jamais à les promettre, mais pour l'amour et le bonheur pleins, non seulement on peut jurer, mais il faut jurer, comme pour apprendre la musique. Aussi faut-il bien l'entendre, et ne pas se croire enchaîné par son serment; c'est bien plutôt la destinée qui est enchaînée et domptée par le serment.

Si donc il y a des témoins et une contrainte extérieure comme la coutume le veut pour tous serments, et comme celui qui juge en exige lui-même par une vue juste des pièges, il faut prendre ces liens extérieurs comme des secours à soi-même contre les événements. Jamais le serment n'entrave le libre arbitre; au contraire il nous met en demeure d'en user; car on ne jure point d'être, on jure de faire et de vouloir. Tout serment est contre les passions. C'est pourquoi la publicité du mariage, et les liens nouveaux de parenté voulue et d'amitié qu'il entraîne, ne sont que pour aider à accomplir l'œuvre voulue. Sans compter que le savoir-vivre y gagne; car, sans attendre un vrai bonheur de tous ceux que l'on voit, il faut toujours en venir à s'en accommoder. Au reste, il est impossible d'écrire mieux sur le mariage qu'Auguste Comte n'a fait; et je renvoie le lecteur à sa *Politique*.

J'appuierai seulement sur les contraintes de politesse, si imprudemment méconnues par les jeunes amants. Quand on vit en naïveté avec les passions, et qu'on est en état d'éprouver, par un si étroit voisinage, les moindres mouvements d'humeur de celui dont on attend tout son bien, le premier mouvement est souvent funeste. J'ai observé que, même dans les bons ménages, et quand l'amitié a confirmé l'amour, les moindres disputes arrivent aisément au ton de la violence. Il est vrai aussi que l'amour pardonne beaucoup; mais il ne faut pas s'y fier, car il n'est pas moins vrai que l'amour interprète beaucoup et devine trop. A quoi peut remédier une vie de famille assez patriarcale, et surtout la présence des enfants, qui, dès leur plus jeune âge, modèrent naturellement autour d'eux l'éclat des voix et la vivacité des mouvements, terminant bientôt les disputes par des cris sans mesure qui donnent une juste leçon. D'où est venu le proverbe que Dieu bénit les nombreuses familles.

Chapitre IV

DU CULTE

Je suis bien éloigné de croire que le culte ait pour objet ou pour effet d'exalter la puissance mystique de l'esprit. Tout au contraire les règles du culte apaisent toutes les passions et toutes les émotions en disciplinant les mouvements. L'attitude de la prière est justement celle qui permet le moins les mouvements vifs, et qui délivre le mieux les poumons, et, par ce moyen, le cœur. La formule de la prière est propre aussi à empêcher les écarts de pensée en portant l'attention sur la lettre même; et je ne m'étonne point que l'église redoute tant les changements les plus simples; une longue expérience a fait voir, comme il est évident par les causes, que la paix de l'âme suppose que l'on prie des lèvres et sans hésiter, ce qui exige qu'il n'y ait point deux manières de dire; et la coutume du chapelet, qui occupe en même temps les mains, est sans doute ce que la médecine mentale a trouvé de mieux contre les soucis et les peines, et contre ce manège de l'imagination qui tourne autour. Dans les moments difficiles, et lorsqu'il faut attendre, le mieux est de ne pas penser, et le culte y conduit adroitement sans aucun de ces conseils qui irritent ou mettent en défiance. Tout est réglé de façon qu'en même temps qu'on offre ses peines à Dieu pour lui demander conseil ou assistance, on cesse justement de penser à ses peines; en sorte qu'il n'est point de prière, faite selon les rites, qui n'apporte aussitôt un soulagement. Cet effet, tout physique et mécanique, a bien plus de puissance que ces promesses d'une autre vie et d'une justice finale, qui sont plutôt, il me semble, des prétextes pour ceux qui se trouvent consolés sans savoir comment. Personne ne veut être consolé par une heure de lecture, comme Montesquieu dit; aussi le chapelet enferme plus de ruse.

L'observation des choses religieuses vérifie nos principes, au-delà même de l'espérance. Car, d'après ce qui a été dit auparavant, les peines d'esprit les plus cruelles doivent se guérir aisément par de petites causes, et nos vices n'ont de puissance aussi que par un faux jugement de l'esprit qui nous condamne; mais le témoignage de chacun y résiste, tant qu'il ne connaît pas assez les vraies causes. Heureusement les conversions subites, dont il y a tant d'exemples, prouvent que les passions sont bien fragiles comme nous disions, et qu'une gymnastique convenable peut nettoyer l'âme en un moment. Mais j'avoue aussi que ces faits fourniront toujours assez de preuves aux religions, faute d'une connaissance exacte de la nature humaine; car ces guérisons d'esprit sont des miracles, pour ceux qui n'en comprennent pas les causes. Ainsi la pratique conduit à croire; et, à ceux qui ont essayé sans succès, j'ose dire qu'ils ont mal essayé, s'appliquant toujours à croire au lieu de pratiquer tout simplement. On saisit ici le sens de l'humilité chrétienne, dont la vérité est en ceci, que nos drames intérieurs ne sont que du mécanisme sans pensée, comme les mouvements des bêtes. Un confesseur disait à quelque pénitent à demi instruit qui s'accusait de n'avoir plus la foi : « Qu'en savez-vous? » Je ne sais si j'ai imaginé cette réponse ou si on me l'a contée. Un gros chanoine et fort savant, à qui je la rapportais, eut l'air de trouver que j'en savais trop. Faites attention que la querelle des jésuites et des jansénistes peut être assez bien comprise par là; car les jansénistes voulaient penser.

Il me semble aussi que le dogme, dont on se moque trop vite, est plutôt un constant effort contre les mystiques qui viendraient par leurs rêveries libres à changer l'objet des passions plutôt qu'à les apaiser. Dans toutes les expériences dont la nature humaine est le sujet, les effets sont si étonnants et si loin des causes que la religion naturelle, si elle n'est plus la plate philosophie d'Etat, ne peut manquer de conduire à une espèce de délire fétichiste; car les dieux sont tout près de nous; on les voit, on les entend, on les touche. Chacun connaît la folie des spirites, mais on imagine à peine jusqu'où elle pourrait aller si les assemblées étaient plus nombreuses; et je reconnais une religion sans docteurs dans cet enthousiasme sans règle pour la justice, pour le droit et pour la patrie; cette religion, la plus jeune de toutes, manque trop de cérémonies et de théologiens. Contre tous ces excès, l'Eglise théologienne exerce une pression modératrice. Les dieux des anciens étaient sentis aussi dans l'amour, dans la colère, dans le sommeil, dans les rêves, enfin dans tous les changements du corps; mais les passions n'en couraient que mieux, non que le culte manquât toujours de décence, mais surtout parce que la théologie était d'imagination seulement; ainsi le dieu gâtait l'œuvre du prêtre. Au lieu que tout l'effort de l'Eglise est contre les miracles, quoiqu'elle ne les nie pas; il est toujours assez clair qu'elle s'en défie pour le présent, assez forte de ses cérémonies. Tenir une réunion d'hommes qui ne cassent rien, c'est déjà assez beau.

Chapitre V

DE L'ARCHITECTURE

Chacun sait bien qu'il y a des sièges où l'on est impatient et déjà debout, d'autres où l'on est paresseux, d'autres pour le calme et le travail; et nos habitudes dépendent plus des choses que de nous, car c'est le manche de l'outil qui dispose le bras. Il faut compter aussi avec la pensée, toujours réglée sur des objets, à ce point que le mathématicien ne peut rien sans équations. Et dire que les objets nous suggèrent nos pensées c'est trop peu dire, car nos objets sont nos pensées. Mais les objets de main d'homme, surtout, tirent souvent notre pensée du chaos, par l'ordre, la symétrie, la ressemblance variée et la répétition; ainsi la pensée est ramenée à sa fonction propre, qui est de reconnaître et de compter. L'artiste nous dessine une autre nature, où la puissance de l'homme est clairement figurée. Aussi je ne dirais point qu'une cathédrale veut nous parler de Dieu. J'y vois plutôt un effort contre les dieux païens, toujours présents dans la forêt, mais exorcisés par la géométrie; en sorte que le mouvement dans le lieu saint est plutôt pour chercher le dieu que pour le craindre; mais encore la rêverie est-elle toujours ramenée à la terre des hommes, et à l'ordre humain de toute façon. Il est signifié clairement que Dieu s'est fait Homme. Les peintures ramènent l'esprit dans les mêmes chemins, surtout celles de la Vierge mère, si propre à figurer l'espérance humaine, sans aucun dieu extérieur. L'effet est encore grandi par le contraste de cette sagesse ordonnée avec les monstres extérieurs; en sorte qu'il n'est pas possible que l'on entre en ce lieu sans éprouver une sécurité et une délivrance. Mais une grande politesse est en même temps imposée. Il est surtout remarquable que le bruit de la voix et de tous les mouvements, envoyé par l'écho et rebondissant de la voûte au pavé en même temps que le regard, augmente encore la timidité naturelle. Rien ne peut être improvisé là.

On sait que la messe fut d'abord un festin de commémoration; l'on devine aussi comment il fallut régler les conversations et les récits, contre les fous survenant et même contre la dangereuse exaltation qui revient toujours lorsque des hommes sont assemblés; et je ne crois pas qu'il y ait dans ces arrangements autant de mensonge que l'on dit, mais seulement un souci de cérémonie d'autant plus nécessaire que la force n'agissait point. Ainsi peu à peu, d'une pièce récitée est sortie une mimique de pure politesse. Là se trouve la pauvreté de l'Eglise, qui passe richesse, car richesse, force, éloquence sont du même ordre; mais, contre les passions, il n'y a de persuasion que par silence et prière; et les chants d'Eglise sont du silence pour les passions. Le théâtre d'Eglise tend donc à représenter la mesure et les égards seulement. Très sagement; car l'animal pensant est si rusé qu'il trouve encore quelque plaisir de passion dans les sévères leçons de la sagesse. En ce sens, le sermon est profane déjà. L'édifice parle mieux; et comptez dans l'édifice tous ces fidèles attentifs à ne point faire scandale, toutes ces politesses lentes, ces cortèges, cet ordre de majesté et ces costumes qui règlent les gestes.

Je me souviens d'avoir eu bien peur du diable et de la mort quand j'étais petit, après les sermons d'un jeune prêtre; ainsi je tombais d'un mal dans un autre, et, par une espèce de décence d'instinct, je laissai tout cela. Mais ce prédicateur ne savait point son métier.

Rien n'est plus facile que de jeter une réunion d'hommes dans le désespoir, par le spectacle de la mort; c'est évoquer tous les diables. Mais la cérémonie funèbre ne tend point là. Tout au contraire, la tristesse y est habillée et stylée, et les adieux sont faits par d'autres, dans les formes convenables. Ceux qui veulent dire que les chants lugubres ajoutent à la douleur devraient bien penser aux hurlements et aux convulsions qui suivraient les morts si cette foule se laissait aller aux émotions naturelles. Ils devraient penser aussi à la difficulté, pour l'orateur sans discipline, de trouver le ton juste en de telles circonstances. L'orateur discipliné prendra le ton chantant et les lieux communs. Mais le chantre parle mieux.

Chapitre VI

DE LA MUSIQUE

Il faut traiter maintenant de la musique; car, outre qu'elle est dans toute cérémonie, il semble qu'elle soit par elle-même cérémonie et politesse. Aussi la musique sort de partout; ce grand fleuve a mille sources. Sans chercher d'où elle vient, disons du moins ce qu'elle est. Il ne se peut point que les hommes fassent bien un certain mouvement d'ensemble, comme marcher ou frapper sur des coins, ou tirer sur un câble, sans quelque signal, dont le « han » naturel du bûcheron a dû donner l'idée. Il faut même deux bruits dans ce signal dont l'un annonce l'autre, et un rythme réglé sur l'effort et le repos. Ainsi le temps se trouve divisé et compté par le rythme. D'où la danse, accompagnée d'un bruit rythmé qui est une partie de la musique. D'où aussi le plaisir de se mouvoir avec d'autres, et de reconnaître un nombre comme deux, trois, quatre ou six, après lequel le rythme est terminé et recommence. Les esprits exercés peuvent aller fort loin dans cet exercice, et reconnaître aussi des groupes de nombres, même quand les signes en sont presque indistincts. Ce n'est là qu'une partie de la musique, mais qui n'est pas de petite importance; et prenez comme un cœur sans musique, et bien malheureux, celui qui ne sait pas mesurer les silences, et retrouver les signes juste à leur temps. Un des jeux de la musique est d'entrelacer les sons et de les faire durer ou manquer en apparence contre le rythme, mais en réalité pour le rendre plus sensible par une courte inquiétude. L'effet est toujours de ramener la pensée à ce compte, et sans lui permettre d'attendre, car la musique n'attend point.

Le corps de la musique peut se réduire à un bruit de tambour ou de castagnettes; mais le cri humain s'y joint naturellement. Or, la voix est émouvante par elle-même, mais trop; et l'on comprend que la voix de cérémonie soit toujours réglée et chantante. On voit comment la musique touche à la poésie; la différence est que l'émotion étant vide d'objet dans la musique, la rêverie y est plus libre. Mais il faut comprendre comment se règle la voix. Ici les sources se mêlent. Il suffit d'écouter la moindre phrase pour entendre une espèce de chanson, et cette chanson n'est pas sans règles. Naturellement la voix aiguë signifie l'émotion vive, et la voix grave, au contraire, une certaine aisance et possession de soi; il est donc naturel que, lorsqu'une émotion s'apaise, on retourne au grave et l'on termine enfin sur le ton naturel; l'intensité suit les mêmes règles; mais l'intensité croissante vers l'aigu exprimera plutôt la passion, et le contraire, plutôt la volonté ou le conseil. Mais je croirais aussi qu'il y a, dans le travail des muscles parleurs, une règle de compensation, d'après laquelle il faut que ceux qui se sont reposés agissent à leur tour, avant le repos de tous. D'où vient que, par le son seulement, il y a un achèvement de la phrase, que le commencement promet. Ce thème a été développé de mille manières par les musiciens, et l'oreille humaine l'exige surtout lorsque le jeu des sons, ne ressemblant plus guère au jeu de la voix, risquerait de n'avoir plus figure humaine.

Le cri, selon la nature, croît ou décroît en intensité et en hauteur. Le plus simple effet de l'art est au contraire de le maintenir égal à lui-même et de le terminer sans changement, ce qui n'est point facile. Mais aussi l'effet en est que la première alarme est apaisée aussitôt, et qu'il n'en reste que l'attention à ce qui va suivre. Et, comme on ne peut continuer que des cris qui ne fatiguent pas beaucoup, les sons expriment par eux-mêmes une émotion modérée que l'attention retient. Quant aux impuretés qui s'y mêleraient, ce sont toujours de petits changements; un bruit de voix continué et invariable est donc naturellement un son pur. Et comme c'est celui qui fatigue le moins, c'est donc celui qui se fait le mieux entendre d'une foule. Le son pur est donc l'élément de la musique, et il est beau comme la paix est belle sur les passions, les passions étant toujours assez présentes par les petits changements qui restent dans le son, ou que l'art y met de nouveau, mais avec mesure, et en les réglant toujours. On voit d'après cela comment le chant imite la voix, substituant à des passages par degrés insensibles une suite de sons distincts et invariables. Maintenant, comme on s'écoute chanter, et qu'on se plaît à rendre un son puissant avec le moins d'effort, comme aussi ceux qui chantent ensemble s'écoutent, et se plaisent à cette puissance disciplinée, tous recherchent les sons qui se renforcent; et l'on sait assez que certains rapports entre les fréquences des vibrations aériennes assurent, si l'on peut dire, un meilleur rendement que d'autres. Lisez donc Helmholtz là-dessus, car cela concerne le physicien.

Retenons surtout ce qui concerne la cérémonie publique ou privée, ou même solitaire. Certainement la musique veut émouvoir, et chacun le sait bien. Mais il s'y mêle toujours une curiosité d'intelligence qui détourne aussitôt l'attention, plus ou moins, selon que le musicien se plaît davantage aux surprises, aux imitations, aux variations, enfin à tout ce qui nous porte à reconnaître, et qui fait de la musique un objet qui occupe jusqu'à l'extase. Mais ce plaisir est peu de chose en comparaison de cette évocation et guérison sans cesse, qui nous fait sentir d'instant en instant le bienfait du mouvement réglé et de la cérémonie. Il semble que la magicienne ne rappelle les émotions que pour les apaiser aussitôt. Le musicien, comme le masseur, ne fait sentir la douleur que pour la guérir; et comme lui, changeant ses touches, il parcourt le système entier des émotions antagonistes, et nous prouvant qu'elles sont toutes disciplinables, il nous console aussi en espérance. Mais que dire de l'improvisation, où le musicien règle pour lui-même cet art d'être ému sans vertige aucun? Ici l'équilibre est moins sévère et dépend de l'heure. Le travail du musicien, qui rend son œuvre durable, est de ramener à l'ordinaire cette combinaison du lent et du vif, de l'héroïque, du sérieux et du léger. Mais, s'il y réussit jusqu'au détail par une méditation où la musique n'est plus qu'un moyen, c'est la foule innombrable qui chante alors dans sa musique, et il se joint à la beauté propre de l'œuvre une émulation d'admirer avec ceux qui l'ont déjà entendue. C'est ce qui, en toute œuvre, achève la gloire.

Chapitre VII

DU THÉÂTRE

Le théâtre est comme la messe; pour en bien sentir les effets il faut y venir souvent. Celui qui passe sera choqué de certaines négligences sur la scène, et tantôt ennuyé, tantôt trop vivement ému. Il ne faut pas moins de temps peut-être pour faire un bon spectateur que pour faire un bon acteur; car il faut apprendre à pleurer avec plaisir, et cela ne va pas avec des surprises trop fortes, ni sans une curiosité à beaucoup de petites choses, qui ne laisse pas aller le serrement de cœur jusqu'à la peine. Il ne faut pas oublier que le plaisir du théâtre est un plaisir de société. La disposition même des salles le rappelle assez, puisqu'elles tendent à former un cercle de spectateurs, interrompu seulement par la scène. Ce sont de petits salons qui ont vue les uns sur les autres. Et ici éclate cette vérité qu'il est avantageux de vivre en public, et que la politesse n'a jamais trop de témoins. Il est réel que les attitudes et les gestes, dans chaque loge, sont réglés pour les spectateurs aussi; et les comédiens, surtout dans une pièce médiocre, ou trop connue, font toujours leçon de politesse et de costume, je dirais même de beauté, ce qui n'est inutile à personne. Ainsi tout le monde donne la comédie; mais il ne faut pas entendre par là un mensonge tout simplement, ce sont des sentiments véritables qui sont renvoyés d'un bord à l'autre, mais composés, retenus, et finalement agréables, parce que le beau style délivre de cette fureur d'émotion qui, dans la liberté de nature, fait de la moindre alarme un supplice. Ajoutons qu'il n'y a point de timidité au théâtre, j'entends dans la salle, parce qu'il est toujours aisé de se taire et que la scène attire le principal de l'attention avouée.

Il est très vrai qu'il y a des émotions fortes au théâtre, surtout par la contagion; et cela peut aller jusqu'au délire, comme les acclamations, les sifflets, et les luttes de cabale le font voir; et j'aperçois ici l'ivresse du fanatisme toujours à craindre dans les réunions. Aussi, le théâtre, surtout sans musique, a-t-il besoin d'une poétique sévèrement réglée afin que chacun renvoie à son vis-à-vis des émotions purifiées. Il y a des maniaques du théâtre, qui sont presque toujours irritables et timides dans le particulier. Aussi ne vont-ils pas au théâtre pour réveiller leurs émotions et les entretenir, mais plutôt pour les tempérer. On dit facilement que chacun trouve du plaisir à être ému, même de tristesse; et les mots permettent tout; mais c'est la délivrance qui plaît. Il faut seulement bien comprendre que l'angoisse est le pire des maux, et que ceux qui manquent de sagesse portent avec eux l'angoisse sans y faire attention, même lorsqu'ils sont hors du paroxysme, se trouvant assez mal partout, et craignant par-dessus tout l'émotion vive, qu'ils ramènent aussitôt à leurs passions. Cette maladie-là n'est pas l'ennui. Toujours est-il que le théâtre apporte à ces malheureux une émotion qui change leur état et qui, guérie aussitôt, leur donne une liberté d'un instant, que la suite des scènes vient rajeunir. Là est la différence entre le théâtre et la lecture; car on peut s'arrêter dans la lecture, au lieu que la pièce va son train. Il faut seulement que chaque situation en annonce une autre, de façon que l'attention ne se détourne pas un moment; mais c'est comme une musique plus claire; l'intérêt n'est que pour conduire d'émotion en émotion, et de délivrance en délivrance; aussi les artifices du métier l'emportent de loin sur le naturel des situations; et le dénouement final n'importe guère; ce n'est qu'une manière d'éteindre les chandelles. Le vrai dénouement est au bout de tous les vers.

Comme on peut pleurer trop au théâtre, si l'on n'y est point fait, ainsi peut-on y rire trop. Car le rire se gagne par la seule imitation, et même sans cause. Mais l'habitué trouve au théâtre un rire plus libre, et modéré par le désir d'entendre la suite. Et il est rigoureusement vrai que la comédie corrige les passions par le rire, mais non pas du tout par l'exemple et les leçons. Non pas l'avare par le ridicule, car il n'y a point d'avare au spectacle; mais toutes les fureurs et toutes les angoisses et tous les soucis par le rire. Et le difficile n'est pas tant de faire rire, car les spectateurs y aident tous, mais plutôt de faire accepter d'avoir ri. Un esprit plus cultivé ne regarderait pas tant aux causes, et rirait mieux aux farces du cirque, à cause que le cercle des spectateurs y est fermé. Cela ne veut pas dire qu'il n'y ait pas d'art dans les bouffons du cirque, et j'y ai souvent trouvé l'art comique le plus profond, qui fait tout, et même par le blanc sur le visage, pour que le spectateur ne puisse jamais se reconnaître. Molière savait aussi se secret-là.

Chapitre VIII

DU FANATISME

Il n'y a point de fanatisme sans cérémonie. Et c'est parce que la religion est cérémonieuse qu'il y a un fanatisme religieux. C'est ce qui fait que la tolérance est si facile; seulement elle vise à côté.

Il est très facile de supporter d'autres opinions que celles qu'on a; mais aussi le fanatique ne s'occupe point du tout des opinions; il ne veut punir que le scandale, ennemi des cérémonies. Si la religion est bien ce que j'ai dit, les doutes et les objections ne la touchent guère; le sacrilège qui est contre les cérémonies est le péché véritable. L'on voit du fanatisme au théâtre aussi et surtout pour la musique. C'est le malheur de l'ordre, et peut-être sa punition.

Dans une foule, il s'exerce une imitation des mouvements qui rend assez compte de la contagion des sentiments. Quand un homme fuit, c'est une invitation à courir qui est pour beaucoup dans la poursuite. Quand c'est une foule qui s'enfuit, même le plus sage ne peut rester immobile, par des raisons physiques assez claires; et courir est encore une raison de courir, comme crier de crier, pleurer de pleurer, haïr de haïr. Cette imitation est encore plus sensible dans les réunions où tout est réglé et d'accord déjà, pour des mouvements contenus sans raideur et agréables, car le corps est libre pour le départ. De là vient qu'il y a de telles paniques au théâtre; dans une usine, où chacun est occupé avec peine, la terreur serait moins prompte et plus clairvoyante. Au reste, il y aura le même mouvement de panique pour une mort subite, simple-

ment par le vif sursaut d'attention de tous. Tout l'effet
du scandale résulte de cette discipline cachée qui
attache le plaisir de chacun au plaisir de tous les
autres; et le grand malheur de l'ordre est que l'on a
laissé toutes ses armes, même de prudence. Mais
toutes ces réactions sont sans passion aucune; dès que
la cause en est connue, il n'en reste rien. Nous sommes
loin encore de la sombre méditation du fanatique.

Il faut comprendre comment le fanatisme d'une
foule s'exprime en un seul homme. A quoi peuvent
conduire ces convulsions d'un danseur ou d'un tour-
neur, que les autres considèrent et poussent sans agir
eux-mêmes, par une espèce de chant et de musique
assez monotone pour endormir cette attention bienfai-
sante qui cherche le rythme et retrouve le thème. Par
cet artifice, le danseur fanatique imite une foule qui ne
danse point. Je m'étonne qu'on admire cette espèce de
folie volontaire, orgueilleuse, entretenue et accrue par
le mouvement, et qui va jusqu'à rendre insensible;
c'est l'état des passionnés, étonnant seulement par
l'absence de cause, et même de prétexte; mais est-il
plus raisonnable de tuer une femme qu'on aime? A
bien regarder, une passion n'a jamais d'autre cause
qu'elle-même, et ses raisons prétendues sont pour
l'ignorant. Je crains parce que je crains, j'aime parce
que j'aime, je frappe parce que je frappe, et lui danse
parce qu'il danse. Mais ici encore sans passion médi-
tée, sans ce vertige de pensée, sans cet appel de la
violence, sans ce décret fatal dont on contemple les
signes. Et la fatigue guérit de cette danse folle. Peut-
être est-ce un remède naïf à la fureur d'âme, que cette
fureur de corps sans pensée.

Mais il y a plus d'une manière de danser. Si tranquille que l'on soit, il s'élève naturellement plus d'une
fureur et plus d'une danse, soit par défaut d'occupa-

tion, soit par une poussière dans la gorge. Si la pensée
trouve alors quelque objet scandaleux, même imaginaire, la cérémonie est troublée en un seul homme; de
là une haine impatiente, portée par ces mouvements
du cérémonial; et, au sentiment de cette force extérieure toute prête, se joint une honte bien forte, et la
peur d'un scandale plus grand. Voilà le premier mouvement d'une indulgence à soi dans la solitude, et
d'une méditation où la peur de soi-même et l'ambition
font un mauvais mélange. Les signes et présages s'y
joignent, et notre malheur est que la résistance mal
éclairée les multiplie jusqu'à ce que l'idée fataliste,
toujours vérifiée par les doutes sans certitude vraie,
termine enfin cette passion comme elle les termine
toutes. Et ce genre de crime est presque toujours sans
complice et sans confident.

Chapitre IX

DE LA POÉSIE ET DE LA PROSE

Je ne sais pas bien lire les poètes. Je vois trop les
hasards de la rime, les répétitions et les trous bouchés.
Je les ai mieux compris en me les faisant lire. J'étais
pris alors par ce mouvement qui n'attend pas; j'ou-
bliais les redites, je n'avais même pas le temps d'y
penser; et la rime me plaisait toujours, par la petite
crainte que j'avais à chaque fois; car il semble toujours
impossible qu'un vers que l'on entend soit fini comme
il faut; ce mouvement qui n'attend pas donne l'idée
d'une improvisation. Je ne connais que les vers pour
m'emmener ainsi en voyage. Il n'y a pas ici de préam-

bule ni de précautions; je sens que je pars; même les
premiers mots, je leur dis adieu, et le rythme me fait
deviner ceux qui viennent; invitation à décrire, à
laquelle se conforment les meilleurs poèmes. Mais
examinons de plus près. Il y a toujours dans un poème
deux choses qui se battent. Il y a le rythme régulier
avec le retour des rimes qu'il faut que je sente toujours; il y a le discours qui contrarie le rythme, et qui
me le cache souvent, mais non longtemps. Cet art est
comme celui du musicien, mais bien plus accessible;
plus tyrannique aussi en ce qu'il ne nous laisse point
choisir nos images; moins consolateur par là. Mais on
y trouve, comme dans la musique, la réconciliation de
place en place, comme un repos; car il vient un
moment où la phrase rythmée et la phrase parlée
finissent ensemble; c'est alors que le naturel, la simplicité des mots et la richesse du sens font un miracle, et
il n'est même pas mauvais que le poète ait eu quelque
peine auparavant, comme ces acrobates qui font sem-
blant de tomber. Mais c'est toujours comme un voyage
en barque où l'on ne s'arrêterait point. Il faut la
prendre ainsi. Sans cette condition on ne comprendrait point cette puissance modératrice du rythme qui
occupe l'attention et du mouvement qui la détourne.

L'éloquence est encore une sorte de poésie; on y
découvre aisément quelque chose de musical, une
mesure des phrases, une symétrie, une compensation
des sonorités, enfin une terminaison annoncée, attendue, et que les mots viennent remplir à miracle. Mais
ces règles sont cachées. Dans l'inspiration, l'orateur y
manque souvent; il reste la nécessité de remplir le
temps, un mouvement inexorable, une inquiétude et
une fatigue irritée qui gagnent bientôt l'auditoire. Mais
ici encore il faut entendre, et non pas lire, sans quoi
l'on serait choqué par les redites et le remplissage, qui

sont pourtant une nécessité, surtout quand l'orateur argumente. Il manque surtout, quand on lit, le mouvement retenu de l'assemblée. Il y a bien de la différence entre le silence du cabinet et le silence de deux mille personnes. Socrate, enfin, disait la grande raison : « Quand tu arrives à la fin de ton discours, j'ai oublié le commencement »; aussi tous les sophismes sont d'éloquence, et toutes les passions sont éloquentes pour les autres et pour elles-mêmes. La certitude s'y fortifie par la marche du temps, et par l'apparition des preuves annoncées. C'est pourquoi l'éloquence convient surtout pour annoncer des malheurs, ou bien pour faire revenir les malheurs passés. Cet homme va à sa conclusion comme le malheureux au crime. Et c'est le plus mauvais voyage que de revenir à un malheur consommé; car c'est là que l'idée fataliste prend toutes ses preuves.

La prose nous délivrera, qui n'est ni poésie, ni éloquence, ni musique, comme on le sent à cette marche brisée, ces retours, ces traits soudains, qui ordonnent de relire ou de méditer. La prose est affranchie du temps; elle est délivrée aussi de l'argument en forme, qui n'est qu'un moyen de l'éloquence. La vraie prose ne me presse point. Aussi n'a-t-elle point de redites; mais pour cela aussi je ne supporte point qu'on me la lise. La poésie fut le langage naturel fixé, au temps où l'on entendait le langage; mais maintenant nous le voyons. De moins en moins nous lirons tout bas en parlant. L'homme n'a guère changé, que je crois; mais voilà pourtant un progrès d'importance, car l'œil parcourt cet objet intelligent; il choisit son centre et y ramène tout, comme un peintre; il recompose; il met lui-même l'accent, il choisit les perspectives, il cherche le même soleil sur toutes les cimes. Ainsi va le promeneur à pied quoique toujours

trop vite, surtout jeune et fort; il n'est que le boi-
teux pour bien voir. Ainsi va la prose boiteuse comme
la justice.

Chapitre X

DES POUVOIRS PUBLICS

Il faudrait plus d'un livre pour expliquer les ruses
du pouvoir, et ses cérémonies forcées. Mais ce voyage
est fini, lecteur. Deux petites pages seulement pour te
ramener et me ramener moi-même au devoir d'obéissance. Ce sera comme un retour à la maison. Beaucoup savent respecter, peu savent obéir. Il y a bien à
dire sur le choix d'un maître, sur le contrôle réel et sur
les garanties; mais, quelque perfectionnement que l'on
roule dans sa tête, il faut commencer par obéir, car le
progrès, selon le mot d'Auguste Comte, suppose un
ordre préexistant. Que ton esprit médite là-dessus,
sans passion, et encore aussi sur cette vérité plus
cachée que toute désobéissance pour la justice fait
durer les abus; c'est une manière de dominer et de
punir les pouvoirs injustes que d'obéir à la lettre; c'est
l'ami du tyran qui laisse passer une nuit. La vraie
tyrannie, c'est l'Importance; le tyran veut être aimé, ou
craint; le tyran aime à pardonner; la clémence est le
dernier moyen de la majesté. Mais, par l'obéissance
stricte, je la dépouille de son manteau royal. Faire une
objection, c'est une grande flatterie; c'est lui ouvrir
mon chez moi. Mais où conduit ce jeu? D'abord à me
préserver de l'ambition, qui doit être bien forte, car j'ai
dû lui accorder de longues rêveries, et quelquefois
enivrantes, je l'avoue. Surtout je veux, pour ma part, le

priver de ces joies qui le rendent méchant et sot. Je veux un homme d'affaires tout simple, qui fasse son travail simplement et vite, et au surplus qui aime la musique, la lecture, les voyages ou n'importe quoi, excepté la bassesse.

On n'a jamais vu encore de pouvoir sans flatteurs et sans acclamations si ce n'est peut-être le pouvoir militaire; et, autant qu'il est ainsi, le pouvoir militaire commande bien; il se sent jugé. Tant que les hommes se croiront admirés, ils feront des sottises. Ainsi, le plus grand péché de l'esprit, qui est de juger selon la force, est une faute politique aussi. La sagesse consiste à retirer l'esprit du corps, et la sagesse politique à retirer toute approbation de l'obéissance. Il n'y a point de plus bel apologue que celui du denier marqué pour César, et qu'il faut donc lui rendre; mais je dirais avec d'autres mots : « l'obéissance aux pouvoirs, et l'approbation à l'esprit seulement ». Celui qui pense que l'ambitieux ne demande pas plus connaît mal l'ambitieux. L'Eglise a peut-être su refuser aux puissances cet hommage de l'esprit, le seul hommage qui soit digne du mot; mais ce pouvoir spirituel est trop vacillant; on voit partout dans son histoire un alliage de force qui l'a déshonoré. Le chanoine a trop bien dîné. Et le César de ` Shakespeare dit terriblement bien : « Je n'aime pas ces gens maigres. »

C'est peut-être la maladie des constitutions démocratiques que cette approbation d'esprit qui donne tant de puissance à des maîtres aimables, et, pour l'ordinaire, peu exigeants. Le citoyen donne naïvement sa confiance à celui qui avoue qu'il n'est rien sans elle; la force ne vient qu'ensuite, et les acclamations la suivent encore. C'est réellement la théocratie revenue, car les dieux ont plus d'une forme. Cette confusion du spirituel et du temporel rendra mauvais tous les régimes; au lieu qu'une société des esprits, sans aucune obéissance d'esprit, les rendrait tous bons par une sorte de mépris poli. C'est toujours la même tenue de l'esprit, soit à l'égard de tout mouvement qui veut être une pensée, soit à l'égard de la force qui conseille.

LIVRE DEUXIÈME

L'expérience méthodique

LIVRE TROISIÈME

De la connaissance discursive

LIVRE QUATRIÈME

De l'action

LIVRE CINQUIÈME

Des passions

LIVRE SIXIÈME

Des vertus

LIVRE SEPTIÈME
Des cérémonies

DU MÊME AUTEUR

LA PHILOSOPHIE EN FOLIO ESSAIS

(extrait du catalogue)

Impression Brodard et Taupin
à La Flèche (Sarthe),
le 4 décembre 1995.
Dépôt légal : décembre 1995.
1ᵉʳ dépôt légal dans la collection : décembre 1990.
Numéro d'imprimeur : 6945M-5.

ISBN 2-07-032612-8 / Imprimé en France.